农民农村共同富裕：多重逻辑与进路探索

NONGMIN NONGCUN GONGTONG FUYU: DUOCHONG LUOJI YU JINLU TANSUO

徐世江　吕化霞 ◎ 著

中国农业出版社
北　京

本书为国家社会科学基金重点项目（20AJL013）、潍坊科技学院人才专项（SKRC2018002）的阶段性成果

前言

FOREWORD

新中国成立以来，中国共产党带领全国人民坚定不移地走中国特色社会主义道路，实现了从站起来、富起来到强起来的历史性飞跃，经济社会发展取得了举世瞩目的辉煌成就，展现了国家现代化目标指引下的强大凝聚力。

共同富裕作为社会主义的本质要求，是中国式现代化的重要特征。在迈向共同富裕的道路上，农业基础性作用突出、农村地域空间广阔、农民群体规模庞大的特殊国情，决定了农民农村共同富裕将长期占据着基础性和战略性的关键地位，关系着整个中华民族伟大复兴的战略全局，直观体现着社会主义制度的显著优越性。没有农民农村的共同富裕，全体人民的共同富裕就将成为无源之水、无本之木。

长期以来，在城市偏向性的城乡二元结构等众多因素的共同影响下，我国城乡发展不平衡、农民农村发展不充分问题较为突出，基础设施建设滞后、公共服务供给薄弱、产业投资不足、社会组织参与有限等不利因素日益成为农民增收致富和农村高质量发展的阻碍，如何破解其抑制效应逐渐成为全社会共同关注的热点和难点问题。进入新时代以来，党中央将解决“三农”问题作为全党工作的重中之重，实施了一系列强农惠农富农政策，历史性地解决了绝对贫困问题，为农民农村共同富裕目标的实现奠定了坚实基础。不过，农民农村共同富裕是一项长期而艰巨的系统工程，内在机理和动力机制高度复杂，当前仍面临诸多新问题和新挑战。在此背景下，深入探讨农民农村共同富裕的多重逻辑与实践进路，具有极为重要的理论价值和现实意义。

本书旨在从多学科视角出发，重点剖析农民农村共同富裕的时序逻辑、价值逻辑、空间逻辑和主体逻辑（其实也在一定程度上延伸至目标生成逻辑、结构逻辑、制度逻辑、要素逻辑、动力逻辑等领域），通过规范分析和实证分析相结合的方式，揭示这些逻辑背后隐藏的实践约束与难题破解规律，并在充分挖掘国内成熟经验核心启示的基础上，系统探讨农民农村共同富裕的进路优化策略，力求全面、深入、准确地把握农民农村共同富裕这一高度复杂的理论与实践命题。

本书的主要特色在于突出了逻辑框架的统合创新、相关理论的综合创新与策略研究的联动视角创新，将农民农村共同富裕命题与实践作为一个动态而复杂的多领域、多空间、多主体协同推进过程，竭力避免以单一视角切入可能存在的认知偏误和策略偏误，既有利于为现有成果提供总体佐证，又有助于消除实践路径选择与优化过程中可能发生的顾此失彼或矛盾交叠现象。

本书是国家社科基金重点项目（20AJL013）和潍坊科技学院人才专项（SKRC2018002）的阶段性成果，也是笔者继《中国城乡二元结构转型与农村自生发展能力培育问题研究》（中国农业出版社 2022 年 7 月出版）之后，在“三农”领域持续思考的延续性成果，从酝酿选题、完善研究框架、落笔撰写到最终修改定稿经历了近两年时间。其间，辽宁大学张桂文教授对本书的选题与研究重点的选择给予了充分肯定和鼓励，学术合作者辽宁大学周健教授在框架论证与优化方面提出了诸多宝贵建议，科研团队同仁潍坊科技学院刘菅博士、孙翠萍博士、范晓慧博士在数据处理、实践案例甄选等方面提供了大量帮助，山东省潍坊市寿光市洛城街道东斟灌村李新生书记、尹成友副书记在学术调研过程中也给予了多方面的无私协作，在此一并表示最诚挚的谢意。

本书在写作过程中参阅了大量文献，获得了很多理论启示，在此谨向相关作者表示感谢。同时，还要对中国农业出版社编辑表示衷心感谢，在策划、审阅、定稿、付梓等全流程中所提供的专业建议使本书增色颇多。

当然，鉴于笔者学术水平有限，一些疏漏甚至错误在所难免，恳请各方专家和学者斧正。

徐世江

2025 年 1 月

目录

CONTENTS

第一章 CHAPTER 1

绪　论

本章为全书的开篇部分，将从新中国国家现代化维度切入，概括介绍农民农村共同富裕问题的形成原因，简要论述其复杂性，在此基础上归纳形成农民农村共同富裕所包含的客观命题；随后，本章将系统梳理全书的研究框架、研究方法、创新点及不足。

第一节　问题的提出：中国式现代化的崭新命题

一、研究背景

第二次世界大战后，众多获得民族独立的发展中国家开始效仿西方发达国家的发展经验，纷纷进入了现代化的探索历程，力求实现从传统农业社会向现代工业社会的顺畅转型。与之类似，新中国成立之初，中国共产党就坚定启动了国家现代化的发展序幕。不过，中国的现代化发展目标同其他绝大多数国家的现代化目标之间，既存在相似之处，又存在显著差别，体现着鲜明的中国特色。相似之处在于，中国对实现现代化目标的追求是以解放和发展社会生产力为基本手段；而显著差别则在于，中国在国家现代化过程中始终以人民为中心、致力于将人民全面自由发展作为基本取向，以实现全体人民共同富裕作为各阶段战略部署的终极目标，且高度关注农民农村共同富裕问题。

早在 1953 年，中国共产党中央委员会通过的《中共中央关于发展农业生产合作社的决议》就提出，进一步提高农业生产力是党在农村工作中的最根本任务，“逐步克服工业和农业这两个经济部门不相适应的矛盾，并使农民能够逐步完全摆脱贫困的状况而取得共同富裕和普遍繁荣的生活”。1955 年，毛泽东更是将共同富裕同社会主义制度联系起来，指出“现在我们实行这么一种制度，这么一种计划，是可以一年一年走向更富更强的，一年一年可以看到更富更强些。而这个富，是共同的富，这个强，是共同的强，大家都有份”。而且，“要巩固工农联盟，我们就得领导农民走社会主义道路，使农民群众共同富裕起来，穷的要富裕，所有农民都要富裕，并且富裕的程度要大大地超过现在的富裕农民”。

经过七十余年的不懈奋斗，我国现代化建设已经取得了举世瞩目的伟大成就，生产力水平实现了历史性跨越，2010 年国内生产总值（GDP）超过日本而成为世界第二大经济体，2019 年我国人均国民总收入（GNI）首次突破 1 万美元大关，已经高于中等偏上收入国家的平均水平。不过在中国特色社会主义进入新时代的背景下，社会主要矛盾开始转化为人民日益增长的美好生活需要和不平衡不充分的发展之间的矛盾，农村不平衡不充分发展对于全体人民共同富裕的阻滞效应愈加突出。如何实现农民农村的共同富裕，已经成为中央和地方、理论界与实践界需要共同面对和深入探索的崭新时代命题。

如图 1 - 1 所示，21 世纪以来我国城乡居民人均可支配收入比（即相对收入差距，农村居民人均收入为 1）在波动中呈现下降趋势。其中，2000—2007 年逐渐由 2.752∶1 攀升至历史峰值 3.186∶1 后不断下降至 2022 年的 2.448∶1。与此同时，城乡居民收入的绝对差距（城镇居民人均可支配收入－农村居民人均可支配收入）却并未同步缩减，反而呈现不断扩大的态势，已经由 2000 年的 3 997.9 元攀升至 2022 年的 29 150.1 元，差距扩大了 6.3 倍。

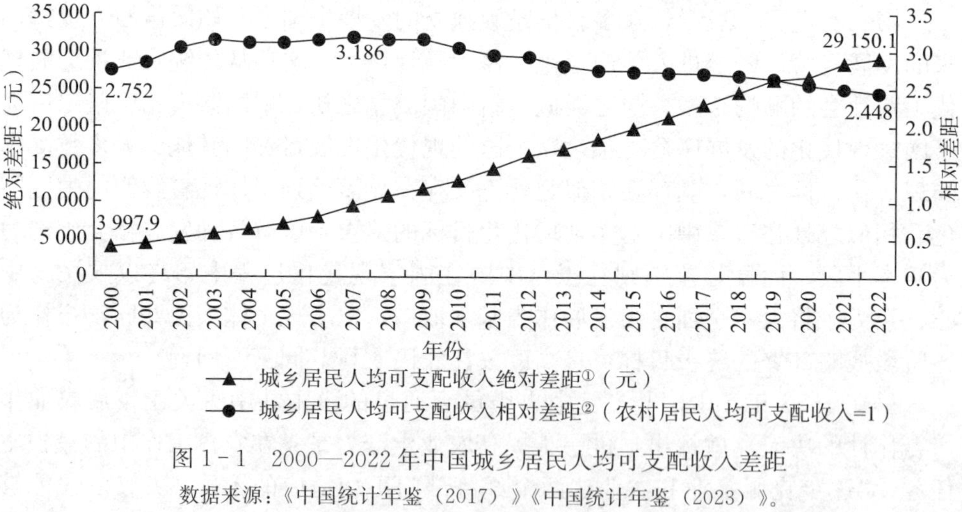

图 1 - 1　2000—2022 年中国城乡居民人均可支配收入差距

数据来源：《中国统计年鉴（2017）》《中国统计年鉴（2023）》。

注：①城乡居民人均可支配收入绝对差距＝城镇居民人均可支配收入－农村居民人均可支配收入；②城乡居民人均可支配收入相对差距＝城镇居民人均可支配收入/农村居民可支配收入。

事实上，即使在不考虑农民农村特殊经济社会地位的情况下，之所以说农民农村共同富裕正在成为中国现代化建设的重要难题，不仅在于城乡居民收入绝对差异的持续扩大，还在于农村居民的庞大规模。图 1-2 显示，尽管农村居民在城乡人口构成中所占比例呈快速下降态势，由 1982 年的 78.87%降至 2011 年的不足 50%（48.17%），此后更是持续下降至 2023 年的 33.84%；但是从人口总量来看，农村居民总规模仍然高达 47 700 万人，接近 2021 年美国和俄罗斯人口总和（47 874 万人）；如果从户籍人口角度看，农村居民数量虽然从 2004 年开始降至 8 亿人以下，但是 2022 年仍然保持着 7.72 亿人的超大规模（图 1-3）。这种情况下，农民农村共同富裕问题不解决，国家现代化目标的实现就等于空谈。正因如此，2015 年中央 1 号文件《中共中央、国务院关于加大改革创新力度加快农业现代化建设的若干意见》指出，“中国要富，农民必须富”；习近平总书记更是将解决“三农”问题视为推进全国共同富裕的重要环节和关键突破口，提出了“促进共同富裕，最艰巨最繁重的任务仍然在农村”的科学论断。

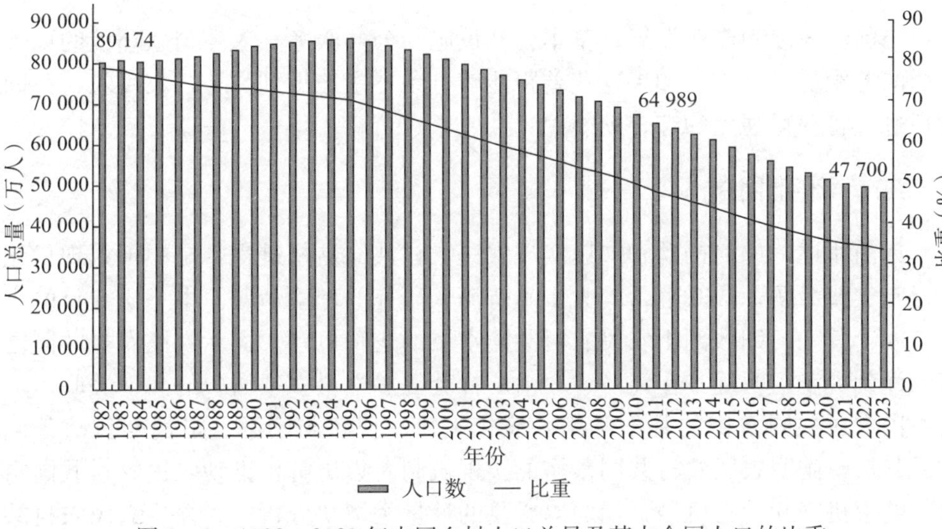

图 1-2　1982—2023 年中国乡村人口总量及其占全国人口的比重

数据来源：《中国统计年鉴（2023）》。

注：《中国统计年鉴（2024）》显示，美国和俄罗斯 2021 年总人口分别为 33 491 万和 14 383 万人，二者合计为 47 874 万人。

简言之，近年我国在推动农民农村共同富裕方面投入了大量政策、资金、物资等支持，在相当大程度上抑制了城乡收入差距的进一步扩大，但是客观而

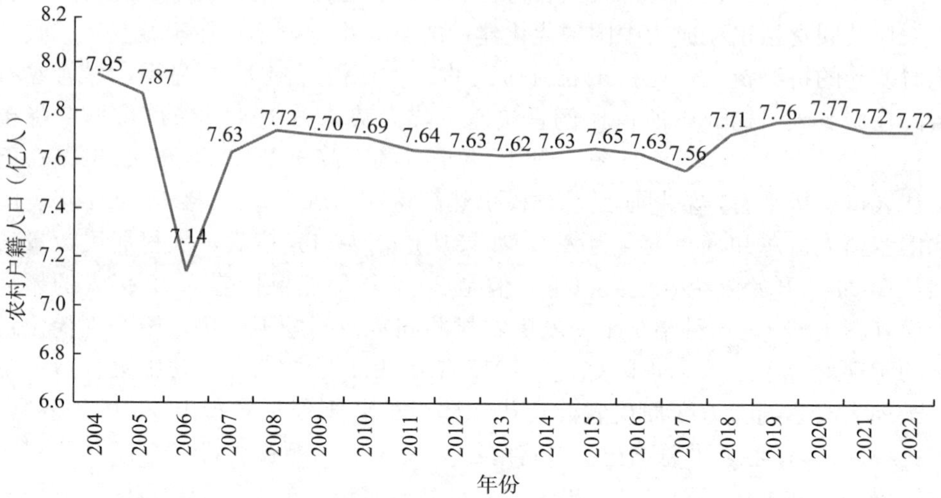

图 1-3　2004—2022 年中国农村户籍人口

数据来源：《中国城乡建设统计年鉴（2022）》。

言，当前城乡之间产业发展、基本公共设施与公共服务、人才与软环境约束等方面的差距仍然存在；如果这些差距能够有条不紊地得到弥补，农民农村共同富裕进程将获得强大的综合动能。

二、研究目的

如前所述，如何推动和加速实现农民农村共同富裕进程，是中国式现代化的崭新实践命题，同时蕴含着大量亟待深入研究的理论命题。本书研究目的主要有四：其一，细致剖析农民农村共同富裕的逻辑机理。揭示农民农村共同富裕的深刻内涵，明确其在经济、政治、社会等多学科多领域中的内在关联，厘清农民农村共同富裕的基本脉络、演化规律、现状与问题、机遇与挑战等问题。其二，阐明农民农村共同富裕的实现机制。尝试解析推动农民农村共同富裕的约束机制和动力机制，辅之以必要的计量经济学分析，为探寻农民农村共同富裕的实践进路提供理论依据。其三，探索农民农村共同富裕的实践进路。结合典型性国内实践案例“解剖麻雀”式的剖析，提出针对性和可操作性较强的政策建议，为各级政府及其相关部门制定或优化决策提供实践依据。其四，丰富学科研究素材。丰富和拓展农村发展、共同富裕等相关学科的研究素材、研究内容和研究方法，促进多学科成果在乡村振兴领域的融合创新，基于研究者微薄之力为“三农”领域保持研究活力做出应有的边际贡献。

第二节 研究意义：厘清农民农村共同富裕过程的潜在矛盾

大量国内外实践历程和经验均表明，农民农村共同富裕目标的实现，具有超乎想象的复杂性和艰巨性。造成这种复杂性的原因，就在于农民农村共同富裕过程中存在着众多有待于全面破解的潜在矛盾，而本书研究的重要目的之一，就在于揭示这些矛盾的客观影响，并发现化解这些潜在矛盾的基本路径。

一、农民职业分化与协同富裕的矛盾

共同富裕是“富裕”和“共同”双重特征的统一结构。众所周知，1978 年农村双层经营体制改革以来，农民分散经营在全国绝大多数农村成为常态，这一常态下少数人力资本或社会资本存量较高的农民通过外出创业、发展特色农业、从事农产品流通与加工产业或是创办本土化非农企业而提前步入“富裕”行列，并由此积累了丰厚的潜在投资资金，为其进一步“富裕”提供了良好条件。与之相反，大部分人力资本和社会资本匮乏的农民，往往只能通过利用家庭普通劳动力资源，将自身锁定在小规模、低附加值的传统农业领域，或是转移至城镇低端就业岗位而挣取相对较低水平的务工收入。如何在合理的“梯度”范围之内实现农民增收致富的“同频”性，显然需要各方协同努力予以破解。

二、农民普遍期盼与农村内源性发展能力不足的矛盾

受市场经济的长期洗礼，我国广大农民不再满足于自给自足的低水平生活，以货币支付获取家庭长期发展所需的商品和服务，实现生活质量的不断提升，已经成为其普遍而强烈的期盼。大量事实表明，农民共同富裕的实现，不可能长期建立在农民分散经营基础之上，离不开村庄外部力量的助推，更离不开村庄内部集体行动的引领。然而，众多研究成果表明，目前我国绝大多数农村仍然面临产业发展能力低下（徐世江，2022；李玉双等，2018）、社会治理能力有限（何睦等，2023；李三辉，2021）、基本公共服务自供给能力欠缺（张菊梅，2021；徐世江，2022）等一系列内源发展动力不足的困境。培育农村可持续、可竞争发展的内生动力，是农民农村共同富裕的必然选择和必经之路。

三、地方政府乡村振兴意愿与综合支持能力之间的矛盾

农民农村共同富裕是乡村振兴的重要组成部分和关键表征。党的十九大报告首次提出乡村振兴战略之后，“五级书记抓乡村振兴”已经成为地方政府推动

本地农民农村共同富裕的共识和共举。不过，国民经济进入新常态以来，特别是受新冠疫情的扰动冲击，各地在推进农民农村共同富裕的过程中，就明显面临着如下挑战：一方面，加速农民农村共同富裕，必须贯彻农业农村优先发展总方针，逐渐加大农业农村的发展资源供给力度；另一方面，加速农民农村共同富裕，不能以牺牲城镇经济社会发展为代价，更不能以城镇居民社会福利“下坡”为前提，毕竟城镇已经成为地方经济发展的关键“引擎”和地方财力的重要支撑。显然，如何以制度创新为中介，引导社会资源和政府资源加快进入农村，以图破解上述矛盾，正在成为考验地方政府执政能力和执政智慧的重大命题。

四、农民物质富有和精神富足之间的非同步性矛盾

共同富裕中的“富裕”，并非仅指物质上的共同富裕，而且还包括精神生活上的共同富裕，是物质富有与精神富足的统一体。“仓廪实而知礼节，衣食足而知荣辱。”一般情况下，物质生活的共同富裕是精神生活共同富裕的前提条件；但是从长期来看，精神富裕进程的滞后性，也会在相当大程度上拖累农民综合人力资本水平的提升，进而成为物质生活水平和质量进一步提升的阻碍。可见，如何确保农民农村物质生活共同富裕和精神生活共同富裕的同步性，构成了农民农村高质量共同富裕的不容忽视的实践难题。

五、农村经济发展与资源环境和传统文化约束日益强化的矛盾

经济发展（产业振兴）是农民农村共同富裕的重要基础。不过，在新发展理念的引领下，农村经济发展过程已经不容再走追求短期经济效益的老路，同样不能以过度开发、无序利用乃至破坏农村自然资源和生态环境为代价。与此同时，在经济发展和农村建设过程中，传统风俗习惯和价值观念与现代市场经济理念和发展观念之间的冲突现象时常发生，农村优秀传统文化的传承、创新和发展也会遇到前所未有的挑战。如何寻求经济发展与资源环境的系统优化、经济发展与文化发展、经济发展与乡风文明之间的平衡，也是农民农村共同富裕进程中不得不面对的客观难题。

第三节　研究框架：农民农村共同富裕的多重逻辑及实践指向

一、研究思路、研究内容与研究方法

（一）研究思路

以中国特色社会主义政治经济学和国内外最新研究成果为基础，从理论和

实践两个端口切入，刻画和剖析农民农村共同富裕的多重逻辑、多元动力、多样难题和多维策略，避免研究视角狭窄可能产生的实践偏误，为农民农村共同富裕提供理论支撑、经验支持和行动指导（图 1-4）。

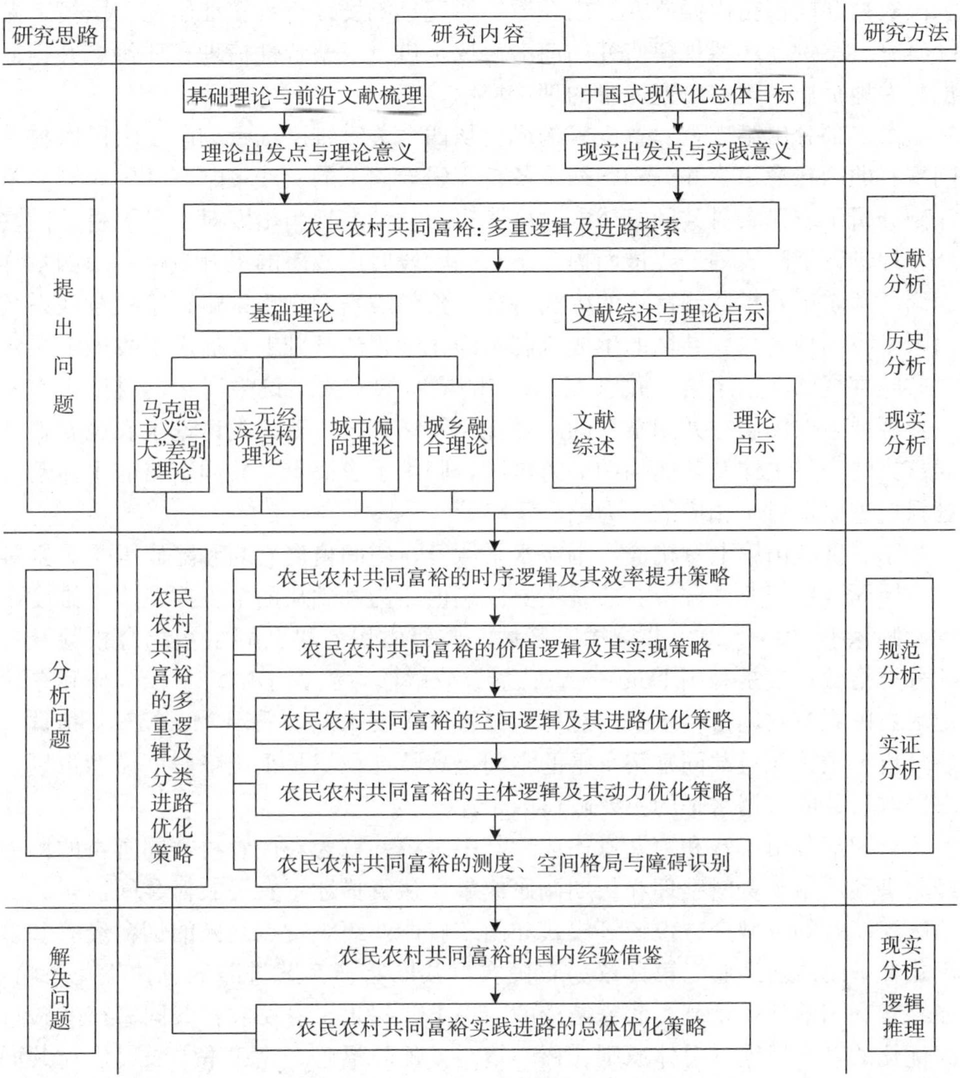

图 1-4 研究框架

（二）研究内容

除第一章绪论外，本书共包括四部分内容。

第一部分由第二章构成，对农民农村共同富裕的理论基础进行学术梳理，对前沿成果进行分类探讨，为后续各部分研究内容的展开提供系统的理论支持。其中，理论基础部分主要对马克思主义“三大差别”理论、二元经济结构理论、城市偏向理论和城乡融合理论进行了应用性梳理；前沿成果部分重点对农民农村共同富裕内涵研究、内在逻辑研究、测度评价与实证研究、困境与路径研究、案例与实践规律研究的前沿性成果进行了整合性梳理和评价，并据此批判性地提出了现有研究成果的理论启示。

第二部分由第三至六章内容构成，从四个关键维度细致刻画了农民农村共同富裕的内在逻辑，并分别归纳了各自逻辑导向下的实践策略。其中，第三章深刻分析了农民农村共同富裕的时序逻辑，从动态视角出发对农民农村共同富裕进程进行了阶段划分，进而提出了每一阶段时序效率的提升策略；第四章详细论证了农民农村共同富裕的内涵特征、价值逻辑和实现策略；第五章在系统回顾了我国城乡二元结构的生成机制及演化进程的基础上，提出了我国农民农村共同富裕的空间逻辑，并以 VAR 实证检验的主要结论为启示，讨论了空间逻辑视域下农民农村共同富裕的路径优化策略；第六章分类讨论了农民农村共同富裕的应然主体及其面临的动力难题，归纳了农民农村共同富裕的主体动力逻辑，进而探讨了相应的动力整合策略。

第三部分由第七章构成，围绕水平测度、空间格局判断和障碍因子识别等三个层面开展了实证分析。一是主要以熵值法为基础从两个方面、八个维度出发，测算了 2011—2022 年全国、区域和省级农民农村共同富裕综合指数及各项分类指数；二是利用 Dagum 基尼系数分解法，测算了中、东、西部和东北地区农民农村共同富裕水平的总体差异及其主要来源，采用 Moran’s I 指数方法分析了农民农村共同富裕水平的空间集聚特征；三是采用障碍度模型识别了农民农村共同富裕水平的主要障碍因子。

第四部分由第八和第九章构成。其中，第八章为农民农村共同富裕的国内经验借鉴，基于资料整理和长期调研成果，认真描述了农民农村共同富裕先行地区浙江省的全域全方位统筹模式和山东省产业组织重点突破的烟台经验和多模式并举的潍坊经验。第九章为农民农村共同富裕实践进路的总体优化策略，在综合利用前述各章基本研究结论的前提下，提出了农民农村共同富裕实践进路优化的基本思路、总体原则、核心策略及保障措施，完成本书农民农村共同富裕“进路探索”的总结任务，与其他各章所提出的策略建议一道，共同体现了本书的创新性和应用价值。

（三）研究方法

1. 以马克思主义唯物辩证法为方法论基础

事实证明，马克思主义唯物辩证法为多领域的学术研究提供了科学的思维方式和基本方法论。本书在研究过程中，始终坚持以马克思主义唯物辩证法为方法论基础，从发展的观点出发解读农民农村共同富裕的历史逻辑和价值逻辑，从普遍联系的观点出发解读农民农村共同富裕的时序逻辑、价值逻辑、空间逻辑和主体（动力）逻辑，从矛盾的观点出发解读农民农村共同富裕过程中的特征化事实及其所面临的客观难题，从质量互变规律出发，论证农民农村共同富裕实践所需采取的策略和所需选择的具体路径。与此同时，本书还将全面采用马克思主义哲学所坚持的“从抽象上升到具体”和“从具体到抽象”的分析方法，既注重从理论角度审视农民农村共同富裕的社会实践，又注重从实践角度挖掘农民农村共同富裕的理论命题，意图实现对农民农村共同富裕问题的全面认知。

2. 历史分析与现实分析相结合的方法

农民农村共同富裕目标的生成，是我国社会主义建设进程中逐渐清晰化和具体化的结果，只有坚持历史分析与现实分析相结合的方法，才能深切感知当代价值和对中国特色社会主义高质量发展的深远影响，才能正视其目标实现过程中所需面对的难题，才能由此确定化解系列化难题的思路和方向。

3. 规范分析和实证分析相结合的方法

农民农村共同富裕是中国特色社会主义的本质要求，反映了党和国家以及全体中国人民的长期价值诉求。采用规范分析和实证分析相结合的研究方法，有利于强化对农民农村共同富裕目标的全面理解，也有利于探究农民农村共同富裕的影响因素和内在联系，进而有利于科学地总结农民农村共同富裕的逻辑机理、系统地优化农民农村共同富裕的实践进路。

4. 文献综合与实践观察相结合的方法

农民农村共同富裕目标的实现，既需要科学的理论分析为行动策略的选择提供决策依据、为行动方案的执行效果提供客观解释，又需要在实践探索中不断总结经验教训，以利于对理论分析过程中的假设条件、内生与外生变量甚至是模型本身的选择进行修正、调整乃至替换。鉴于此，本书将综合采用文献综述与实践观察相结合的方法，对农民农村共同富裕问题进行理论层面与实践层面的交互印证、交互判断，并试图同时为理论研究视角的拓展和实践进路的优化做出较为突出的边际贡献。

二、主要创新点与不足

（一）主要创新点

1. 逻辑框架的统合创新

截至目前，理论界基于众多研究视角，对农民农村共同富裕领域开展了大量专题研究，在农民农村共同富裕的目标形成背景、时代意义、客观影响、面临的难题及应对策略等方面，贡献了浩繁的学术成果。但是客观而言，正所谓“横看成岭侧成峰”，由于现有成果多以单一的特定学术视角切入，因而尽管实现了对相关命题的深度解析，但在农民农村共同富裕全貌的认知理解方面仍然可能存在偏误。本书提出的关于农民农村共同富裕的“多重逻辑”体系，主要从时序逻辑、价值逻辑、空间逻辑和主体逻辑等多个维度延伸拓展，阐释农民农村共同富裕的内在机理，显然有利于对农民农村共同富裕问题开展全方位的深入解读，既有助于为现有成果提供总体性的佐证，又有助于消除实践路径选择过程中可能存在的顾此失彼或矛盾交叠现象。

2. 相关理论的综合创新

农民农村共同富裕是一个异常复杂的学术命题，需要综合性地利用政治学、经济学、历史学、社会学等多种社会科学理论，才能窥其全貌。即使仅以经济学理论切入，也会涉及产业经济学、区域经济学、制度经济学、福利经济学、技术经济学、经济政策学、财政学、金融学等多个分支学科。基于这一认识，本书在选择多重视角开展研究的同时，还将对农民农村共同富裕问题的相关适用理论进行恰当整合，以跨学科交叉融合为基础精准识别农民农村共同富裕面临的约束条件和现实困境，系统梳理这些困境之间的内在关联，并创新性地开展路径优化设计和策略协同研究，便于对农民农村共同富裕的行动绩效进行动态监测、科学评价和权变修正。

3. 策略研究的联动视角创新

农民农村共同富裕过程，是多领域、多主体协同推进的过程。现有研究成果多聚焦于某个单一领域或单一主体，深入分析所应采取的最优行动策略。然而，当各个领域中的不同主体在选择自身行动策略集的时候，可能并未考虑跨领域或跨主体最优行动策略集之间可能存在的工具冲突乃至目标冲突问题，因而其实践指导效能将会大打折扣。为此，本书将在最后一章提出农民农村共同富裕的总体策略，力求避免上述冲突，进而确保农民农村共同富裕进路得以真正优化。

（二）不足之处

由于本书试图完成对农民农村共同富裕问题全貌性的观察和系统性的剖析，虽然有利于克服“管中窥豹”的不足，但也可能由此带来跨学科理论整合与运用不够灵活、研究内容相对泛化、对策建议有嫌理想化等方面的缺憾，因而本书研究成果尚需与其他专精化研究成果共同使用，才有利于形成一个更为全面、更为完整的农民农村共同富裕命题的理论体系，也才有利于在农民农村共同富裕研究领域获得更具使用价值的研究成果。

第二章 CHAPTER 2

理论基础、文献回顾及理论启示

本章将对农民农村共同富裕领域的经典思想理论及前沿成果进行系统梳理，挖掘学术界对农业农村共同富裕实践中重点、热点、难点问题的总体认识与核心建议，探寻其中蕴含的重要启示，从而为全书主体内容的顺畅扩展提供充分营养。

在如期完成脱贫攻坚、全面建成小康社会任务的基础上，2020 年党的十九届五中全会提出推动“全体人民共同富裕取得更为明显的实质性进展”的新目标。2021 年中央财经委员会第十次会议上，习近平总书记首次提出“农民农村共同富裕”，并明确指出了“促进农民农村共同富裕”的总体要求。受此激励，学术界对农民农村共同富裕问题迅速做出了积极回应，贡献了丰硕的前沿性成果。不过，“农民农村共同富裕”是一个极富理论传承和实践意蕴的概念，因而本章文献回顾的内容还包含了与其高度关联的前期理论和思想成果。

第一节　农民农村共同富裕研究的理论基础

一、马克思主义“三大差别”理论

以马克思和恩格斯为代表的马克思主义经典作家虽然并未对“三大差别”进行过专题论述，但其主要思想体现在《资本论》《德意志意识形态》《共产党宣言》《哥达纲领批判》《法德农民问题》《反杜林论》等一系列论著之中（欧阳容，2022）。具体来说，在马克思主义经典作家眼中，“三大差别”可以理解为工业和农业的差别、城市和乡村的差别、脑力劳动和体力劳动的差别。从当代应用角度看，马克思主义“三大差别”理论解释和阐述了城乡居民共同富裕的两个重要命题。

第一，科学回答了城乡共同富裕问题的缘起，即城乡居民收入差距和城乡空间发展差距的形成原因。马克思和恩格斯认为，“三大差别”是社会分工的直接产物，更是社会生产力在城乡之间、城乡居民之间不充分不均衡发展所引发的必然结果。一方面，社会分工的演化会直接引发城乡发展差距，进而导致城乡居民的收入差距。“一个民族的生产力发展水平，最明显地表现在该民族分工的发展程度上”“一个民族内部的分工，首先引起工商业劳动同农业劳动的分离，从而也引起城乡的分离和城乡利益的对立。分工的进一步发展导致商业劳动同工业劳动的分离”“城乡之间的对立是个人屈从于分工、屈从于他被迫从事某种活动的最鲜明的反映，这种屈从把一部分人变为受局限的城市动物，把另一部分人变为受局限的乡村动物，并且每天都重新产生二者利益之间的对立”。另一方面，城乡居民收入差距和城乡空间发展会在社会生产力不充分不均衡发展状态下呈现不断发散趋势。在资本主义社会中，“资产阶级使农村屈服于城市的统治。它创立了巨大的城市，使城市人口比农村人口大大增加起来，因而使很大一部分居民脱离了农村生活的愚昧状态”“城市已经表明了人口、生产工具、资本、享受和需求的集中这个事实；而在乡村则是完全相反的情况：隔绝和分散”。

第二，深刻剖析了共同富裕的实现条件（路径）。马克思主义“三大差别”理论在实现城乡共同富裕的路径研究中，明确提出了两个基本条件：一是沿着“工业生产力不断发展→工业生产力向农业延伸→工业和农业联合发展→城乡对立和共同富裕差距消失”的逻辑，通过有计划的协调和安排，提高城乡之间充分而平衡地发展城乡生产力。马克思在《德意志意识形态》中指出，“消灭城乡之间的对立，是共同体的首要条件之一，这个条件又取决于许多物质前提，而且任何人一看就知道，这个条件单靠意志是不能实现的”。二是沿着“消灭资本主义私有制→打破城乡分工界限→促进所有社会成员全面发展”的逻辑，对社会生产关系实施彻底变革。正如恩格斯在《共产主义原理》中所言，“彻底消灭阶级和阶级对立；通过消除旧的分工，通过产业教育、变换工种、所有人共同享受大家创造出来的福利，通过城乡的融合，使社会全体成员的才能得到全面发展——这就是废除私有制的主要结果”。

二、二元经济结构理论

二元经济结构理论最早由刘易斯（Lewis，1954）提出，此后在拉尼斯等（Ranis 等，1961）、托达罗（Todaro，1969）等大量学者的不断完善下，其现实解释力得以充分拓展。很多学者（特别是国内学者）正是基于对城乡二元结构理论的理解，将其应用于剖析城乡居民收入差距的变动特点以及缩减对策。

二元经济理论假设，发展中国家的经济体系中存在两大并列经济部门——

农村的传统农业部门和城市的现代工业部门。前者虽然比较庞大，但却缺乏资本投入，且劳动生产率低下，甚至有一部分劳动力的边际生产率为零或为负值，因而部门工资水平长期内会维持在生计工资水平（即维持劳动力本身和其家庭最低生活需要的工资水平）；后者在发展起点上虽然规模较小且总体实力较弱，但是在利润最大化目标驱使和利润全部用于扩大再生产投资的支持下，其发展速度却非常快，且因其较高的工资水平而吸纳大量农村劳动力。

根据二元经济理论的理解，城乡经济发展差距（进而导致共同富裕的差距）的原因主要来自两个方面：其一是城乡资本积累速度和积累水平的巨大差异。城市现代工业部门因为资本积累速度和水平显著高于农村传统部门，因而有利于吸纳更多劳动力实现就业，并因此获得较高的收入水平。其二是城乡产业劳动生产率的巨大差异。在较高劳动生产率的支持下，城市产业发展迅速，由此形成生产要素的集聚，因而在市场机制的调节下引发城乡收入分配的极化效应。

应用二元经济理论的基本结论，可以获得促进农民农村共同富裕的部分对策：其一是加大农业部门资本供给力度，使其获得更多产业发展资源和先进生产力，借此促进其工资水平逐渐向城市工业部门工资水平的快速收敛；其二是积极转移农村过剩劳动力，使农业部门摆脱低效或无效劳动供给的束缚，使其人均劳动生产率得到显著提升，进而引导其从业者获得更高水平的工资回报；其三是加速传统农业的现代化改造，引导农业生产适应市场经济的要求，顺利实现商业化转型，进而提高农业经营的平均收益水平和人均收益水平。

三、城市偏向理论

第二次世界大战后不久，重新获得民族独立的发展中国家为了快速实现经济自立与赶超目标，普遍选择了城市化—工业化发展模式。然而，在经过一段时间的实践后，这一模式的收效并不理想，同时又严重损害了农村发展。基于对这一现象的深刻反思，Lipton（1977）在其代表著作 *Why Poor People Stay Poor: A Study of Urban Bias in World Developmet* 中提出了系统的城市偏向理论。在该书中，Lipton 提出，众多发展中国家城市偏向可划分为要素配置性偏向、产业分割性偏向和地域分割性偏向，并主要体现在投资、税收、金融、市场控制、价格、劳动力流动等多个方面，而其成因在于尽管城市人口在城乡总人口中的占比较低，但城市阶层具有较强的组织性、较高的政治影响力和显著的游说能力，因而更容易左右政府政策制定过程及结果。在此基础上，Lipton 归纳了城市偏向策略可能引发的一系列负面影响，如导致全社会陷入“公平—效率”的低效率组合、农业农村发展资源净流出、城乡利益矛盾加深、城乡居民收入差距和福利差距扩大、社会贫困广泛而持续等。

在 Lipton（1977）的基础上，East Wood 等（2000）、World Bank（2003）、Majumdar 等（2004）进一步挖掘了城市偏向政策在基础教育、卫生、基础设施等公共服务领域的具体表现及其对城乡福利分布的负面影响。

近年，国内大批学者基于我国客观事实的实证研究结果，几乎一致性地验证了城市偏向性政策对城乡收入差距的负面冲击，间接揭示了农民农村共同富裕所面临的政策性障碍，隐含说明了均等化配置城乡经济社会资源之于农民农村共同富裕的赋能效应（程开明，2008；陆铭等，2004；迟诚，2015；张杰，2020）。

四、城乡融合理论

城乡融合理论源自马克思主义城乡关系思想，而后由于当代学者贡献了大量相关研究成果，使得这一理论更加成熟和完善，成为深刻剖析农民农村共同富裕问题的有力工具。

马克思和恩格斯在《共产主义原理》中首次提出"城乡融合"概念，并在此后的一系列著作中对城乡关系的演进规律进行了系统刻画，认为城乡关系的发展必然表现为"城乡浑然一体→城乡分离→城乡对立→城乡融合"的过程。马克思认为，所谓城乡融合就是指"把城市和农村生活方式的优点结合起来，避免二者的片面性和缺点"。城乡分离与对立的深远影响在于，"一切发达的、以商品交换为媒介的分工的基础，都是城乡的分离。可以说，社会的全部经济史，都概括为这种对立的运动""城乡之间的对立是个人屈从于分工、屈从于被迫从事某种活动的最鲜明的反映，这种屈从把一部分人变为受局限的城市动物，把另一部分人变为受局限的乡村动物，并且每天都重新产生二者利益之间的对立"。在论及城乡融合必要性时，恩格斯指出，"只有通过城市和乡村的融合，现在的空气、水和土地的污染才能排除""消灭城乡对立不是空想，不多不少正像消除资本家与雇佣工人的对立不是空想一样。消灭这种对立日益成为工业生产和农业生产的实际需求"。在实现路径方面，马克思和恩格斯在《共产党宣言》中指出，需要建立工业和农业的紧密关系，使二者形成相互依存格局，"把农业和工业结合起来，促使城乡对立逐步消灭"，从而实现工业与农业生产力的互促互进，最终完成全社会生产关系的重构目标。

基于对城乡二分法研究的反思，Doucan（1957）提出了"城乡连续体"概念，认为城市和乡村之间并非简单的二分关系，而是存在着一个连续的圈层，人类社区连续分布于这些圈层，从而在行为模式上存在着一致性（Yuan，1964）。Unwin（1989）首次建立了城乡融合关系的总体框架，认为城乡之间在经济、社会、政治和意识形态的多个方面存在广泛联系（linkages），这些联系通过一系列可加度量的“流”（flows）得以表达，并为城乡互动和城乡融合创造了基础条件。此后，Douglass（1998）从人口、生产、商品、资本和信息角度，Lynch（2005）从食物、自然资源、人口、理念及资金角度，对城乡“流”框架进行了细致刻画。

第二节 农民农村共同富裕问题研究综述

一、农民农村共同富裕的内涵研究

“农民农村共同富裕”是一个极具中国特色的学术概念。当前我国主要社会矛盾已经由“人民日益增长的物质文化需求同落后生产力之间的矛盾”转化为“人民日益增长的美好生活需要和不平衡不充分的发展之间的矛盾”。面对这一关系全局的历史性变化，化解社会主要矛盾的基本与核心政策目标开始由积极发展社会生产力转向彻底扭转“不平衡不充分的发展”，而“三农”领域也因此演化成为现代化建设的主阵地。

在上述宏观背景的引导下，学术界开始在原有全体人民“共同富裕”研究的基础上，积极开辟了“农民农村共同富裕”的新视角、新领域，其中对于农民农村共同富裕内涵及必要性的研究更是具有“发轫”性质。

叶兴庆（2022）从动态视角出发，认为农民农村共同富裕是将乡村振兴过程变成缩小城乡之间、农村不同群体之间、不同地区农村之间差距的过程，也即提高乡村振兴包容性的过程。高鸣等（2022）以“背景—路径—目标”为界定逻辑，认为农民农村共同富裕是在不断实现经济社会高质量发展的基础上，通过整合各类外部力量并增强农民农村的内生发展动力，逐步缩小城乡之间、不同农村之间的经济和社会发展差距，进而实现农民发展更加全面自由、农村社会更加公平和谐的发展愿景。蒋永穆等（2022）以“发展”为线索，认为新时代农民农村共同富裕是基于城乡融合发展、不同区域农村协调发展、农民群众物质与精神文明同步发展的共同富裕。廖祖君等（2024）认为，农民农村共同富裕是指农村居民拥有与城市居民公平的起跑机会、有差异但又可比拟的富裕水准，达到物质与精神的双重富足，最终形成农业高效高质、乡村宜居宜业、农民富裕富足的农村发展新局面。

二、农民农村共同富裕的内在逻辑研究

作为一种崭新的社会实践，农民农村共同富裕所体现或应遵循的内在逻辑，决定着其实践目标、实践过程和目标的达成程度。因而，学者们对这一问

题普遍给予了高度重视。

黄承伟（2021）实质性地梳理了乡村振兴背景下农民农村共同富裕的内在逻辑，并将其概括为理论逻辑、历史逻辑、现实逻辑和国际逻辑四个方面。张远新（2022）梳理了促进农民共同富裕的必然逻辑，并将其归结为党的初心宗旨、农业现代化的重要特征、破解新时代社会主要矛盾、农民实现美好生活最现实的利益诉求四个方面。王进文（2023）从实践视角，提出了农民农村共同富裕的促进逻辑，认为有必要在强调外源式的精准行动模式的同时，以多元主体共同行动为基础，通过完善组织引领、突出社会力量整合、提升文化认同、强化集体经济保障等途径激活农民农村内生动力和发展能力。王瑞峰等（2023）在“何以可能”的视域下，专题探讨了农民共同富裕的历史逻辑、理论逻辑和实践逻辑，认为在推进农民共同富裕过程中应将解决经济贫困作为前提、将按劳分配作为基础、将农业农村优先发展和全面实施乡村振兴战略作为系统路径。罗浩（2023）概要论证了农民农村共同富裕的生成逻辑，并将其分解为马克思主义共同富裕思想的理论逻辑、中国共产党追求共同富裕的历史逻辑和新时代高质量发展的现实逻辑三个方面。罗玉辉（2024）认为在扎实推进农民农村共同富裕的进程中，应在坚持历史逻辑这一“总逻辑”的基础上，坚持和深化政治逻辑、经济逻辑、制度逻辑和文化逻辑四项“子逻辑”，并确保各项逻辑之间的一体化推进关系。

三、农民农村共同富裕的测度评价与实证研究

农民农村共同富裕评价指标体系的建构以及在此基础上所开展的测度研究，是系统评价农民农村共同富裕实践工作成效、有效识别农民农村共同富裕影响因素、科学判断农民农村共同富裕障碍因素，从而精确选择农民农村共同富裕实践重点和突破口的必要条件。在这一总体认识的基础上，学者们近年已经尝试开展了较为系统的研究。

沈费伟等（2022）以浙江省为例，较早开展了农民农村共同富裕的指标体系构建研究，从三个维度（发展维度、分配维度和保障维度）构建了一个包括10个二级指标和89个三级指标的评价指标体系。何茜（2023）基于学理探讨，尝试提出了乡村共同富裕过程的评价指标体系，其中包含10个一级指标、29个二级指标和76个三级指标。一级指标由7个过程指标和3个结果指标构成，其中过程指标包括高质量巩固拓展脱贫攻坚成果、高能级富民乡村产业、高水平协调发展、高标准绿色发展、高品质生活共享、高层次精神富足以及高水平发展环境，而结果指标包括共享性、富裕度和可持续性。新时代金融服务农民农村共同富裕研究课题组等（2023）将农民农村共同富裕的总体目标解构

为农民收入持续增长、分配调节机制健全、乡村基础设施完备、公共服务体系完善、农民精神富足、乡村生态优良六个基本维度，并据此提出了农民农村共同富裕的概要性指标体系。

与此同时，有学者开始采用计量经济学手段，开展了农民农村共同富裕的水平测度和区域差异等方面的实证研究。谭燕芝等（2022）从富裕度、共同度、共享度和可持续性四个维度出发构建了农民共同富裕的评价指标体系，采用熵权-TOPSIS法对省域农民共同富裕水平进行了测度，并开展了区域差异、时空演变及收敛稳态分析。类似地，马晓君等（2024）、张思檬等（2024）、张光辉等（2024）则基于各自构建的评价指标体系，对我国农民农村共同富裕的区域差异、时空演进特征、收敛性特征进行了深度考察，而卜凡（2024）则进一步识别了农民农村共同富裕的驱动因素。另外，王中伟等（2023）、罗明忠等（2023）对数字技术赋能农民农村共同富裕的效果和机制进行了实证检验；乔春华（2004）、贾云赟（2024）实证检验了数字普惠金融对农民农村共同富裕的直接效应和财政补贴的调节效应；徐鹏杰等（2023）实证分析了产业结构升级对农民农村共同富裕的直接效应和构建现代产业体系的中介效应；李霞等（2024）则实证考察了数字经济对农民农村共同富裕的影响机制以及农村劳动力迁移的中介效应和人口密度的调节效应。

四、农民农村共同富裕的困境与路径研究

横向看，无论是在发达国家还是在发展中国家，推进农民农村共同富裕的过程中，均会面临高难度、多元化的困境；而纵向看，我国农民农村共同富裕目标的确立时间非常短，一个重要的原因可以归结为此前农民农村共同富裕的基础条件难以在特殊国情国力下得到全面满足。积厚方能成势、辨困方能识途，近年学者们对我国农民农村共同富裕的困境及可行路径进行了大量基础研究，为农民农村共同富裕的加速推进做出了巨大的学术贡献。

具体来说，目前学者们在农民农村共同富裕困境方面的普遍性共识及代表性成果主要包括如下：第一，城乡发展不平衡，农村发展不充分（王瑞峰等，2023；杨沫，2023）；第二，制度供给滞后，农民农村共同富裕基础性保障尚存缺口（郑琳议等，2024；杜志雄，2022）；第三，产业融合难度高企，农民增收机会不足（赵培等，2022；运迪等，2023）；第四，城乡生产要素自由流动渠道不畅，城乡产业融合受阻（黄志海等，2022；涂圣伟，2022）；第五，资源禀赋条件先天不足，快速发展条件不充分（肖华堂等，2022）；第六，新型农村集体经济薄弱，引领农民增收致富的能力不足（张进财，2023；周思宇等，2023）；第七，乡村建设水平和公共服务能力相对滞后，农民农村共同富

裕的软硬件条件双重不足（钟海等，2023；张音音，2024）；第八，脱贫攻坚成果与乡村振兴战略衔接不畅，农民农村共同富裕的持续性面临挑战（文丰安，2023）；第九，乡村治理效率偏低，农村内部共同富裕的思想共识公平有序环境薄弱（雷琼，2022；吴卫丽，2024；蔡旺，2024）。

与此同时，基于对农民农村共同富裕内涵逻辑和困境识别的广泛共识，学者们从落实城乡等值理念、优化城乡发展关系（王道勇，2003），培育农民农村内生发展能力（王进文，2023），强化党的领导和基层党组织的带动作用（王琳，2022；唐亮等，2022），推动有为政府与有效市场协同发力（张帅梁，2023）等多个角度提出了原则性和总纲性的政策建议。

五、农民农村共同富裕的案例分析与实践规律梳理

实践是检验真理的唯一标准。在农民农村共同富裕的典型案例研究过程中，梳理其先进经验和内蕴规律，对于提升质性研究成果的解释力、佐证实证研究成果的科学性具有重大意义，对于实践界进一步提升农民农村共同富裕行为的实效性也具有明显的借鉴意义。

张行发等（2022）基于一个三案例分析，阐释了不同类型乡村在共同富裕进程中的路径选择经验和成功发展模式，并梳理了其间的一般性规律和启示：第一，保障农民利益是农民农村共同富裕的核心内容；第二，乡村精英是农民农村迈向共同富裕的重要组织动员力量；第三，新内源发展导向是农民农村迈向共同富裕的有效发展模式；第四，绿水青山资源是农民农村迈向共同富裕的宝贵资源财富；第五，活化利用文化资源是农民农村迈向共同富裕的创新思路。

杨晓婷等（2024）基于“情景—主体—策略—制度”的解释框架，对一个“党建联盟＋片区组团”典型案例的研究，解释了党组织助推乡村共同富裕的行动逻辑和内在机制，并梳理了党组织赋能农村共同富裕的四方面政策启示。王惠林等（2023）的实证调查结果证明了党建引领下农村集体经济组织在赋能农民农村共同富裕领域的主体优势和全方位功能。李人庆等（2022）、宋程成等（2023）、孙学涛等（2024）的个案研究取得了类似结论。

罗建章等（2024）的案例研究刻画了村企互动在农民农村共同富裕过程中的重要作用，验证了城乡要素融合和产业融合对于农民农村共同富裕的重要作用。仝志辉等（2023）的案例研究同样验证了这一结论，而满小欧等（2023）、张行发等（2023）的定性案例分析结果进一步拓展性地揭示了外源驱动与内源发展的互动关系及其在农民农村共同富裕过程中的重要作用。

张新文等（2023）基于五个典型案例的考察，证明了数字赋能农村共同富裕的可行性，并发现政府政策投入、制度保障供给、协同机制优化、发展模式

转变和信用体系重构是数字赋能农村共同富裕过程中不可或缺的五类要素。左孝凡等（2023）的研究揭示了类似结论。

杨俊等（2024）的案例研究揭示了生态振兴促进农民农村共同富裕的结构逻辑，佐证了“两山理论”在助推农民农村共同富裕领域的巨大价值。徐剑等（2023）和金铂皓等（2024）的研究获得了类似结论。

第三节　总结性评价与理论启示

一、总结性评价

马克思在《〈黑格尔法哲学批判〉导言》中曾经指出，“理论在一个国家实现的程度，总是决定于理论满足这个国家的需要的程度”。农民农村共同富裕作为党和国家以及全国人民的长期愿景，在很大程度上体现着社会主义的本质要求，决定着未来中国式现代化建设的全局走向和实现程度。不过，尽管农民农村共同富裕构成了我国现代化进程中的一种必然趋势，但却并不会在时间的推移中自动实现，需要学术界以极大的耐心、专注的精神和高度的敏感性，有预见性地识别并解析相关社会实践中可能发生的阶段性难题，及时提出具有时效性和可操作性的对策建议。

在中国特色社会主义高质量发展和中国式现代化的语境下，农民农村共同富裕属于一个崭新的理论命题，自提出以来，肩负时代使命的广大学者就迅速开展了广泛而深入的规范研究和实证研究，并在诸多重要领域取得了丰硕成果，为后续研究奠定了坚实基础。

不过总体而言，现有研究仍然处于初步展开阶段，绝大多数成果以单一视角或独立逻辑作为考察农民农村共同富裕问题的基础，在兼顾广度和深度方面尚面临两难选择，亟待进行研究视角的整合与拓展，借此在厘清农民农村共同富裕实践中所内蕴的多重逻辑的基础上，系统而完整地探究农民农村共同富裕的实现机制，动态地判断农民农村共同富裕实践中的障碍因子，才能提出符合农民农村的前行道路。这恰恰是本书的出发点和落脚点，也是本书在相关领域做出些许边际贡献的重要原因所在。

二、理论启示

（一）系统性思维是稳步推进农民农村共同富裕实践的总逻辑

系统性思维是将社会事件理解为相互关联、相互作用的整体思维方式。在实现农民农村共同富裕的过程中，系统性思维至关重要。

现有学理性研究成果表明，农民农村共同富裕是嵌入于中国特色社会主义现代化强国建设全局之下的高度复杂的系统工程和全新的社会实践，涉及经济、政治、文化、社会、生态文明等诸多领域，需要上述诸多领域的联动效应予以支持和保障。换言之，农民农村共同富裕实践与经济、政治、文化、社会和生态文明领域的实践活动会产生显著的交互影响，只有与每个领域的实践活动建立起双向的正反馈机制，才能确保农民农村共同富裕进程的稳步推进。

鉴于此，在系统性思维指导下追求对农民农村共同富裕的全面认知，以充分借鉴现有成果的理论启示为基础，全面挖掘包括时序逻辑（重点是其生成逻辑）、价值逻辑、空间逻辑、主体及其动力逻辑等内在逻辑，将成为确保系统理解农民农村共同富裕实践的根本保证①。

（二）条件思维与矛盾思维是识别和破解农民农村共同富裕难题的必要手段

所谓条件思维，就是以现有条件为基础，通过分析和利用现有条件来推导和解决问题的思维方式；而所谓矛盾思维是基于对立统一规律的一种辩证思维方式，其核心在于承认矛盾的存在、分析矛盾的主次及其相关作用关系、动态分析矛盾的性质和表现形式、具体问题具体分析。

现有研究成果揭示，农民农村共同富裕的实现程度，是各类外生变量和内生变量综合影响的结果。换言之，农民农村共同富裕目标的实现，不可能一蹴而就，它是“三农”实践在满足各类约束条件的前提下，涉农主体不断调适自身行为、动态打破主要矛盾束缚，由低速不充分发展道路向高速充分发展道路转型的过程与结果。

鉴于此，在探讨农民农村共同富裕路径与策略选择的过程，有必要对现有条件（包括有利条件和不利条件）进行具体评估，判断其对预设目标的约束或促进作用，抑或确立在现有条件下能够达成的理想目标。与此同时，还需对农民农村共同富裕进程所面临的难题进行矛盾分析，明晰各类难题背后所隐藏的主要矛盾（即关键性的堵点、痛点和难点）以及破解这些难题所需具备的具体条件，进而以低成本原则为指导，探寻打破现有障碍的突破口。总之，应用条件思维，有利于明确农民农村共同富裕实践的客观基础并创造有利的实现条件；应用矛盾思维，则有利于准确识别农民农村共同富裕实践所面临的矛盾问题、辩证分析各类矛盾的基本关系并据此确定合理的矛盾解决方案。只有将两种思维方式结合起来，才能更为顺畅地推动农民农村共同富裕目标的实现。

（三）权变思维是优化农民农村共同富裕路径的关键选择

权变思维是一种动态化的思维方式，强调行动过程应该根据环境的变化和行动单位内部条件的变化而进行适时调整与修正。这一思维方式强调，行动过

① 本书后续各章将以上述逻辑分析为基本线索展开具体研究。

程不存在固定最优模式，也不可能一劳永逸，行动组织者的任务在于适应环境和内部条件变化的需要而快速应变，全力在动态中寻找“最优解”。

现有农民农村共同富裕的典型案例研究显示，作为研究对象的区域，不但存在着行政层级的差别，即便同为村级区域，在推动农民农村共同富裕的过程中也存在着初始禀赋和外部条件的差别。从案例结果看，这些区域在向农民农村共同富裕目标趋近的过程中，各不相同的实践路径，却共性地实现了农民收入的快速增长和农村发展的快速跃迁。可见，农民农村共同富裕的道路并非唯一，相应“最优”策略也因时因地而异，“以不变应万变”的思维绝不可取。

另外，从现有案例研究结果中还可以发现，即使是农民农村共同富裕先发区域，在“三农”发展的过程中，极可能先期面临后发区域未曾遇到的待解难题。这种情况下，即便已经取得先发成效，如果不对共同富裕的行动路径进行及时优化，也可能面临农民收入增长、农村发展加速的“退坡”甚至“倒退”危险。

总之，坚持权变思维，务实做好道路选择和路径优化工作，才是农民农村共同富裕进程保持合理节奏、获取显著边际效果的关键所在。

第四节　本章小结

2020年党的十九届五中全会提出“全体人民共同富裕取得更为明显的实质性进展”的目标后，并明确指出“促进农民农村共同富裕”的总体要求。受此激励，学术界对农民农村共同富裕问题迅速做出了积极回应，贡献了丰硕的前沿性成果。

本书既是延续传统理论的成果，又是回应现实所需的成果。本章以基础理论、前沿成果和理论启示为主题词，对农民农村共同富裕研究的主要基础理论（马克思主义“三大差别”理论、二元经济结构理论、城市偏向理论和城乡融合理论）进行了简要概括，从内涵研究、内在逻辑研究、测度评价与实证研究、困境与路径研究、案例分析与实践规律研究等角度，对国内代表性学术成果的核心观点与理论建议进行了系统梳理，并从思维方式视角总结了现有研究成果的基本启示，认为系统性思维是稳步推进农民农村共同富裕实践的总逻辑，条件思维与矛盾思维是识别和破解农民农村共同富裕难题的必要手段，权变思维是优化农民农村共同富裕路径的关键选择。

从另一个角度看，作为全书主体内容的开端部分，本章实际上是对后续各章的安排理由以及本书可能的创新点进行了解释说明，同时也为后续各章的专题研究提供了必要的学术支撑。

第三章 CHAPTER 3

农民农村共同富裕的时序逻辑及其效率提升策略

本章为全书核心内容的开篇部分，将对农民农村共同富裕的时序逻辑进行深度考察。本章首先将对农民农村共同富裕目标的时序逻辑（即生成逻辑）进行概要梳理，探究其间党和国家递进确立农民农村共同富裕目标的系统理性所在。在此基础上，本章将详细归纳农民农村共同富裕的主要特征，并进一步总结农民农村共同富裕的时序效率提升策略。

第一节　农民农村共同富裕的时序逻辑

精确而言，“农民农村共同富裕”与“共同富裕”是两个截然不同的概念，二者既存在重要关联，又存在明显区别。从出场顺序来看，作为一种深深植入民族理念的“共同富裕”思想，可以溯源至先秦时期众多先贤对“大同社会”的表述，而“农民农村共同富裕”一词，则发端于习近平总书记 2021 年在中央财经委员会第十次会议上的表述。在我国，农民农村共同富裕目标的形成为何经历了如此漫长的历史时期才得以最终形成，其间的生成逻辑究竟何在？我们不妨先对“共同富裕→农民农村共同富裕”的演进过程进行简要的历史梳理。

一、中国古代共同富裕思想的提出与延续

早在先秦时期，我国先贤就以建构“大同社会”为目标，提出了对于社会发展理想状态的思考结果。《礼记·礼运》载：“大道之行也，天下为公，选贤与能，讲信修睦，故人不独亲其亲，不独子其子，使老有所终，壮有所用，幼有所长，鳏寡孤独废疾者，皆有所养。男有分，女有归。货恶其弃于地也，不

必藏于己；力恶其不出于身也，不必为己。是故谋闭而不兴，盗窃乱贼而不作，故外户而不闭，是谓大同。”

春秋战国时期百家争鸣背景下，各流派主要代表人物孔子、荀子、孟子、墨子、管子等在“大同”理念框架下，均详细表达了自己的共同富裕思想。其中，孔子强调财富分配的均衡性及其对社会稳定的影响，在《论语·季氏》中孔子提出，“不患寡而患不均，不患贫而患不安”。荀子强调促进社会财富增长和分配公平的做法在于“节用以礼，裕民以政”。孟子高度关注弱势群体的收入增长问题，提出了“制民之产”，即保证百姓拥有稳定产业和收入来源的主张。墨子主张在“兼爱非攻”基础上实现“交相利”，“有力者疾以助人，有财者勉以分人，有道者劝以教人”。管子在其《管子·治国第四十八》中则高度概括地提出“凡治国之道，必先富民”这一经典论断。

及至明清时期，顾炎武、王夫之和黄宗羲在高度概括了我国封建王朝时期得失的基础上，也提出了各自的共同富裕思想。比如，顾炎武在其《日知录》中高度提倡利国富民，认为“善为国者，藏之于民”。黄宗羲在其《明夷待访录》中主张“授民以田”“田土均之”。王夫之强调“民为邦本”“农本商辅，自由经济”，在《读通鉴论》中指出推进共同富裕的措施应在于“以轻徭赋以安之，通商贾、教树畜以富之”。

不但如此，大量农民起义发起者都将“均贫富”列入基本纲领，作为汇聚民心的基本手段，太平天国在施政纲领《天朝田亩制度》中更是系统提出了其共同富裕理想，即在平均分配土地的基础上，实现“有田同耕，有饭同食，有衣同穿，有钱同使，无处不均匀，无人不饱暖”的目标。

二、新中国共同富裕实践的迭代演变

经过新民主主义革命的洗礼，中国共产党带领全国人民推翻了帝国主义、封建主义和官僚资本主义“三座大山”，于新中国成立初期就迅速开始了定位于社会主义原则和本质特征基点之上的、连续70余年的共同富裕实践。按照对共同富裕追求的演变时序和对共同富裕认知深化及阶段性主导目标的差别，可以将新中国共同富裕目标的迭代过程划分为三个主要阶段。

（一）共同富裕实践探索期（1949—1977年）

这一时期，中国共产党在确立农村工作方针时，首次提出了“共同富裕”概念。1953年4月，《在全国第一次农村工作会议上的总结报告》提出，“我们党的任务在于领导农民走新的道路，走组织起来的道路，走互助合作共同上升大家富裕的道路”。同年12月，中共中央在《中国共产党中央委员会关于发展农业生产合作社的决议》中提出，除某些少数民族地区之外的地区要通过发展农业合作社组织的方式，“使农民能够逐步完全摆脱贫困的状况而取得共同富裕和普遍繁荣的生活”。事实上，农民合作化运动早在新中国成立之初就已开始，1949 年 10 月全国就开始了创办互助组、试办农业生产合作社（初级社）的探索。1952 年底，全国农业互助合作组织已经发展到 802.6 万个，参加的农户占全国总农户的 40%，其中试办的农业生产合作社达到 3 644 个；到了 1956 年，农业社会主义改造基本完成时，全国参加初级社的农户占总农户的比例已经高达 96.3%，参加高级社的农户占比也达到了 87.8%（孔祥智等，2019）。

在对农业进行社会主义改造的同时，1952—1956 年我国还同时进行了手工业和工商业的社会主义改造。一方面，通过创建供销小组、供销合作社、生产合作社等形式，将传统手工业转变为集体所有制个体手工业，1956 年底参加合作社的手工业者占比达到 91.7%；另一方面，通过“和平赎买”方式将原有资本主义工商业转变为公有制企业（全民所有制或集体所有制），截至 1956 年底，原有的 99%私营工业单位和 82.2%的私营商业单位完成公私合营改造（葛扬等，2024）。

可以发现，1949—1977 年构成了新中国共同富裕的初步探索时期，其历史作用体现为三个主要方面：一是通过全面的社会主义改造，确立了生产资料公有制度，建立了按劳分配的基本分配制度，从根本上为共同富裕创造了制度条件。二是以工商业社会主义改造、实施重工业优先发展战略、建立农业剩余转移机制为基础，在计划经济体制的保障下，极大地促进了重工业的空前发展，轻工业随之起步，工业产品自供给能力得以显著提高，城市建设也因此起步，为后续共同富裕实践创造了经济条件（表 3-1）。三是在农村建立了社会主义集体经济所有制，并以人民公社的全民动员机制，完成了水利建设、土地整治与改良等一系列农业基础设施建设，为农民农村共同富裕创造了较成体系的基础设施条件。

表 3-1　1953—1977 年我国主要工业产品的产量变化

项目	1953 年	1955 年	1960 年	1965 年	1970 年	1975 年	1977 年
成品钢材（万吨）	172	216	1 111	881	1 188	1 622	1 633
发电量（亿度）	92	123	594	676	1 159	1 958	2 234
原煤（亿吨）	0.70	0.98	3.97	2.32	3.54	4.82	5.50
原油（万吨）	62	97	520	1 131	3 065	7 706	9 364
水泥（万吨）	388	450	1 565	1 634	2 575	4 646	5 565
化肥（万吨）	5.0	7.9	40.5	172.6	243.5	524.7	723.8

（续）

项目	1953 年	1955 年	1960 年	1965 年	1970 年	1975 年	1977 年
机床（万台）	2.05	1.37	15.35	3.96	13.89	17.49	19.87
汽车（万辆）	—	—	2.26	4.05	8.72	13.98	12.54

资料来源：成品钢材、发电量、原煤、原油、水泥、化肥数据转引自《新中国 60 年统计资料汇编》；机床和汽车数据转引自：高帆，2019. 从割裂到融合：中国城乡经济关系演变的政治经济学[M]. 上海：复旦大学出版社。

（二）共同富裕实践全面推进期（1978—2016 年）

1949—1977 年社会主义建设时期虽然在共同富裕探索过程中取得了一系列历史成就，但“大跃进”和随后的人民公社运动由于过分强调平均主义的做法，也在极大程度上损害了经济效率，严重破坏了社会生产力、挫伤了农民生产积极性，一度使国民经济处于崩溃边缘，共同富裕目标的实现面临严峻挑战。

在这一背景下，中国共产党领导全国人民于 1978 年底迈入社会主义现代化建设的新时期，开启了共同富裕实践的新征程，在社会主义初级阶段基本路线指引下，在农村基本经济制度建设、改革开放与市场经济体制建设、分配方式改革、城市化建设与城乡关系调整等方面取得了巨大成就。

一是稳妥推进农村基本经济制度建设。自 1982 年中共中央 1 号文件《全国农村工作会议纪要》正式承认“包产到户”“包干到户”合理性。1993 年八届全国人大一次会议通过的《中华人民共和国宪法修正案》首次从根本上确立了家庭联产承包责任制的法律地位。1994 年中央农村工作会议文件中将“农村基本经营制度建设”列为深化农村改革的第一项内容。1998 年党的十五届三中全会通过的《中共中央关于农业和农村工作若干重大问题的决定》将长期坚持以家庭承包经营为基础、统分结合的双层经营体制确定为我国农村的一项基本经营制度。1999 年全国人大二次会议通过的《中华人民共和国宪法修正案》正式确认“农村集体经济组织实行家庭承包经营为基础、统分结合的双层经营体制”。另外，在此期间，《中华人民共和国农业法》《中华人民共和国农村土地承包法》和《中华人民共和国农民专业合作社法》相继颁布或修正，为农村基本经营制度的建立和落实起到了极大的促进作用。农村基本经济制度建设的加速，一方面引发了乡镇企业的“异军突起”，为农村剩余劳动力的非农化转移和增收致富创造了前所未有的机遇；另一方面，显著调动了农民开展农业生产和追求小康生活的自觉性和自主性，拉动了农民收入水平和消费水平的提升。如图 3-1 所示，1978—2016 年我国农村居民家庭人均纯收入由 1978 年的 133.6 元大幅提升至 2016 年的 12 363.4 元，而同期农村居民家庭恩格尔系数则由67.7%稳步降至32.2%。

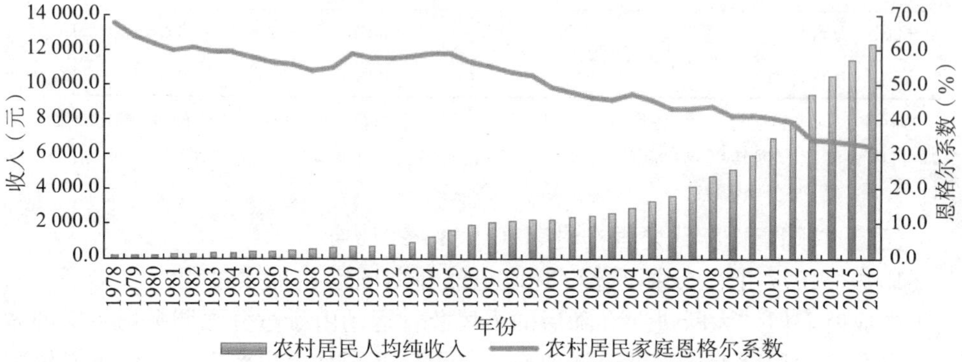

图3-1　1978—2016年中国农村居民家庭人均纯收入及家庭恩格尔系数变化

数据来源：《新中国60年统计资料汇编》，2012—2017年《中国统计年鉴》。

二是并行推进改革开放和市场经济体制建设。一方面，1978年党的十一届三中全会正式提出改革开放议程，1987年后改革开放政策被陆续载入党章、宪法及各类党的重要报告。在其影响下，我国吸引国外投资、学习国外先进技术与管理经验进程明显加快，成为国内发展社会生产力、积累经济赶超动能的强大裨益。另一方面，在经过"计划经济"向"有计划的商品经济"和"社会主义商品经济"的过渡后，1992年党的十四大明确提出建立社会主义市场经济体制的改革目标，此后通过国有企业改革、金融体制改革和价格体制改革等一系列改革措施，构建了市场经济的基本框架。2002年党的十六大正式宣布我国社会主义市场经济体制初步建立。

这一时期改革开放格局的形成和经济体制转型的初步成功，极大改善了生产力和生产关系的互适关系，全面激活了国民经济发展活力，2000年以后我国人均国民收入水平跨过中等收入门槛，2007年党的十七大宣布人民生活总体达到小康水平，2010年我国成为世界第二大经济体，显示了城乡居民共同富裕进程显著加速的基本特征。

三是快速启动分配方式改革。早在1984年，党的十二届三中全会就对深化分配制度改革进行了全面部署，指出"共同富裕决不等于也不可能是完全平均，决不等于也不可能是所有社会成员在同一时间以同等速度富裕起来。如果把共同富裕理解为完全平均和同步富裕，不但做不到，而且势必导致共同贫穷。只有允许和鼓励一部分地区、一部分企业和一部分人依靠勤奋劳动先富起来，才能对大多数人产生强烈的吸引和鼓舞作用，并带动越来越多的人一浪接一浪地走向富裕"。1994年党的十四大进一步提出，"在分配制度上，以按劳分配为主体，其他分配方式为补充，兼顾效率与公平。运用包括市场在内的各种调节手段，既鼓励先进，促进效率，合理拉开收入差距，又防止两极分化，逐步实现共同富裕”。1997 年党的十五大更是提出“坚持按劳分配为主体、多种分配方式并存的制度。把按劳分配和按生产要素分配结合起来，坚持效率优先、兼顾公平……依法保护合法收入，允许和鼓励一部分人通过诚实劳动和合法经营先富起来，允许和鼓励资本、技术等生产要素参与收益分配”。2012 年党的十八大报告进一步提出，在新的历史条件下为了夺取新时代中国特色社会主义新胜利，就必须“坚持社会主义基本经济制度和分配制度，调整国民收入分配格局，加大再分配调节力度，着力解决收入分配差距较大问题，使发展成果更多更公平惠及全体人民，朝着共同富裕方向稳步前进”。至此，我国基本完成了与市场经济体制相匹配的分配制度框架的建构任务，其影响一直延续至今。

四是稳步推进城镇化建设与城乡关系调整。城镇化与工业化是经济社会发展的重要引擎，也是人类经济社会发展的必然趋势，对于共同富裕目标的加速实现具有重大影响。1984 年开始，我国国内改革的重点由农村转移至城市。在此影响下，全国建市建镇标准得到适时调整，户籍制度开始松动，城市国企改革、个体和私营经济发展和对外开放的新政策不断出台，城镇基础设施建设以及教育、就业、医疗、社会保障服务等方面不断取得新进展，吸引了劳动力、土地、资金等各类生产要素的快速集聚，使城镇成为经济社会发展的关键引擎，城镇居民共同富裕步伐因而显著加快，农业剩余劳动力的转移渠道也变得更加宽阔。有数据显示，2011 年我国常住人口城镇化率首次超过 50%（51.27%），比 1978 年提高了 33.35%，年均提高幅度达到 1.01 个百分点。不过，在不断加快城镇化建设的过程中，党和国家也认识到已有城镇化所存在的质量不高、城乡经济社会互动不足等问题，因而党的十七大提出了统筹城乡发展，推动社会主义新农村建设取得重大进展的更高要求，而党的十八大则进一步提出了推动城乡发展一体化的总体思路，认为城乡发展一体化是解决“三农”问题的根本途径，要“加大统筹城乡发展力度，增强农村发展活力，逐步缩小城乡差距，促进城乡共同繁荣。坚持工业反哺农业、城市支持农村和多予少取放活方针，加大强农惠农富农政策力度，让广大农民平等参与现代化进程、共同分享现代化成果”。

总体而言，这一时期党和国家积极面对社会主义初级阶段人民日益增长的物质文化需要同落后的社会生产之间的矛盾，以解放生产力、发展生产力作为推进共同富裕的主要手段，实现了“一部分地区一部分人先富起来”的预期目标，为越来越多的地区和人口逐步达到共同富裕奠定了坚实的物质基础。当然，在解放和发展生产力的过程中，这一时期“两手抓、两手都要硬”的思想贯穿始终，精神文明建设同样取得了突出成效，人民精神生活水平得以不断提高，为全体人民的共同富裕奠定了深厚的精神基础。

（三）农民农村共同富裕实践加速期（2017年至今）

目前，我国社会主要矛盾已经转化为人民日益增长的美好生活需要和不平衡不充分的发展之间的矛盾。面对发展不平衡不充分问题，特别是农村不平衡不充分发展问题对“两个一百年”奋斗目标的强约束，党的十九大报告首次提出了乡村振兴战略，明确了“农业农村优先发展”的战略地位和“产业兴旺、生态宜居、乡风文明、治理有效、生活富裕”的总要求，从而在事实上确立了新时代农民农村共同富裕在全体人民共同富裕总体目标中的重要地位和重大作用。此后，为了全面落实乡村振兴战略，自2018年起国家层面陆续颁布了一系列重磅文件和法律法规，历年中央1号文件均对乡村振兴中的重点难点问题进行了强化部署，特别是建立了五级书记抓乡村振兴的工作机制，农民农村共同富裕实践进入加速期，这也意味着全体人民共同富裕进程进入了补短板时期（表3-2）。

表3-2　党的十九大以来历年中央1号文件及乡村振兴战略相关法律、政策文件

年份	中央1号文件	与乡村振兴战略相关的法律法规
2018	《中共中央、国务院关于实施乡村振兴战略的意见》	《乡村振兴战略规划（2018—2022年）》《中华人民共和国农村土地承包法》（2018修正）
2019	《中共中央、国务院关于坚持农业农村优先发展做好“三农”工作的若干意见》	《中共中央、国务院关于建立健全城乡融合发展体制机制和政策体系的意见》《中华人民共和国土地管理法》（2019修正）、《2019年新型城镇化建设重点任务》（国家发展改革委）
2020	《中共中央、国务院关于抓好“三农”领域重点工作确保如期实现全面小康的意见》	《2020年新型城镇化建设和城乡融合发展重点任务》（国家发展改革委）
2021	《中共中央、国务院关于全面推进乡村振兴加快农业农村现代化的意见》	《中华人民共和国乡村振兴促进法》《中共中央、国务院关于实现巩固拓展脱贫攻坚成果同乡村振兴有效衔接的意见》《2021年新型城镇化和城乡融合发展重点任务》（国家发展改革委）、《关于国家城乡融合发展试验区实施方案》（国家发展改革委等十八部委）
2022	《中共中央、国务院关于做好2022年全面推进乡村振兴重点工作的意见》	《2022年新型城镇化和城乡融合发展重点任务》（国家发展改革委）、《乡村建设行动实施方案》（中共中央办公厅、国务院办公厅）

（续）

年份	中央1号文件	与乡村振兴战略相关的法律法规
2023	《中共中央、国务院关于做好2023年全面推进乡村振兴重点工作的意见》	《农村土地承包合同管理办法》（农业农村部）、《乡村振兴标准化行动方案》（农业农村部等三部委）
2024	《中共中央、国务院关于学习运用“千村示范、万村整治”工程经验有力有效推进乡村全面振兴的意见》	《中共中央、国务院关于学习运用“千村示范、万村整治”工程经验有力有效推进乡村全面振兴的意见》

资料来源：作者整理。

这一时期，在以人民为中心的发展思想引领下，在中央和地方协调精准发力的保障下，我国如期全面建成了小康社会、农村贫困人口实现了全部脱贫①，农民农村共同富裕的进程得以实质提速，社会各方对农民农村共同富裕的重大现实意义与深远影响也达成了高度共识。2018年中共中央、国务院印发的《乡村振兴战略规划（2018—2022年）》明确提出，“农业强不强、农村美不美、农民富不富，关乎亿万农民的获得感、幸福感、安全感，关乎全面建成小康社会全局。乡村振兴……有利于增进农民福祉，让亿万农民走上共同富裕的道路，汇聚起建设社会主义现代化强国的磅礴力量”。2021年中央财经委员会第十次会议在扎实推进共同富裕问题时，更是首次明确使用“农民农村共同富裕”提法，指出“要促进农民农村共富裕，巩固脱拓展脱贫攻坚成果，全面推进乡村振兴，加强农村基础设施和公共服务体系建设，改善农村人居环境”。2022年党的二十大报告再次强调，全面建设社会主义现代化国家，最艰巨最繁重的任务仍然在农村，明确指出中国式现代化是全体人民共同富裕的现代化，并将基本公共服务实现均等化、农村基本具备现代生活条件列入2035年经济社会发展的总体目标。2024年党的二十届三中全会通过的《中共中央关于进一步全面深化改革、推进中国式现代化的决定》，则进一步对加快农业转移人口市民化、巩固和完善农村基本经营制度、完善强农惠农富农支持制度、深化土地制度改革等一系列事关农民农村共同富裕的重大问题进行了集中表述和系统安排。

总之，这一时期我国踏入了新时代拓展和推进中国式现代化的新征程，面对中国特色社会主义对于全体人民共同富裕的本质要求，开始加速弥补不均衡不充分发展短板、重点推进农民农村共同富裕进程，全面凸显了党和国家为人

① 有数据显示，2020年全国832个贫困县全部摘帽，脱贫县农村居民人均可支配收入从2020年的12 588元增长至2023年的16 396元，年均实际增长幅度高达8.2%。数据来源：转引自国家统计局，2024. 人民生活实现全面小康稳步迈向共同富裕：新中国75年经济社会发展成就系列报告之十七[EB/OL]. https://www.stats.gov.cn/sj/sjjd/202409/t20240920_1956592.html。

民谋福祉的不变初衷、立足特定历史方位破解现代化强国建设重要难题的创新精神和奋斗精神。

（四）新中国农民农村共同富裕目标的生成机理

如图 3-2 所示，农民农村共同富裕作为全体人民共同富裕的一个重要组成部分，在党和国家现代化蓝图中从未缺位，只不过这一目标的明确表达，需要以国家总体物质条件和社会条件为前提，特别是以物质条件的积累为基础。1956 年党的八大指出，我国社会主要矛盾是“人民对于建立先进的工业国的要求同落后的农业国的现实之间的矛盾是人民对于经济文化迅速发展的需要同当前经济文化不能满足人民需要的状况之间的矛盾”，而在这两个社会主要矛盾中，前者对国家现代化的影响显得尤为紧迫，构成了矛盾的主要方面，因而国家迅速选择了“重工业优先发展”的“赶超型”战略，并进行了全社会的生产力变革和生产关系变革。1981 年，党的十一届三中全会认为我国社会主要矛盾已经转化为“人民日益增长的物质文化需要同落后的社会生产之间的矛盾”，因而随即选择了改革开放的总体战略，特别是 1984 年以后更是在事实上选择了城市和工业优先发展的策略，一系列促进生产力快速跃升和与之匹配的生产关系优化政策不断出台，在相当大程度上促进了全社会物质财富的深厚积累，“三农”问题成为举国关注的、决定国家现代化未来速度与质量的重要变量。正因如此，2017 年党的十九大正式宣布我国社会主要矛盾已经转化为“人民日益增长的美好生活需要和不平衡不充分的发展之间的矛盾”，城市和工业反哺农业农村的基本条件已经初步具备的背景下，农业农村优先发展的乡村振兴战略正式出台。2021 年中央财经委员会第十次会议上提出的“促进农民农村共同富裕”的任务要求宣告“农民农村共同富裕”得以明确表达，已经成为党和国家在新时代新征程上的重要高阶使命之一。

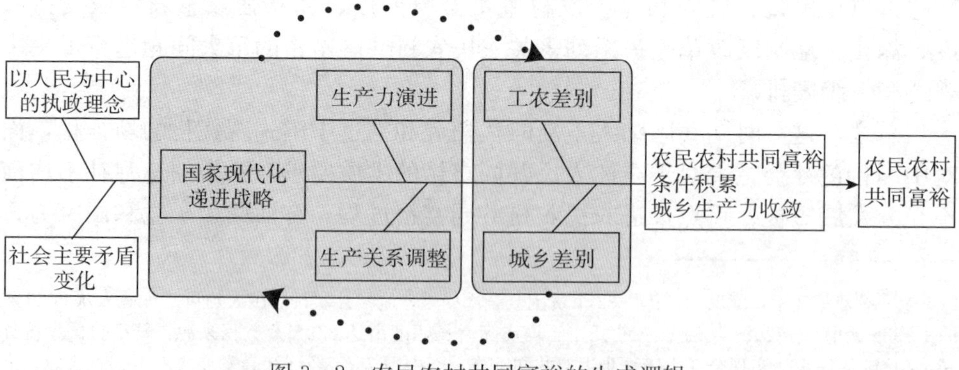

图 3-2　农民农村共同富裕的生成逻辑

第二节　农民农村共同富裕时序效率提升策略

上述内容表明，农民农村共同富裕是一个长期而复杂的过程，具有明确的历史时序逻辑；与此同时，由于我国农村分布于全国各个地区，而每个地区的经济社会发展程度各不相同，这就决定了全国范围内的农民农村共同富裕过程不可能是一个整齐划一的过程，更不可能是一个同时实现的过程。只有将农民农村共同富裕目标有机嵌入地方经济社会发展的总体框架之中，在乡村振兴战略的原则指导之下，坚持农业农村优先发展理念，因地制宜地为农民农村发展赋予持续动能，使农民农村的发展能力逐步收敛于城乡群体系统和空间系统的整体发展能力，才能确保农民农村共同富裕的时序效率得到全面提升。

基于此，我们可以将农民农村共同富裕进程大致划分为三个主要阶段，即条件积累阶段（初级阶段）、生产力收敛阶段（中级阶段）和高质量推进阶段（高级阶段），每个阶段的核心任务及其主要策略如下。

一、条件积累阶段

（一）初始特征

所谓条件积累阶段，就是为农民农村长期发展提供良好环境、创造必要条件的过程，也就是为农民农村共同富裕积蓄长期发展潜能的过程。受城乡二元结构的影响，我国农民农村发展同时受到生产力和生产关系两方面的束缚，初始状态呈现如下基本特征。

第一，农业生产力虽然有所提升，但小规模、粗放型经营居主流，导致农户收入增长仍然面临较大压力，对外出非农就业的依赖程度整体较高。

第二，农村绝对贫困问题得以解决，但脱贫户和原贫困地区自我增收能力仍然较弱，返贫压力仍然巨大。

第三，农村基础设施和公共服务水平尽管趋向改善，但城乡之间的总体差距仍然较大，导致农村就业和创业压力仍然较大，劳动力（特别是青壮年精英人口）以及资本外流速度趋缓，但仍然呈现净流出局面。

第四，农村社会治理体系不断完善，基层组织治理能力快速提升，但农民整体参与水平仍然不够理想，农民自我组织、自我服务、自我发展能力仍然不足。

第五，农村生态环境不断改善，农村传统文化的赓续问题获得广泛关注，加之农村土地制度改革不断深入，使得农村一二三产业融合获得更多机遇。

（二）时序效率提升策略

第一，着力推进农村土地制度改革。2008 年以来，我国农村土地制度改革开始加速，为促进土地资源的优化配置和农业适度规模经营的发展提供了坚实的制度保障。2015 年开始，农村集体经营性建设用地入市改革试点在全国 33 个县（市、区）展开，允许农村集体经营性建设用地在符合规划和用途管制的前提下与国有土地同等入市、同价同权，从而打破了长期以来农村集体经营性建设用地不能直接入市的限制，为构建统一的城乡土地市场奠定了制度基础。

第二，以财政、金融政策改革为核心，建立农民农村共同富裕的多元投入机制，为农民农村经济社会发展补短板。资金是农村产业和社会发展以及农民农村共同富裕不可或缺的重要资源。受历史因素的影响，我国农民农村在全国经济发展过程中虽然做出了长期而巨大的贡献，但自身的经济积累水平却非常低，难以在短期内独立承担实现共同富裕目标所需要的产业投资和社会发展投资，有必要通过政府和社会力量的共同参与予以弥补。①建立政府一般公共预算支持农民农村发展的常态化投入机制，根据恰当标准，合理而明确地确定农林水支出和农村社区建设支出在政府一般公共预算支出中所占的比例，充分体现农业农村优先发展的客观要求。②设立以农民农村共同富裕为目标的地方政府专项债券、乡村振兴基金和乡村振兴专项彩票，以其为杠杆，撬动金融和社会资金更为顺畅地投向农业农村。③鼓励和引导保险与信贷担保业务向农业农村延伸，为农业农村产业发展提供风险对冲服务，从而加速农业农村创新创业步伐，使农业农村在社会投资领域尽快产生“洼地效应”。

第三，全面推进县域城乡融合，为农民农村共同富裕创造全新场域。充分利用县域发展与农民农村共同富裕紧密联系的天然优势，加快县域内中心城镇和特色小城镇的市政与服务建设步伐，使其能够就地就近解决农民非农化就业转移难题，为农业规模化经营和劳动生产率的提高创造基本条件。与此同时，以县域中心城区或特色小镇为重要节点，将供电、供气等市政管网以及教育、医疗、信息、物流等现代化服务延伸向众多农村，彻底抚平乡村与城镇之间的多重发展“鸿沟”，使农村生产生活的便利性、舒适性得以全面提升。

二、生产力收敛阶段

（一）初始特征

所谓生产力收敛阶段，是指农民农村发展的制度短板、社会事业短板已经基本得到较充分的弥合，农村社会活力开始显著增强，但在生产力发展领域同城镇系统仍然存在一定差距，生产力发展的相对滞后性依然构成农民农村共同富裕水平持续提升的重要阻碍的发展阶段。这一阶段的初始特征可概括为以下三个方面。

第一，随着农业先进技术的广泛传播和应用，农业经济增长速度普遍开始快速提升，但农村产业结构仍显单一，一二三产业融合速度和工商业发展速度仍然缓慢。

第二，农村产业基础设施不断完善，农村劳动力开始向农村回流，但是受农村劳动力整体素质和产业技能有限的影响，特别是受优秀产业和社会发展人才返乡入乡程度较低的影响，农村各类产业的整体劳动生产率仍然显著低于城市工商业的劳动生产率。

第三，从向好角度看，城乡之间在人才、物资、信息、技术等领域的交流趋向更加频繁和顺畅，城乡经济、社会、文化、生态等方面的联系日益紧密，为农村生产力快速向社会平均水平收敛创造了前所未有的历史条件。

（二）时序效率提升策略

马克思主义的共同富裕理论认为，只有“去发展社会生产力，去创造生产的物质条件……才能为一个更高级的、以每个人的全面而自由的发展为基本原则的社会形式创造现实基础”。在越过基本条件积累后，农民农村共同富裕实践的核心任务开始转向如何有效提升农村产业（而非单纯的农业）的整体生产效率，即全要素生产率。

一方面，加快培育完整的农村产业体系。我国乡镇企业“异军突起”的历史以及“苏南模式”的崛起等一系列客观事实证明，农村地区不但可以在工商业领域取得令人瞩目的产业绩效，而且可以因之而加速农民农村的增收进程。只是问题的难点在于，农村产业体系的分散性和不完整性，会在相当大程度上抑制其对产业要素和产业项目的空间集聚功能。①在做大做强农业的过程中，不断拓展和充盈农业全产业链条上的各类产业项目，全面促进农资、农业装备、种业、种苗、农业托管、农产品深加工等产业的快速发展。②充分挖掘农村在生态环境、优秀传统文化领域的独特资源优势，加快培育农村在农文旅融合方面的产业特色，特别是加快壮大生态旅游、休闲康养、乡村文化创意、民俗文化体验等产业项目的发展实力。③有序推进农村特色产业园区和特色小镇建设，以其为空间载体，主动承接城市先进工业和服务业的辐射与梯度转移，并在此过程中依托农村广大腹地的土地供给优势、劳动力密集优势和消费升级优势，打造自身的后发优势和错位发展优势。

另一方面，积极引导优秀产业人才和其他先进生产要素返乡入乡，形成“组团富农”的力量格局。①通过组合式政策优惠，吸引农村外流精英人才返乡创业，充分发挥其对农村的独有情感，鼓励其主动参与农村经济建设和社会发展，助力其逐渐成长为农村长期综合发展的“领头雁”。②灵活运用政府协调和市场引导的双重手段，促进城市人才、技术、资金、信息、教育、文化等先进生产要素入乡入村，高效嵌入农村各类产业，形成对农村现代产业发展的内在“驱动器”。

三、高质量推进阶段

（一）初始特征

所谓高质量发展阶段，是指农村生产力水平获得大幅提升，农民收入平稳增长，农民农村共同富裕步入良性循环，但农村居民综合生活品质有待全面提升的阶段。这一阶段的初始特征可概括为以下三个主要方面。

其一，农民收入水平和物质满足程度显著提升，但农民收入结构不尽合理，财产性收入在可支配收入中的占比仍然较低。

其二，农村公共服务和社会保障明显改善，但优质公共服务资源供给仍显不足，社会保障水平仍然较低。

其三，农村文明乡风、良好家风和淳朴民风基本形成，农民综合素质明显提升，但其精神文化需求的满足程度仍然较低。

（二）时序效率提升策略

第一，着力提升农民财产性收入。①持续推动农村集体产权改革，切实发展壮大农村集体经济，不断丰富农民对集体资产的相关权益，使农村居民能够充分享受集体资产增值带来的收益。②鼓励和支持村集体对农民住房进行集中式整理，提高农户住房配套基础设施建设。③鼓励金融机构积极开发适合农民特点的金融产品，同时加大金融知识在农村普及力度，从而为农民提供更加便捷的投融资渠道，助力农民利用金融工具和金融产品投资实现家庭资产的增值。

第二，全面提高农村公共服务和社会保障的品质。①建立健全农村公共服务供给的动态优化机制，建立城乡统一的公共服务标准和制度，确保将优质公共服务资源连续不断地投向农民农村，使其能够与城市居民享有相近或相同品质的公共服务；②加快健全农村社会保障体系，增强农民的参保意识，在实现社会保障不断“扩面”的同时，逐步丰富社会保障的服务内容和服务质量，以优化社会保障“精准识别”机制为前提，显著提高社会保障的支付能力与支付水平。

第三，积极关切和满足农民精神文化需求。①加大农村教育文化体育基础设施和活动场地的建设力度，为农民开展丰富多彩的文体活动创建多类型空间，满足农村不同群体多元化的精神文化需求。②加强农村专业文化体育人才队伍建设，从农民中选拔和培养扎根农村的文体骨干，支持其在文体活动中发挥文体知识传播、文体活动策划的示范带动作用。③支持和引导农民组建文体活动组织，鼓励其自身担任活动主角，自发开展与本地优秀传统文化相结合的文化体育活动。④加强城乡文化体育资源的共享和互动，为农民通过线上线下平台展示文体活动创造便利条件，增强农民精神自信。

第三节　本章小结

本章系统回顾了我国农民农村共同富裕目标形成过程及其背后隐藏的生成逻辑，揭示了农民农村共同富裕是物质条件和社会条件基本具备的情境下，党和国家为破解社会主要矛盾、确保如期达成社会主义现代化强国建设目标而确立新时代新征程上的高阶使命，可以大致划分为条件积累、生产力收敛和高质量推进三个具体阶段。在此基础上，本章简要概括了三个阶段各自的初始特征，并有针对性地提出了各阶段较为具体的时序效率提升策略。

第四章 CHAPTER 4

农民农村共同富裕的价值逻辑及其实现策略

农民农村共同富裕是基于我国社会主要矛盾变化和新时代中国式现代化的客观要求而提出的长期实践纲领，并不是建立在空想式浪漫基础之上的“空头支票”，而是具有丰富的价值内核与深远的影响。

第一节　农民农村共同富裕的内涵特征

农民农村共同富裕包含着非常丰富的理论内涵，具有与全体人民共同富裕的一般性，同时又具有自身的特殊性；既是全体人民共同富裕的重要组成部分，又是全体人民共同富裕的薄弱环节和阶段性重点。基于以上理解，按照应然状态的理解，我们可以将农民农村共同富裕的主要特征解构如下。

一、物质充裕与精神富足的统一性

改革开放以来，我国经济社会发展的历史经验表明，在实践中坚持和发展马克思主义是社会主义国家全面发展和不断进步的根本原因。共同富裕作为一个马克思主义理论体系下的重要概念，与西方社会科学体系下收入均等、福利均等一系列概念存在巨大差异，主要表现为共同富裕不仅强调物质方面的富裕，体现着社会生产力发展的结果，而且强调精神方面达到富足状态。类似地，农民农村共同富裕同样强调农民物质与精神的高度统一。或者说，农民农村共同富裕，不但要求农村居民在物质领域达到充裕状态，而且在精神层面也应具有富足特征，能够在农村社区的引导和支持下获得高水平的人力资本、社会资本与文化资本，能够形成与经济社会发展相匹配的道德情操、合作意识、契约意识、进取意识等。正如有学者所言，“物质和精神如鸟之两翼，只有实现了‘物质之翼’和‘精神之翼’的同时发展、统一进步，才是真实的农民农村共同富裕”（廖祖君等，2024）。

事实上，物质富裕目标的达成，农民农村精神文化需求的升级保障能力将因自身支付能力的提高而得到大幅提升；反之，农民农村在精神文化需求得到递进满足的过程中，自身依靠合法劳动、合法经营而获取更高收入的愿望、信心与能力也将显著提升，从而形成对物质充裕的精神支持。简言之，农民农村共同富裕应该而且必须体现为物质充裕和精神富足的高度统一，否则极易引发“伊斯特林悖论”（Easterlin Paradox，1974）。

二、“富裕”与“共同”的统一性

从内涵角度看，农民农村共同富裕不但强调“富裕”结果，而且强调“共同”特性，是“公平—效率”高水平组合的鲜明表现。换言之，从农民农村共同富裕的实现结果来看，它不是少数人或少数地区的富裕，而是要实现全体人民与不同地区的共同富裕，以此保证将不同群体和不同地区之间的富裕差异控制在可接受范围之内，确保所有社会成员均能公平地享受经济社会发展的成果，充分体现生产关系视域下的公平正义。

当然，农民农村共同富裕并不意味着不同农村居民群体和不同农村社区以整齐划一的态势实现共同富裕，也不意味着农民全体与市民群体、农村地区与城镇地区以均一方式实现共同富裕。毕竟在任何经济社会均无法消除农民个体之间的人力资本差异，不同农村社区在区位、人文环境、自然环境、传统习俗等初始禀赋方面也存在不同程度的异质性。这种情况下，即使外援动力强度相同，也无法保证所有农民和所有农村以统一的步伐实现同一程度的富裕水平，盲目追求无差别的富裕，既不是真正意义上的“公平”，又必然会对“效率”产生负面冲击。

三、内生发展与外生激励的统一性

农民农村共同富裕是全体人民共同富裕的短板和难点，需要在乡村振兴和城乡融合的总体框架下得以实现（王彦龙等，2024；李正图等，2024），以全面突破一系列重点障碍为前提条件，是农民农村依靠内源力量谋发展和政府、社会力量积极助力的结果。

一方面，内因是事物发展的决定因素，农民农村共同富裕必须以农民农村“创富”能力的系统提升为前置基础，是农民农村对美好幸福生活不懈追求下依靠自我变革、自我积累、自我创造的过程和结果。“等靠要”思想的存在和持续，不但不会从根本上改变农民农村发展轨迹，甚至有可能引发农村发展的停滞甚至倒退。

另一方面，外因是事物发展必不可少的条件，我国农民农村共同富裕进程是在城乡之间由相互割裂向低水平融合背景下启动的全新实践，也是城乡关系由失衡关系转型为协同型关系的重要标志。因此，农民农村共同富裕进程中，城乡关系的制度调整、城乡发展要素的优化配置、城乡产业的有序对接、城乡社区基础设施与公共服务的均等化，均是打破农民农村共同富裕障碍的题中应有之义。

四、渐进与节奏的统一性

一方面，农民农村共同富裕的提出时点，恰逢“百年未有之大变局”之际，深刻昭示了党和国家因为人民谋福祉而“不畏浮云遮望眼”的巨大勇气和卓越智慧。不过，这并不意味着农民农村共同富裕会是一个短期且一蹴而就的过程，恰恰相反，它必将是一个长期、复杂且动态的渐进过程。基本原因在于农民农村共同富裕并不是一个单一目标，而是包含了大量具体目标，具有任务的多重性（谭燕芝，2022），是建立在多重约束条件之下，遵循实践逻辑而依次破解的基础之上，因而每个任务的完成均需假以时日。

另一方面，农民农村共同富裕不可能是全体农村居民和所有农村地区步调一致的共同富裕过程，个体化农民和农村社区的差异性是农民农村共同富裕不同地域在起点上所具有的共同特性，谋求一体化、同步化解决所有农村居民和农村社区面临的富裕难题，既不现实，又不可能，而是必须保持推进过程的节奏性，实现长期性与阶段性的结合、顶层设计与地方创新的结合、重点突破与全面推进的结合、短期目标与长期愿景的结合、持续监测与动态调整的结合。

第二节　农民农村共同富裕的价值逻辑

一、标志着社会主义本质要求同“公平—效率”关系的高水平结合

一方面，农民农村共同富裕是新时代中国特色社会主义本质要求的具体体现。1992 年视察南方谈话中，邓小平指出，“社会主义的本质，是解放生产力，发展生产力，消灭剥削、消除两极分化，最终达到共同富裕”。这一论述清楚表述了社会主义的发展本质、先进本质和目标本质。其中，社会主义发展本质在于解放生产力和发展生产力，先进本质在于社会主义社会相较于资本主义社会的优越性体现为它以消灭剥削和消除两极分化为中介目标，而目标本质则在于实现共同富裕。可见，共同富裕构成了社会主义建设最核心、最本质的要求，“社会主义的目的就是要全国人民共同富裕，不是两极分化。如果我们

的政策导致两极分化，我们就失败了；如果产生了什么新的资产阶级，那我们就真的是走了邪路了”。

之所以可以认为农民农村共同富裕是社会主义本质要求的具体体现，仅从我国农民总量的观察中就能管窥一斑。事实上，尽管21世纪以来我国农村常住人口总量处于不断下降的态势，已经由2000年的80 837万人缩减至2023年的47 700万人，但这一数量仍然仅略低于1949年新中国成立初期的人口总量（54 167万人）[①]。另外，根据1992—2023年我国农村人口数据进行线性预测，设预测农村人口总量为$P_{forecast}$，预测年份为t（1992年=1），则可以得到如下预测方程：

$$P_{forecast}=-1\ 349t+91\ 679\ (R^2=0.983\ 6)$$

根据该方程可预测，即使到2035年基本实现社会主义现代化目标时，我国农村人口总量仍会高达32 323万人。显然，在物质条件已经基本具备的条件下，如果忽视如此庞大群体的共同富裕诉求，将其共同富裕愿望长期做“劣后”处理，那么社会主义的优越性至少在农民群体和农村空间下无法得到充分体现，社会发展成果公平惠及农民农村的格局必将导致全体人民共同富裕目标与其本源含义的背离，使之成为无源之水、无本之木。从这一角度看，农民农村共同富裕目标的逼近过程，必然会成为增强我国社会主义道路自信、凝聚全体人民建设社会主义现代化强国共识的基石和重要标志。

另一方面，农民农村共同富裕又是“公平—效率”高水平组合的具体体现。如何达成公平与效率的高水平组合，一直是经济学、社会学等众多人文社会科学领域的研究热点。在制度经济学、福利经济学视角下，公平与效率存在辩证统一关系，二者相互作用的同时，也可能产生相互制约甚至相互冲突的可能。世界各国的经济社会发展实践也已证明，公平与效率关系的处理方式，会对一个经济体未来经济社会发展产生全局影响，但调整二者组合关系的难度往往又是超乎想象的。因为调整二者的内在关系，在实践环节就意味着需要对经济社会制度进行强制变迁，同时也就意味在社会群体（或阶层）之间围绕当前或未来可支配资源与发展机会进行再配置，其结果既可能是帕累托改进式的理想格局，也可能是非帕累托改进格局。当后一种格局出现时，相关制度变迁过程反而可能受到来自当前主流利益集团的反对乃至抵制。

我国农民农村共同富裕目标的确立，是在脱贫攻坚行动取得全面胜利、农民农村不均衡不充分发展成为现代化强国建设重要阻碍的社会共识已经达成的背景下提出的，与之相关联的乡村振兴战略、新型城镇化规划、建立健全城乡

① 数据来源：转引自《中国统计年鉴（2024）》。

融合发展体制机制和政策体系、土地制度改革等政策文本，系统体现着加大农民农村赋权赋能力度、提高城镇经济社会功能的理念，具有显著的帕累托改进性质。因此，农民农村共同富裕进程中可以预见的结果将是农民和市民、农村和城镇两大体系之间实质性公平得到平行提升，发展效率也将得到协同增进。

二、同高质量发展互动耦合的生动实践

基于中国共产党对经济社会发展规律认识的深化，针对我国经济社会发展中面临的突出矛盾和问题，习近平总书记于2017年首次提出了“高质量发展”一词，此后2023年在参加十四届全国人大一次会议江苏代表团审议时再次强调，“高质量发展是全面建设社会主义现代化国家的首要任务。必须完整、准确、全面贯彻新发展理念，始终以创新、协调、绿色、开放、共享的内在统一来把握发展、衡量发展、推动发展……必须以满足人民日益增长的美好生活需要为出发点和落脚点，把发展成果不断转化为生活品质，不断增强人民群众的获得感、幸福感、安全感”。党的二十大报告中进一步强调指出，高质量发展和全体人民共同富裕同为中国式现代化的本质要求，要通过加快构建新发展格局，着力推动高质量发展，并由此推进全体人民共同富裕。

其实，作为全体人民共同富裕的重要组成部分，农民农村共同富裕与高质量发展存在极为密切的关联，是高质量发展的重要组成部分，也是高质量发展在“三农”发展领域取得显著成效的具体表现。离开了农民农村共同富裕的耦合实践，高质量发展就将失去其应有底色；反之，坚定高质量发展道路，全面贯彻新发展理念，必将成为农民农村共同富裕的强大助力。

第一，农民增收致富实现自由发展，既是通过农业科技创新和制度变革，提高农业生产质量与效率、延长农业产业链条、丰富农业产业业态的过程，又是稳步推进土地制度改革、开放农村产权交易市场、促进农产品流通与农村产业发展的过程，因此将会充分体现创新驱动和开放发展的现实价值。

第二，农村经济社会实现均衡充分发展，既是通过加强城乡基础设施互联互通，改善交通、水利、通信、物流等基础设施条件从而缩小城乡差距的过程，又是区域财政、金融资金和城镇经济社会组织广泛参与的过程，因此将会充分体现协调发展的巨大效能。

第三，农民农村可持续可竞争发展，既是强化农民生产与就业技能培训、推进农村社区治理优化的过程，又是建立健全农村救助体系的过程，同时还是加强生态环境保护力度、推进能源革命、建设美丽宜居新空间，进而不断提高农村生态资源经济和价值的过程，因此将会充分凸显共享发展和绿色发展的重大作用。

三、激发国内市场潜力的必然选择

经济发展是国家现代化的首要基础，经济建设是坚持中国特色社会主义道路的中心。自进入经济发展新常态以来，我国经济发展的艰巨性和复杂性日益突出，建立更为强大的经济内循环体系，特别是激发农业农村市场巨大潜能，对于建设社会主义现代化强国具有无可替代的深远价值。从空间视域看，经过长期体制机制创新，我国城市市场体系建设已经取得了显著成效，但农村市场发展却处于明显滞后状态。无论从理论角度还是从实践角度分析，在农民农村共同富裕的推进过程中，农村市场体系的完整性和功效性均将得到全面提升，从而为进一步放大国内市场经济拉动作用提供持久的内在动力。

一方面，积极推进农民农村共同富裕，有利于打造潜力巨大的农村消费市场。根据凯恩斯理论可知，消费是收入的函数，当收入增加时，消费也会有所增长，不过消费在收入中所占的比例（即平均消费倾向 APC）和新增消费在新增收入中所占的比例（即边际消费倾向 MPC）均会呈现下降趋势。众所周知，我国农民收入水平长期低于城市居民的收入水平，其在交通、通信、教育文化娱乐、医疗保健、社会服务等发展性需求方面仍然存在巨大提升空间，因此随着农民农村共同富裕进程的深化，农村消费市场必将呈现不断放大的趋势，成为拉动内需不容忽视的边际力量。有数据显示，2018 年以来农村居民平均消费倾向介于 0.80～0.84，而同期城镇居民平均消费倾向则仅为 0.62～0.67，二者差值逐渐由 2018 年的 0.16 稳定扩大至 2023 年的 0.22（图 4－1）。由此可见，乡村振兴战略的实施，不但促进了农民收入的稳定增长，而且农村消费市场也因此正在逐渐兴起。

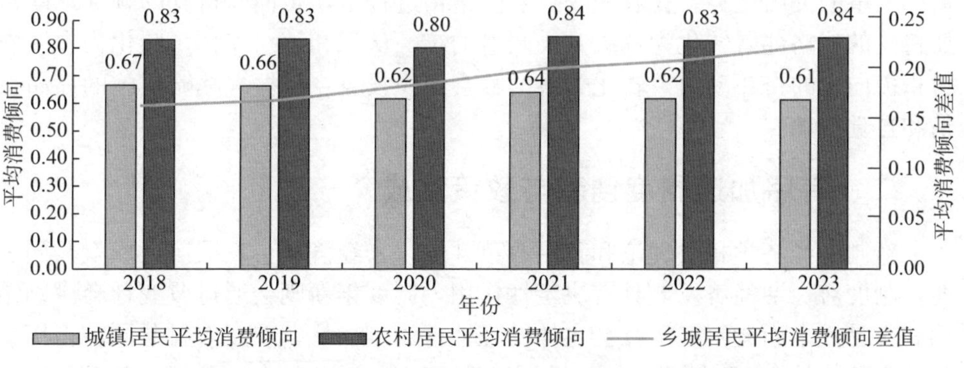

图 4－1　2018—2023 年我国乡城居民平均消费倾向比较

数据来源：根据《中国统计年鉴（2024）》相关数据整理得到。

注：乡城居民平均消费倾向差值＝农村居民平均消费倾向－城镇居民平均消费倾向。

另一方面，积极推进农民农村共同富裕，有利于打造更为强大的农村要素市场。长期以来，在城市偏向政策的驱动下，包括劳动力、资金和土地在内的农村生产要素呈现显著的外流特征（张桂文等，2018），农村生产要素市场发展尤为缓慢。不过，在不可逆转的农民农村共同富裕进程中，随着一二三产业融合速度加快、农业规模化经营成为常态、农业新业态不断涌现、农村服务业的兴起以及产业优秀人才的返乡入乡，农村产业空间将被逐渐打开，农村产业总体规模将显著扩大，产业活力也将得以系统提升，因此不但会促进各类生产要素向农村空间集聚，而且更会提高农村经济积累水平，引致生产要素的加速迸发。

第三节　农民农村共同富裕的价值实现策略

本章前述内容表明，农民农村共同富裕对于中国特色社会主义现代化强国具有巨大的现实价值和深远影响，但是客观而言，农民农村共同富裕价值的实现和提升，也面临较多约束和难题，因此在理解其价值逻辑的基础上，仍有必要深入挖掘其价值实现策略。

一、将党的战略部署顺畅转化为社会统一行动

农民农村共同富裕是党和国家立足当前、面向未来而确立的关乎中华民族伟大复兴和社会主义现代化强国伟大目标的重大战略部署，涉及经济社会发展的公平正义和长期效率，必须以党的全面领导为根本保障。中国共产党是中国特色社会主义各项事业的领导和核心，代表中国先进生产力的发展要求、代表中国先进文化的前进方向、代表中国最广大人民的根本利益，具有集中全国力量办大事的突出优势。在农民农村共同富裕过程中，全面坚持党的领导，就是要将党的战略部署转化为各级党委政府的统一认识和统一安排，转化为农民农村积极向上的奋斗动力，转化为各类社会组织投身乡村振兴战略实施的高昂热情和自觉行动。

二、有序加速制度创新与政策集成

新制度经济学相关理论和我国改革开放以来经济社会发展巨大成就共同表明，制度对长期经济发展具有决定性作用，制度创新则会通过改变社会激励结构和交易成本而调整经济社会主体的理性行为。显然，农民农村共同富裕历史与未来价值的实现，首先必须以制度创新特别是制度整合为前提和基础，毕竟农民农村共同富裕在实践层面涉及众多领域的大量行为主体，唯有通过政策创新和集成，才能有效解决其中的条块分割、各自为政的现象，才能建立起多方

联动、协同并进的良性运行机制。

其一是加大涉农科技创新和推广普及力度，拓展数字技术和新质生产力在农村的应用场景，为农民增收致富提供本源动力。其二是加速推进农村土地制度改革进程，借此活化农村多种资源的经济价值，拓展城乡产业融合的业态选择空间（徐世江等，2024）。其三是系统推进农村治理制度、治理机制和治理技术的应用性整合创新，着力提升农村“三治融合”水平，为农民农村精神富足提供积极进取的思想保障，汇聚自信自强的磅礴精神力量。

三、积极稳妥推进县域试点和区域协调

农民农村共同富裕是一个系统工程，仅靠宏观统筹显然难以保障落地实施的质量。作为农民农村聚集且具备相对完整行政权限的县域，理应成为农民农村共同富裕实践最重要的推进空间，唯有如此，才能从根本上保障因地制宜地推进农民农村共同富裕实践，全方位地提升农民农村共同富裕实效。

一方面，基于科学论证，稳妥推进农民农村共同富裕的整县试点，分类测试农民农村共同富裕领域创新性政策的潜在成效及其普适性，通过“先行先试”机制为制度统合与推广奠定实践基础。另一方面，着力推进农民农村共同富裕实践的区域协调，通过加强区域规划统筹、基础设施互联互通、促进产业协同发展、生态环境协作保护开发利用、基本公共产品与公共服务共建共享等机制，以“共同体”形态推进农民农村共同富裕实践“一步一个脚印”稳定达成各阶段预期目标。

第四节 本章小结

厘清农民农村共同富裕的价值逻辑，是理解农民农村共同富裕可能性与必要性的前提，更是确保农民农村共同富裕实践发挥其宏观历史效能的基础。本章重点梳理了农民农村共同富裕的内涵特征，探讨了农民农村共同富裕的现实与未来价值，并进一步提出了农民农村共同富裕的价值提升策略。

本章研究结果显示，农民农村共同富裕具有物质充裕与精神富足的统一性、“富裕”与“共同”的统一性、内生发展与外生激励的统一性、渐进与节奏的统一性四个方面内涵特征，标志着社会主义本质要求同“公平—效率”关系的高水平结合，是同高质量发展互动耦合的生动实践与激发国内市场潜力的必然选择。在此基础上，本章进一步提出了梳理和提出了农民农村共同富裕的价值实现策略：第一，将党的战略部署顺畅转化为社会统一行动；第二，有序加速制度创新与政策集成；第三，积极稳妥推进县域试点和区域协调。

第五章 CHAPTER 5

农民农村共同富裕的空间逻辑及其进路优化策略

从最直接的现象观察结果和大量理论研究成果的双重角度看，城乡两大空间系统在经济和社会领域二元分化格局的长期持续及其不断积累的各种深层次矛盾，既是国民经济高质量发展和全面建成社会主义现代化强国的重要阻碍，更是农民农村发展滞后与实现共同富裕目标的核心原因。农民农村共同富裕是农村居民立足农村社区实现物质充裕与精神富足的社会实践过程，更是破除城乡二元结构负面影响，使农民农村发展获得充分赋能的过程。本章将在空间视域下，分析我国城乡二元结构的演进过程、基本特征及其长期持续对农民农村共同富裕的阻碍效应，并在此基础上探索促进农民农村共同富裕的空间进路优化策略。

第一节 我国城乡二元结构的生成机制与演化进程

一、不平衡发展战略的选择与城乡二元结构的形成

在区域经济发展的战略选择领域，经济学发展历史上曾经出现过两种截然不同的思路，其一是以罗森斯坦-罗丹为代表的平衡发展理论和纳克斯的“贫困恶性循环”理论，其二是以赫希曼为代表的不平衡发展理论。

罗森斯坦-罗丹（P. N. Rosenstein-Rodan，1943）的平衡发展理论建立在生产函数不可分性、需求不可分性和储蓄供给不可分性三个“不可分性”基础上，认为发展中国家在实现腾飞的初期，通常面临基础设施不完善和重工业部门严重滞后的约束，故而在经济发展初期，应该将投资重点集中在重工业部门和与其相互关联的轻工业部门或其他产业部门，并全面推进基础设施建设。只有如此才能创造出互为需求的市场，解决国内市场狭小的问题，也才能推动国

民经济的高速增长和整体发展。纳克斯（R. Nurkse，1960）的“贫困恶性循环”理论为推行平衡发展战略提供了必要性解释并进一步发展了这一理论。按照纳克斯的观点，平衡发展理论中经济发展落后国家通常面临两大恶性循环，即供给不足恶性循环和需求不足恶性循环。前者可概括为“生产率低下→国民收入水平低下→低储蓄率→资本短缺→低投资水平→生产率低下”，而后者则可以概括为“生产率低下→国民收入水平低下→社会购买力低下→投资引致不足→生产率低下”。为破解贫困恶性循环的束缚，纳克斯认为发展中国家需要采取平衡发展策略，同时对各个工业部门进行大规模投资。当然，由于该理论过分重视或夸大计划的作用，忽视了市场经济调节机制的重要影响，且无法解决推进各地区、各部门平衡发展所需要的巨量资金、技术和人才的投入难题，因而极易导致经济运行的扭曲，反而容易造成国民经济的普遍停滞。

与罗森斯坦-罗丹的观点不同，赫希曼、罗斯托、佩鲁等学者对平衡发展战略理论进行了有力回击，认为发展中国家特别是处于经济启动阶段的发展中国家的基本特点在于资金严重短缺，因此基本无法采用平衡发展战略推进国家经济发展，需要以不平衡发展战略取而代之。赫希曼（Albert O. Hirschman，1959）认为，一国（或地区）的产业连锁反应包括前向关联反应、后向关联反应和旁侧关联反应三种类型，社会投资应优先选择具有突出战略意义的部门（即具有较强综合关联效应的部门）。在此基础上，赫希曼认为既然发展中国家经济资源特别是资本高度稀缺，无法实现所有产业和地区的平衡发展，就有必要集中有限的资本和资源优先支持产业关联度高的产业发展，并通过这些优先发展的产业部门所创造的资本推动其他产业的投资，从而带动全部产业的梯度发展。与此同时，赫希曼将一国划分为发达地区和落后地区，并认为发达地区对落后地区的发展既会产生极化效应，又会产生溢出效应。前者是指发达地区不断吸引落后地区的资金、技术和人才的流入，因此会导致落后地区经济发展陷入衰落；而后者则是指发达地区通过增加面向落后地区的采购原材料、开展投资和移民，可以提高落后地区的劳动边际生产率和人均消费水平，从而促进落后地区的经济发展。

客观而言，从城乡发展关系角度看，平衡发展战略和不平衡发展战略虽然观点互斥，但却均具有合理成分。前者更为重视政府计划和政府投资的作用，而后者则重点关注市场机制的影响。事实上，以发展中国家的普遍特征事实观察，在处理城乡发展关系时，无疑需要同时考量政府和市场的作用，只有在不同发展阶段及其发展目标的导向下，处理好政府和市场的功能关系和功能边界，才能高效解决城乡协调发展的各类核心难题。理论上可以证明，发展中国家在经济起步准备阶段，以不平衡发展思路率先支持城市及其工业部门的发展，可以为后续阶段启动农村经济社会发展积累资本、先进技术和高素质人才。当发展中国家进入起飞阶段特别是迈向成熟推进阶段的过程中，国民经济和社会发展需要作为短板的农村及其经济部门的协同发展。此时，单独依靠市场机制的溢出效应，已经难以引导发展资源流向农村，因此有必要采取平衡发展战略，通过政府加大对农民农村投入力度和制度供给力度，引导各类城市经济社会主体积极参与农村产业和社会发展，打造城乡之间既有分工又有合作、既有功能互补又有价值互促的良性格局。

回顾历史可以发现，在资本积累严重不足、增量资金严重匮乏的现实条件下，为了打破西方国家的全面封锁而实现快速的民族自立与长期经济自由，1953 年我国就在苏联模式的启发下选择了重工业优先发展的赶超型不平衡发展战略[①]（林毅夫等，1994），并通过以农产品统购统销制度为核心的农业剩余转移机制、以户籍制度为核心的就业和福利的城乡分割机制、以政社合一的人民公社化制度为核心的农副产品交易成本控制机制，建立了重工业优先发展及其所需的城市居民生活成本最低化的资金来源渠道，于 1958 年完成了城乡二元结构的人为建构工作（徐世江，2022）。当然，超乎预料的是，城乡二元结构形成之后，并未在短期内转型为一元化结构，反而成为此后 60 余年我国经济社会发展最基本和最典型的特征。

二、城乡二元结构的阶段性演进

为了简单而直观地了解我国城乡二元结构演进的历史全貌，本书采用二元对比系数这一最简单、最常用的观测指标。所谓二元对比系数，是农业（第一产业）比较劳动生产率与非农产业（第二、三产业）比较劳动生产率的比值。其中，比较劳动生产率（comparative productivity of labor）可采用下式计算：

$$CP_i = \frac{P_i}{L_i} \quad i = A, N \tag{5-1}$$

其中，CP_i 为第 i 部门的比较劳动生产率。P_i 和 L_i 分别代表农业（A）、非农产业（N）的产值在 GDP 中的比重和就业人数在全社会就业总量中的占比。比较劳动生产率反映了不同部门单位劳动力的相对产出效率，其值越大，表明该部门劳动力资源的利用效率越高；反之，该值越低，则表明该部门劳动力资源的利用效率越低。

① 显而易见，新中国成立之初就开始推行的不平衡发展战略，其实践远远早于不平衡发展理论的出现时间。不平衡发展战略尽管作为一种理论推演的结果，对发展中国家道路选择具有明显的启示意义，但只有适应本国特定国情、与本国长短期发展目标相互匹配的策略，才有可能成为最合理的选择。

二元对比系数（dual contrast coefficient）可采用下式计算：

$$D_{A-N}=\frac{CP_A}{CP_N}=\frac{P_A/L_A}{P_N/L_N} \tag{5-2}$$

其中，D_{A-N} 为二元对比系数，是农业比较劳动生产率与非农产业比较劳动生产率的比值。二元对比系数通常介于 0～1。其值越大，表明农业和非农产业的劳动生产率差距越小，城乡二元分化强度越弱；而其值越小，表明农业和非农产业的劳动生产率差距越大，城乡二元分化强度越高。

表 5－1 显示了 1953—2023 年我国二元对比系数变化情况以及农业和非农业部门的比较劳动生产率变化情况。

表 5－1　1953—2023 年我国二元对比系数及农业和非农产业部门比较劳动生产率变化

年份	农业比较劳动生产率（CP_A）	非农产业比较劳动生产率（CP_N）	二元对比系数（D_{A-N}）
1953	0.553	3.201	0.173
1954	0.548	3.221	0.170
1955	0.556	3.209	0.173
1956	0.536	2.992	0.184
1957	0.496	3.186	0.156
1958	0.586	1.578	0.371
1959	0.429	1.940	0.221
1960	0.356	2.236	0.159
1961	0.469	2.799	0.168
1962	0.480	3.388	0.142
1963	0.489	3.397	0.144
1964	0.467	3.456	0.135
1965	0.464	3.376	0.138
1966	0.461	3.377	0.137
1967	0.493	3.262	0.151
1968	0.517	3.158	0.164
1969	0.466	3.378	0.138
1970	0.436	3.370	0.129
1971	0.428	3.255	0.131
1972	0.417	3.128	0.131
1973	0.424	3.132	0.136

（续）

年份	农业比较劳动生产率（CP_A）	非农产业比较劳动生产率（CP_N）	二元对比系数（D_{A-N}）
1974	0.434	3.030	0.143
1975	0.420	2.962	0.142
1976	0.433	2.775	0.156
1977	0.395	2.766	0.143
1978	0.400	2.451	0.164
1979	0.448	2.295	0.197
1980	0.439	2.249	0.197
1981	0.468	2.154	0.219
1982	0.490	2.107	0.235
1983	0.495	2.049	0.244
1984	0.502	1.903	0.266
1985	0.456	1.918	0.240
1986	0.437	1.877	0.232
1987	0.447	1.843	0.244
1988	0.433	1.838	0.237
1989	0.418	1.890	0.223
1990	0.451	1.840	0.247
1991	0.411	1.886	0.219
1992	0.373	1.896	0.198
1993	0.349	1.096	0.190
1994	0.364	1.761	0.207
1995	0.381	1.682	0.227
1996	0.390	1.630	0.240
1997	0.367	1.639	0.225
1998	0.353	1.649	0.215
1999	0.329	1.681	0.196
2000	0.301	1.706	0.177
2001	0.288	1.720	0.168
2002	0.275	1.734	0.159
2003	0.261	1.723	0.152
2004	0.286	1.640	0.175

（续）

年份	农业比较劳动生产率（CP_A）	非农产业比较劳动生产率（CP_N）	二元对比系数（D_{A-N}）
2005	0.272	1.601	0.171
2006	0.265	1.557	0.172
2007	0.273	1.517	0.192
2008	0.286	1.487	0.195
2009	0.275	1.460	0.194
2010	0.275	1.433	0.196
2011	0.287	1.391	0.208
2012	0.301	1.367	0.225
2013	0.300	1.326	0.227
2014	0.311	1.293	0.241
2015	0.312	1.272	0.246
2016	0.309	1.266	0.242
2017	0.260	1.262	0.222
2018	0.276	1.252	0.219
2019	0.287	1.234	0.233
2020	0.326	1.208	0.270
2021	0.314	1.204	0.261
2022	0.303	1.221	0.248
2023	0.311	1.203	0.259

数据来源：1953—1977 年数据根据《新中国 60 年统计资料汇编》相关数据整理得到。参见：国家统计局国民经济综合统计司，2010. 新中国 60 年统计资料汇编［M］. 北京：中国统计出版社。1978—2023 年数据根据《中国统计年鉴（2024）》相关数据整理得到。

通过表 5－1 可以发现，自城乡二元结构形成以来，我国二元对比系数在经济社会发展路径不断调整的影响下，表现出了明显的阶段性变化特点。为了更为直观地观察这种阶段性变化特点，特别是为了细致剖析其背后的深刻原因，我们可以将二元对比系数的波动过程划分为两个时期——形成与固化时期、突破与转型时期，而形成与固化时期又可分为两个阶段，转型与突破时期则可划分为三个连续阶段（图 5－1）。

（一）城乡二元结构的形成与固化时期（1953—1977 年）

这一时期又可以分为城乡二元结构形成阶段（1953—1958 年）和城乡二元结构固化阶段（1959—1977 年）。

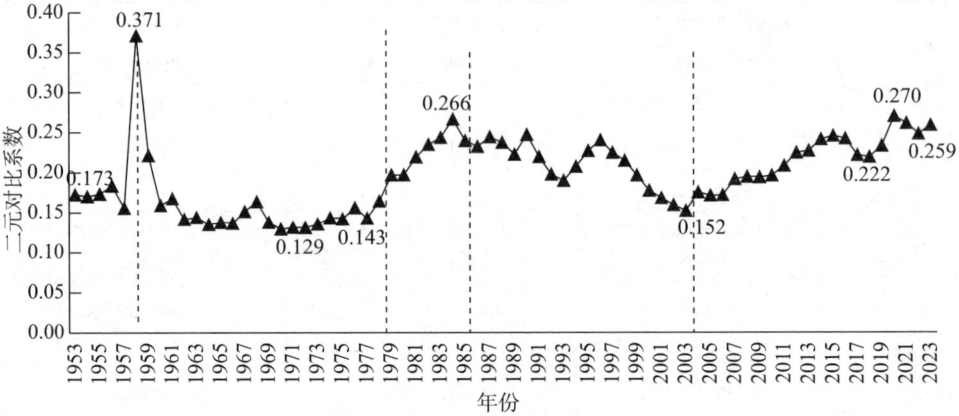

图 5-1　1953—2023 年我国城乡二元结构的阶段性演进

1953—1958 年为城乡二元结构形成阶段。中央政府为了确保重工业优先发展战略能够顺畅推进，因而在全国范围内自上而下地系统开展了与这一战略相匹配的强制性制度变迁，于 1953 年确立了农产品统购统销制度，1958 年确立了城乡分割的户籍制度和人民公社制度，城乡二元结构也以这三个制度的确立为标志正式形成。

1959—1977 年为城乡二元结构固化阶段。除 1962—1965 年为了应对 1958—1961 年农业大幅减产给农民基本生活所带来的巨大冲击而出台涉农补贴政策外，其余年份均采取了强力的城市和重工业偏向政策，城乡二元结构呈现固化状态。这一阶段，二元对比系数由 1958 年的历史最高值 0.371 快速降至 1960 年的 0.159，此后一直在 0.129～0.168 的极低区间波动。有数据显示，1959—1977 年，全国财政仅基本建设支出和增拨企业流动资金两项合计就高达 5 103.04 亿元，是同期支农支出（503.07 亿元）的 10.14 倍[①]。

（二）城乡二元结构的突破与转型时期（1978—2023 年）

这一时期是破除城乡二元结构固化、谋求一元化转型的历史时期，也是党和国家基于非连续性政策促进农业农村发展向基于稳定性、持续性政策长期聚焦农业农村迈向繁荣之路的历史时期。这一时期又可以划分为突破、反弹和弱化等三个具体阶段。

1978—1984 年是城乡二元结构的突破阶段。1978 年党的十一届三中全会

① 数据来源：根据《新中国 60 年统计资料汇编》相关数据整理得到。参见：国家统计局国民经济综合统计司，2010. 新中国 60 年统计资料汇编［M］. 北京：中国统计出版社。

明确提出将全党工作重心转移到现代化经济建设上来，必须集中主要精力把农业尽快搞上去。会议通过的《中共中央关于加快农业发展若干问题的决定（草案）》提出了发展农业生产力的25条措施，基本确立了重构农业微观主体的基本思想。随后，1982年中央1号文件《全国农村工作会议纪要》在全国范围内确立并开始推行家庭联产承包责任制，长期严重束缚农民生产经营自主决策的人民公社制度也于1983年被正式终结。1984年中央1号文件《关于1984年农村工作的通知》更是对农村社队创办企业给予了大力支持，提出了"现有社队企业是农村经济的重要支柱，有些是城市大工业不可缺少的助手"的判断；同年党中央、国务院转发的《关于开创社队企业新局面的报告》将"社队企业"更名为"乡镇企业"，进一步明确了乡镇企业发展在"以工补农"的重要意义和重大潜力，要求要和国有企业一样一视同仁并给予必要的扶持。总体而言，这一阶段农民长期受抑的生产积极性被充分激活，农村发展非农产业的限制也被彻底破除，城乡二元结构正式松动。有数据显示，这一阶段农业总产值在短短的六年时间里就实现了翻倍，由1978年的1 018.5亿元增至1984年的2 295.6亿元①，农村居民家庭人均纯收入由1978年的133.6元锐增至1984年的355.3元（图5-2）②，二元对比系数也由1978年的0.164提升至1984年的0.266，这一改革开放至今的最高水平。

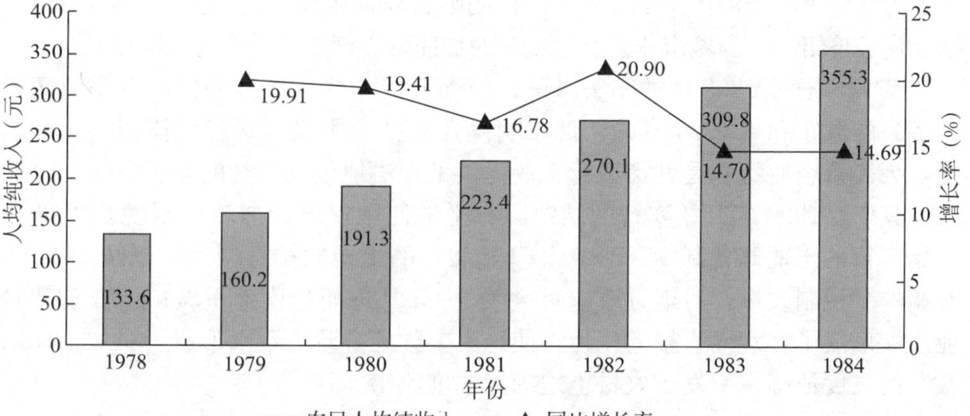

图5-2　1978—1984年农村居民人均纯收入

数据来源：根据历年《中国统计年鉴》相关数据整理得到。

① 数据来源：《中国统计年鉴（2024）》。

② 数据来源：国家统计局国民经济综合统计司，2010. 新中国60年统计资料汇编[M]. 北京：中国统计出版社。

1985—2003 年为城乡二元结构反弹阶段。改革事业在农村领域的率先推进，使我国农业农村迅速焕发了前所未有的活力。与此同时，20 世纪 80 年代初，我国城市企业已经达到 100 多万家、职工数量达到 8 000 多万人，提供的税收和利润占全国财政收入的比重也达到 80%以上①。可以说，城市和城市企业的发展积极性与主动性，在相当大程度上决定着国民经济的全局走向和总体质量。鉴于此，在农村经济社会全面恢复的背景下，党和国家迅速意识到了农村改革向城市延伸的可行性与必要性，1984 年党的十二届三中全会通过的《中共中央关于经济体制改革的决定》明确提出，“现在面临的任务，是在继续深入搞好农村改革的同时，加快以城市为重点的整个经济体制改革的步伐”“坚决地系统地进行以城市为重点的整个经济体制的改革，是当前我国形势发展的迫切需要”，标志着改革重心正式由农村向城市的转移。

这种改革重心的转移，引发了此后近 20 年时间里城镇经济和社会诸多领域创新性制度供给和制度变迁，深刻改变了城市发展的每个角落，为城市空间增长极和工业化增长引擎的快速形成提供了强劲的内在动力。其中，具有标志性意义的创新性制度供给和制度变迁包括：

其一，1985—2002 年期间的“两权分离”改革（1984—1992 年）和产权制度改革（1993—2003 年），逐步将传统国有企业特别是竞争性领域的国有企业改造成为适应市场经济体制要求的“产权明晰、权责明确、政企分开、管理科学”的现代经济组织，为城市非公有制企业的加速发展创造了公平的竞争环境。

其二，通过 1988 年的宪法修正、1988 年《中华人民共和国私营企业暂行条例》的颁布和 1992 年党的十四大明确建立社会主义市场经济体制目标的确定，为民营企业特别是城市民营企业提供了合法地位和广阔的发展空间。

其三，1990 年开始实行的城镇国有土地使用权出让与转让制度、1996 年开始实行的土地储备制度、2001 年开始实行的土地招拍挂制度，以及 1994 年开始的分税制改革，对地方政府过度关注 GDP 进而过度倚重城市工业和建筑业发展形成了客观而直接的压力，使绝大多数地方政府逐渐形成了对“土地财政”的高度依赖，引发了农村土地的大幅度流出。

其四，1993 年《国务院关于金融体制改革的决定》和 1995 年《中华人民共和国商业银行法》颁布后，国有专业银行和非银行金融机构逐渐完成商业化改革，并大幅度撤并或压缩农村经营网点，导致农村资金长期处于净流出状态，城市第二三产业成为主要受益者。

---

① 数据来源：本书编写组，2021. 改革开放简史［M］. 北京：人民出版社，中国社会科学出版社：48-49。

其五，1986 年开始建立的城镇职工退休养老保险和就业保险制度、1988 年开始建立的城镇职工基本医疗保险制度、1999 年失业保险的扩面以及 2003 年建立的工伤保险等一系列社会保障制度，加之 1994 年开始建立的住房公积金制度、经济适用房制度和 1998 年开始建立的廉租住房制度，为城市居民搭建了较为完善的综合保障体系，对于提高城市空间品质、提升城镇居民总体幸福感、促进城市人力资源优化配置具有举足轻重的作用。

不过也需要看到，这一阶段的国民经济改革，具有明显的城市化偏向特性，虽然这一阶段农产品流通体制改革和农村税费改革得以有条不紊地推进，但是改革力度和改革项目明显滞后于城镇系统，特别是农村基本公共产品（服务）的供给主要由农村自行承担，以“三提五统”和“两工”为主的农民负担呈现上升态势，更是扩大了城乡人均收入差距。有数据显示，这一期间我国城乡人均收入差距由 1985 年的 1.86∶1 扩大至 2003 年的 3.15∶1；如果将城乡居民社会保障和福利差异考虑在内，这一差距可能会高达 7∶1（武力，2007）。另有数据显示，1994—2000 年，尽管农民人均负担税费在农村收入中所占比重有所下降，但绝对数额却由 1994 年的 112.0 元上升至 2000 年的 168.4 元，增加幅度达到 50.4%（图 5-3）。

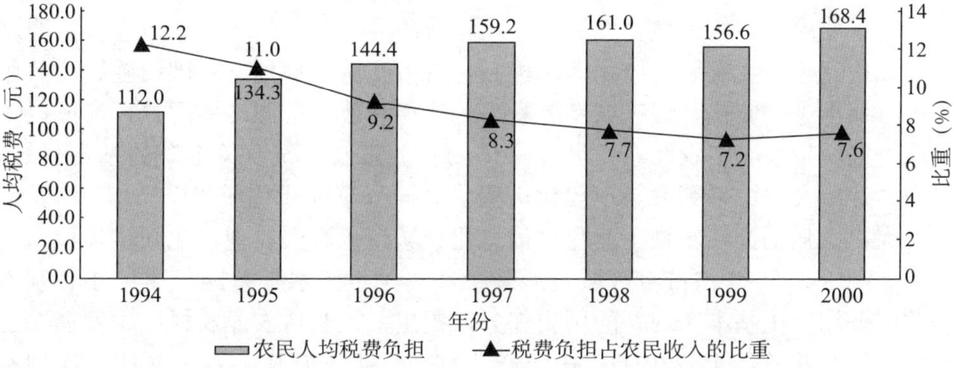

图 5-3　1994—2000 年农民人均税费负担及其占收入的比重

数据来源：陈锡文，2005. 中国农村公共财政制度[M]. 北京：中国发展出版社：99。

2004 年至今为城乡二元结构弱化阶段。20 世纪 90 年代中期开始，在城乡二元经济社会结构矛盾特别是城市偏向性政策体系的影响下，“三农”问题开始形成并逐渐显化，农业农村发展的相对滞后性已经成为全国经济社会发展的重要短板。与此同时，进入新世纪后，我国人均 GDP 于 2003 年超过 1 000 美元，农业增加值占 GDP 的比重降至 12.3%，工农业产值比重达到 3.7∶1，按照国际参照标准，已经初步具备了工业反哺农业的条件（马晓河等，2005）。

在此背景下，2004年党的十六届四中全会指出，“综观一些工业化国家发展的历程，在工业化初始阶段，农业支持工业、为工业提供积累是带有普遍性的趋向。在工业化达到相当程度以后，工业反哺农业、城市支持农村，实现工业与农业、城市与农村的协调发展，也是带有普遍性的趋向”。以上“两个趋向”论断的提出，标志着党和国家在处理城乡发展关系方面正式开启了重大政策转折的序幕，而2004年以来历年中央1号文件已经连续21年聚焦“三农”问题，充分展示了党和国家对补齐“三农”发展缺口的历史耐心，以及推动农民农村共同富裕的坚定决心。具体来说，这一阶段党和国家主动赋能“三农”发展的实践及其成果可以概括为以下四个方面。

第一，全面改变城乡关系定位，凸显农业农村在国家现代化进程中的重要地位。以2003年党的十六届三中全会将统筹城乡发展列为国家五大统筹发展之首为标志，我国城乡发展关系开始进入重大调整期，逐步实现了由分割发展向融合发展的战略转型。2004年中央1号文件《中共中央、国务院关于促进农民增加收入若干政策的意见》在时隔18年之后重新聚焦“三农”问题，党的十七大明确提出建立城乡协调互动发展机制和社会主义新农村建设取得重大进展的历史任务，“建立以工促农、以城带乡长效机制，形成城乡经济社会发展一体化新格局”。此后，党的十八大将推动城乡发展一体化定位为“四化同步”的重要内容，认为城乡发展一体化是解决“三农”问题的根本途径，明确了“加快完善城乡发展一体化体制机制，着力在城乡规划、基础设施、公共服务等方面推进一体化，促进城乡要素平等交换和公共资源均衡配置，形成以工促农、以城带乡、工农互惠、城乡一体的新型工农、城乡关系”的基本目标，以求“让广大农民平等参与现代化进程、共同分享现代化成果”。2017年党的十九大再次强调推动新型工业化、信息化、城镇化、农业现代化同步发展，确定了2020—2035年“城乡区域发展差距和居民生活水平差距显著缩小、基本公共服务均等化基本实现”的历史任务，提出了“坚持农业农村优先发展”的全新命题，并总体上提出了“按照产业兴旺、生态宜居、乡风文明、治理有效、生活富裕的总要求，建立健全城乡融合发展体制机制和政策体系，加快推进农业农村现代化”的乡村振兴战略总体框架。党的二十大则在推进和拓展中国式现代化、坚持高质量发展的主题下，以加快构建新发展格局为目标，再一次强调了通过城乡融合促进农业农村优先发展的乡村振兴基本路径。

第二，对农村土地制度进行了变革式创新，逐步为农民农村共同富裕目标的实现打开财产收益“窗口”。土地是农业农村发展的关键资源，一直以农民农村生产资料的形式发挥着“兜底”保障功能。2004年以来，党和国家通过对农村土地制度的变革性创新，在生产功能之外，为农民农村各类土地逐步赋予了财产权益，也因此为农民农村通过对土地的合法再配置而获得新的收入来源创造了可能。2007 年出台的《中华人民共和国物权法》，明确界定了土地承包经营权的“用益物权”属性，从而进一步强化了土地承包经营权流转的合法地位，丰富了农村基本经营制度的实现形式。此后，中国农村土地制度改革的重点开始向“赋予农民更多财产权利”精准发力（冯海发，2013），进入了一个“全方位、多层次、宽领域”的崭新时期（毕国华等，2018）。承包地改革领域，2014 年中共中央办公厅、国务院办公厅印发的《关于引导农村土地经营权有序流转发展农业适度规模经营的意见》首次提出农村土地所有权、承包权、经营权概念和改革方向。2016 年中共中央办公厅、国务院办公厅印发的《关于完善农村土地所有权承包权经营权分置办法的意见》为承包地改革提供了实践指南。2017 年党的十九大明确提出第二轮土地承包到期后再延长三十年，则意味着改革也会相应保持长期有效。2018 年修订的《中华人民共和国农村土地承包法》则更是从法律高度对改革进行了确认，同时为土地经营权的流转、抵押、入股等提供了法律依据。

第三，赋予农民更加自由的户籍选择权和社会保障权，以社会权利平等化促进城乡群体的融合发展，赋能农民农村共同富裕。权利的差异是导致收入差距的关键因素，为农民农村补偿权利缺口，是加速农民农村共同富裕进程的必然选择。客观地看，长期以来由于我国城乡居民权利差异很大程度上是由户籍制度差异所决定和派生的，因此消除农业转移人口市民化的户籍限制，为农村居民提供与城市居民相同或相似的社会保障权，无疑构成了城乡居民群体融合发展、赋能农民群体实现共同富裕的巨大突破。进入 21 世纪，特别是 2010 年以来，我国户籍制度改革步伐明显加快，农业转移人口市民化的障碍也因此得以快速削弱（表 5－2），2024 年国务院印发的《深入实施以人为本的新型城镇化战略五年行动计划》更是明确提出，在未来五年，“放开放宽除个别超大城市外的落户限制，推行以经常居住地登记户口制度。全面落实城区常住人口 300 万以下城市取消落户限制要求，全面放宽城区常住人口 300 万至 500 万城市落户条件。完善城区常住人口 500 万以上超大特大城市积分落户政策，鼓励取消年度落户名额限制”。

表 5－2　2010 年以来我国户籍制度变迁进程

时间	制度名称	核心内容
2010	《国务院批转发展改革委关于 2010 年深化经济体制改革重点工作意见的通知》	深化户籍制度改革，加快落实放宽中小城市、小城镇特别是县城和中心镇落户条件的政策。进一步完善暂住人口登记制度，逐步在全国范围内实行居住证制度

（续）

时间	制度名称	核心内容
2011	《国务院办公厅关于积极稳妥推进户籍管理制度改革的通知》	引导非农产业和农村人口有序向中小城市和建制镇转移，推进城乡公共资源均衡配置，逐步实现城乡基本公共服务均等化
2012	党的十八大报告《坚定不移沿着中国特色社会主义道路前进为全面建成小康社会而奋斗》	加快改革户籍制度，有序推进农业转移人口市民化，努力实现城镇基本公共服务常住人口全覆盖
2013	《中共中央关于全面深化改革若干重大问题的决定》	全面放开建制镇和小城市落户限制，有序放开中等城市落户限制，合理确定大城市落户条件，严格控制特大城市人口规模
2014	《国务院关于进一步推进户籍制度改革的意见》	取消农业户口与非农业户口性质区分，建立完善积分落户制度
2016	《国务院关于深入推进新型城镇化建设的若干意见》	加快落实户籍制度改革政策；全面实行居住证制度；推进城镇基本公共服务常住人口全覆盖；加快建立农业转移人口市民化激励机制
2016	《国务院办公厅关于印发推动1亿非户籍人口在城市落户方案的通知》	进一步拓宽落户通道：全面放开放宽重点群体落户限制；调整完善超大城市和特大城市落户政策；调整完善大中城市落户政策。制定实施配套政策：加大对农业转移人口市民化的财政支持力度并建立动态调整机制；建立财政性建设资金对吸纳农业转移人口较多城市基础设施投资的补助机制；建立城镇建设用地增加规模与吸纳农业转移人口落户数量挂钩机制；建立进城落户农民“三权”维护和自愿有偿退出机制；将进城落户农民完全纳入城镇住房保障体系；落实进城落户农民参加城镇基本医疗保险政策；落实进城落户农民参加城镇养老保险等政策；保障进城落户农民子女平等享有受教育权利；推进居住证制度覆盖全部未落户城镇常住人口
2024	《国务院关于印发〈深入实施以人为本的新型城镇化战略五年行动计划〉的通知》	实施新一轮农业转移人口市民化行动——重点任务：进一步深化户籍制度改革；健全常住地提供基本公共服务制度；促进农业转移人口在城镇稳定就业；保障随迁子女在流入地受教育权利；完善农业转移人口多元化住房保障体系；扩大农业转移人口社会保障覆盖面。政策措施：完善农业转移人口市民化激励政策；健全进城落户农民农村权益维护政策

资料来源：根据中华人民共和国中央人民政府官网等主流媒体官网相关资料整理。

与此同时，为了扭转农村居民社会保障长期且单一依赖土地经营收益的缺陷，2003年以后我国陆续出台了一系列农村居民社会保障制度，为增强农村居民获得感和幸福感，特别是促进农村低收入群体获得公平生活保障提供了制度支持。这些制度主要包括2003年开始试点和推广，并于2008年底全面覆盖有农业人口的县（市、区）的新型农村合作医疗制度；20世纪90年代开始试点，2009年以国务院颁布的《国务院关于开展新型农村社会养老保险制度试点的指导意见》为标志而建立起来的新型农村养老保险制度；2014年根据《国务院关于建立统一的城乡居民基本养老保险制度的意见》而建立的城乡基本养老保险制度；以2006年修订的《农村五保供养工作条例》为标志而建立起的新型农村五保供养制度；依据2006年《国务院办公厅转发劳动保障部关于做好被征地农民就业培训和社会保障工作指导意见的通知》而建立的被征地农民社会保障制度等。

第四，引导和支持农民走组织化、规模化、现代化发展道路，助力破解小农户与大市场有效衔接难题。大量事实与理论研究成果证明，细碎化、小规模、分散性经营是农民农村实现共同富裕的重要内生障碍，只有通过组织化、规模化和现代化改造才能实现有效破解。鉴于此，2006年颁布、2017年修订的《中华人民共和国农民专业合作社法》以及2007年国务院颁布的《农民专业合作社登记管理条例》，不但赋予了农民专业合作社的法人资格，而且明确了产业政策倾斜、财政扶持、金融支持、税收优惠、保险服务等一系列支持农民专业合作社发展的扶持政策；2024年颁布的《中华人民共和国农村集体经济组织法》则在支持农村集体经济组织发展新型集体经济、服务集体成员方面，明确了财政支持、税收优惠、金融支持、建设用地规划、人才培养、人才队伍建设、基础设施配置等众多扶持措施。

总之，作为以上政策与实践变化的结果，进入21世纪，特别是2004年以来，我国城乡二元结构转型速度明显加快，农民增收、农村发展也开始步入快车道。值得一提的是，进入新时代以来，党和国家日益注重落实农业农村优先发展地位，从而形成了城乡二元结构的快速弱化特征。相关数据表明，这一时期二元对比系数由2004年的阶段低点0.175不断提高至2012年的0.225，而进入新时代后更是提高至2023年的0.259，其间2020年甚至达到了0.270的历史最高水平（1958年特例除外），中央、地方以及社会各界的共同关注与合力推动，为农民农村共同富裕实践创造了历史最佳机遇。

三、城乡二元结构的双重形态

经典二元经济理论视域下，城乡之间二元结构主要表现为农业农村传统部门与城市现代部门之间存在明显的劳动生产率差距。然而现实世界中，城乡二元经济结构与城乡二元社会结构往往是并行出现的，即城乡二元结构一般会表现为城乡二元经济结构与二元社会结构并存的双重形态。前述分析中，本书已经对我国城乡二元经济结构的成因和阶段演进情况进行了梳理，因此本部分将集中梳理我国当前城乡二元社会结构的主要表现。

事实上，尽管我国已经进入城乡二元结构的加速转型时期，城乡二元经济结构已经有所缓解，但截至目前乡村与城镇在基础设施、教育、文化、医疗、社会保障等领域仍然存在巨大差异。《乡村振兴战略规划（2018—2022 年）》概括指出，"我国人民日益增长的美好生活需要和不平衡不充分的发展之间的矛盾在乡村最为突出，我国仍处于并将长期处于社会主义初级阶段的特征很大程度上表现在乡村"。以下分别探讨我国当前城乡二元社会结构在基础设施、教育、医疗和社会保障四个领域的突出表现。

第一，基础公共设施领域的城乡二元结构突出。表 5 - 3 相关数据显示，2018—2022 年，城乡燃气普及率、供水普及率和人均道路面积的差距虽然均呈下降趋势，但总体差距仍然明显，其中燃气普及率的差距最为突出，2022 年仍然高达 58.13%，而城乡供水普及率和人均道路面积的数字差距已经出现大幅下降，但质量差距仍是显而易见的。

表 5 - 3　2018—2022 年全国城乡基础设施对比

年份	燃气普及率（%）			供水普及率（%）			人均道路面积（米²）		
	城市	农村	城乡差距	城市	农村	城乡差距	城市	农村*	城乡差距
2018	96.70	28.59	68.11	98.36	77.69	20.67	16.70	13.54	3.16
2019	97.29	31.36	65.93	98.78	80.98	17.80	17.36	13.29	4.07
2020	97.87	35.08	62.79	98.99	83.37	15.62	18.04	16.53	1.51
2021	98.04	38.19	59.85	99.38	85.33	14.05	18.84	17.15	1.69
2022	98.06	39.93	58.13	99.39	86.02	13.37	19.28	19.91	0.63

数据来源：根据 2018—2022 年《中国城乡建设统计年鉴》相关数据整理得到。

注：* 农村道路面积是指"村庄内硬化道路面积"，村庄人口以村庄常住人口计算。

第二，教育领域的城乡二元差距突出。表 5 - 4 相关数据显示，2011—2016 年，农村普通小学和普通初中的生均公共财政预算教育事业费与生均公共财政预算公用经费同全国平均水平仍然存在非常突出的差距。其中，普通中学的两项差距不降反升，前者由 2011 年的 334.76 元逐渐扩大至 2016 年的 938.70 元，而后者也由 2011 年的 88.27 元扩大至 2016 年的 304.86 元，扩大幅度分别高达 180.41%和 245.37%。

表 5-4　2011—2016 年全国财政性教育经费城乡对比

单位：元

项目	年份	普通小学			普通初中		
		全国	农村	两者之差	全国	农村	两者之差
生均公共财政预算教育事业费	2011	4 966.04	4 764.65	201.39	6 541.86	6 207.10	334.76
	2012	6 128.99	6 017.58	111.41	8 137.00	7 906.61	230.39
	2013	6 901.77	6 854.96	46.81	9 258.37	9 195.77	62.60
	2014	7 681.02	7 403.91	277.11	10 359.30	9 711.82	647.48
	2015	8 838.44	8 576.75	261.69	12 105.10	11 348.80	756.30
	2016	9 557.89	9 456.00	101.89	13 416.00	12 477.30	938.70
生均公共财政预算公用经费	2011	1 366.41	1 282.91	83.50	2 044.93	1 956.66	88.27
	2012	1 829.14	1 743.41	85.73	2 691.76	2 602.13	89.63
	2013	2 068.47	1 973.53	94.94	2 983.75	2 968.37	15.38
	2014	2 241.83	2 102.09	139.74	3 120.81	2 915.31	205.50
	2015	2 434.26	2 245.30	188.96	3 361.11	3 093.82	267.29
	2016	2 610.80	2 402.18	208.62	3 562.05	3 257.19	304.86

资料来源：根据张桂文等（2021）相关数据整理得到。参见：张桂文，周健，等，2021. 制度变迁视角下的中国二元经济转型［M］. 北京：社会科学出版社。

第三，公共医疗服务的城乡二元差距仍然显著。表 5-5 的相关数据显示，2018—2022 年，城乡居民每千人拥有的卫生技术人员数、执业（助理）医师数和医疗卫生机构床位数的差异均呈下降态势，但这种数量下降的同时，城乡医疗服务质量差异、从业人员执业能力差异则仍是比较明显的。

表 5-5　2018—2022 年全国城乡公共医疗服务对比

年份	每千人拥有卫生技术人员（人）			每千人拥有执业（助理）医师（人）			每千人拥有医疗卫生机构床位数（张）		
	城市	农村	城乡差距	城市	农村	城乡差距	城市	农村	城乡差距
2018	10.91	4.63	6.28	4.01	1.82	2.19	8.7	4.56	4.14
2019	11.10	4.96	6.14	4.10	1.96	2.14	8.78	4.81	3.97
2020	11.46	5.18	6.28	4.25	2.06	2.19	8.81	4.95	3.86
2021	9.87	6.27	3.60	3.73	2.42	1.31	7.47	6.01	1.46
2022	10.20	6.55	3.65	3.84	2.53	1.31	7.66	6.25	1.41

数据来源：《中国统计年鉴（2023）》。

第四，城乡社会保障领域的城乡二元差距扩大化趋势明显。表 5-6 的相关数据表明，2008—2014 年，人均社会保障支出和人均社会保障财政支出的城乡差异均表现出了明显扩大态势。前者由 2008 年的 2 106 元上升至 2014 年的 4 355 元，总体升幅高达 106.79%；而后者也由 2008 年的 609 元上升至 671 元，总体升幅尽管较小，但仍然达到 10.18%。

表 5-6　2008—2014 年城乡人均社会保障支出对比

单位：元

年份	人均社会保障支出			人均社会保障财政支出		
	城市	农村	差距	城市	农村	差距
2008	2 426	320	2 106	835	226	609
2009	2 867	339	2 528	960	205	755
2010	3 292	520	2 772	1 050	313	737
2011	3 826	860	2 966	1 125	508	617
2012	4 486	1 175	3 311	1 208	621	587
2013	5 196	1 378	3 818	1 378	702	676
2014	5 876	1 521	4 355	1 471	800	671

资料来源：根据张桂文等（2021）相关数据整理得到。参见：张桂文，周健，等，2021. 制度变迁视角下的中国二元经济转型［M］. 北京：社会科学出版社。

第二节　农民农村共同富裕的空间逻辑

马克思在《哲学的贫困》中曾经指出，“城乡关系一改变，整个社会也跟着改变”。新中国成立以来，我国城乡关系经历了“分割发展→弱关联发展→强关联发展”的演化过程，农民农村长期扮演着城镇经济社会发展哺育者的角色，农村资源的净流出构成了城镇和现代工业部门实现由弱到强历史蜕变重要推力的同时，自身发展却因之而显著滞后，“三农”问题尚未解决的背景下，甚至叠加产生了“新‘三农’”问题，“农业边缘化”“农村空心化”“农民老龄化”日渐突出且极为普遍（项继权等，2017），农村内生发展动能不足与滞后，已经成为农民农村共同富裕进程中的阻碍。毕竟农村作为农民生产与生活、生存与发展的空间载体，在其空间功能不完善的限制下，农民及其结成的农村组织必然会在经济、政治、文化、社会、生态等各个领域的活动中面临较强的行为抑制。换言之，相对于城镇空间而言，农村空间的相对弱势不扭转，城乡经济和社会二元结构不破除，城乡融合不提质，农民农村共同富裕目标的实现就无从谈起。反之，以城乡二元结构加速转型、城乡高水平融合为突破口，不断打造农村空间的多元比较优势，既是避免农村功能衰减的重要前提，又是农民农村共同富裕的必要条件。这便是农民农村共同富裕的空间逻辑所在（图5-4）。

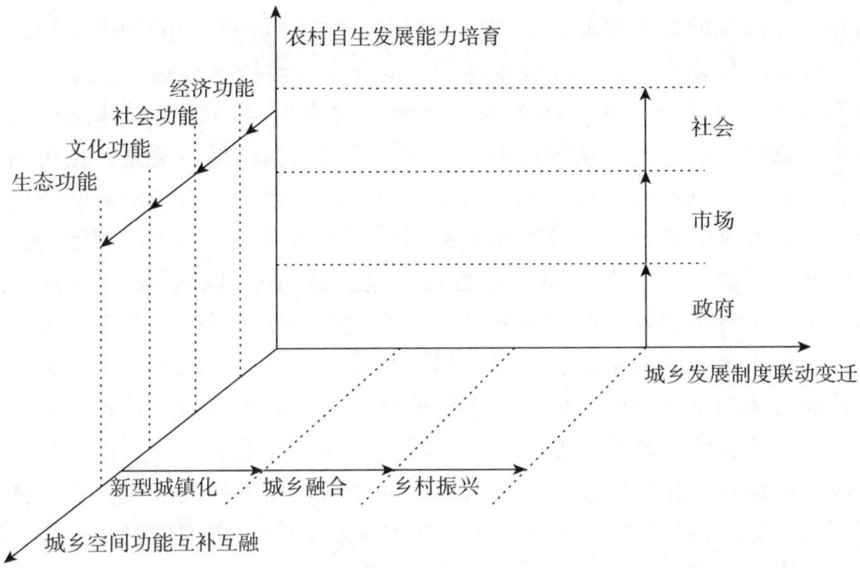

图5-4　农民农村共同富裕的空间逻辑示意图

一、城乡发展制度的联动变迁，是农民农村共同富裕的前提条件

现代人类社会演进经验显示，“空间”和不同“空间”之间的关系，与其说是由自然和物理条件所单独定义，不如说更多的是由“制度”（包括经济制度、政治制度、社会制度、文化制度、生态制度等）所定义与影响。我国二元结构演变历程和其引发的结果同样说明，城乡居民收入差距的产生、扩大或缩减，总是受二元经济社会制度的变迁所左右。

农民农村共同富裕的实践，显然需要立足农村空间和与其高度关联的县域空间而实现，并在城乡关联制度体系的影响下（激励、约束、调节）推进。这种情况下，联结城乡利益关系的各类制度的总体属性究竟是偏向城镇还是偏向农村抑或呈现中性特征，会在相当大程度上决定着社会资源以何种比例、何种强度在城乡之间完成区域配置和区域流动，进而影响农民农村共同富裕的速度和质量。

所谓城乡发展制度的联动变迁，可以理解为城镇和农村在经济、政治、社会、文化、生态等诸多领域的制度变迁以一体化形式出现，在统筹设计、统一推进过程中实现相互配合、相互促进、协同作用，从而促进城乡要素合理流动、资源优化配置以及空间均衡发展的过程。这种联动性的制度变迁不仅是简单的政策叠加，更是一种系统性、综合性的制度建构与互动过程，能够彻底打破城乡二元分割的体制障碍，为农民农村共同富裕创造有利的制度环境。

进入新时代以来，特别是党的十九大以来，《乡村振兴战略规划（2018—2022年）》和《中共中央、国务院关于建立健全城乡融合发展体制机制和政策体系的意见》的出台，从顶层设计角度围绕塑造新型城乡关系、拓展城乡融合发展道路、促进农民农村共同富裕等问题提出了明确要求和所需坚持的基本原则，也为各级党委、政府及其相关部门指明了本辖区或本部门制度变迁的基本方向和总体思路。在此背景下，各级党委、政府及其相关部门迅速进入角色，制定、出台了大量本级或本领域的改革创新安排。但是由此带来了一个新的问题，密集出台的改革创新安排，尽管在总体上坚持了以城乡融合促进农民农村共同富裕的基本原则，但政出多门的客观现实，极可能导致各类制度变迁彼此并行、互补性弱甚至相互掣肘现象发生，从而可能极大抑制市场机制对城乡资源基础性配置作用的发挥，并可能在相当大程度上导致各类涉农经济与社会组织无所适从的局面，反而成为农民农村共同富裕进程中的严重拖累。简言之，农民农村共同富裕实践，需要在前置环节解决好城乡要素流动不畅、公共资源配置不均衡等突出问题，呼唤着城乡发展制度体系由城镇偏向型向城乡均等型甚至是农村优先型制度体系的转变，也更需要在制度执行过程中处理好不同领域制度、不同层级制度之间的联动关系，科学界定政府、市场、社会的功能边界，并正确处理三者之间的效率关系。

二、城乡空间功能的互补互融，是农民农村共同富裕的高效进路

从区域功能角度看，城镇和农村两大空间从来就不是彼此孤立存在的，而是相互关联、相互影响的有机整体，是一个在功能上互相依赖、相互融合的“连续体”（Pahl，1966）。城乡二元结构的刚性特征之所以成为农民农村共同富裕的核心障碍，其中的重要原因就在于放大了农村农产品供给保障功能、人力资源供给功能的同时，弱化或忽略了对于其他功能价值的塑造与培育，同时割裂了城乡多重功能上的衔接与互补。

事实上，除农产品供给功能外，农村空间系统在产业扩张、生态保护、文化传承、社会保障等领域均具有强大的现实或潜在功能，这些功能会随着城乡融合进程的深入推进而得以放大或显化，并且转化为农民农村新的收入来源，

从而为农民农村共同富裕高质量赋能。

从经济维度看，目前农村产业仍然以初级农产品供给为主，主要处于价值链低端位置，农业新技术应用水平普遍较低，农产品加工产业、农村电商产业等高附加值产业发育仍较迟缓。然而，随着城乡融合进程的加快，农村用工成本低廉、用地供给较为充足等优势将得到全面显现，加之数字“鸿沟”消除所带来的城乡产业信息成本趋同效应都将转化为农业高端化、特色化、高收益化的“现实红利”，并且成为农村承接城镇劳动密集型产业梯度转移的重要基础，更可以为农村新产业、新业态的萌发创造便利条件。

从社会维度看，当前广大农村普遍面临人口和资金的净流出困境，内部经济和社区发展处于人、钱“两缺”的尴尬状态。不过，随着城乡融合进程的加快，农村基础设施和公共服务短板补齐后，“宜居宜业”的美丽乡村将极大促进城乡人口的双向流动和产业互动，引发城乡之间现代观念的高频交流和创新意识、契约精神在农民群体中的广泛传播，为农民农村带来多元化的精神滋养，并逐步改变农民相对保守的传统思想观念，使整个农村空间迸发出旺盛的创新活力。

从文化与生态功能维度看，我国农村天然具有城镇空间系统无法比拟的传统文化积淀和多样性的生态资源优势，这些优势如果能够顺利转化为现实的产业优势，在城镇居民文化产品需求和生态消费需求不断提升的背景下，必将成为农民农村共同富裕的持久收入源泉。近年，全国范围内很多村庄通过开展自身文化资源或生态资源同城市与创意资源的嫁接，打造了特色化的乡村服务业和文创产业，在为乡村塑形铸魂、厚植绿水青山的过程中，也创造了自身独特的产业竞争优势。然而，相对于数量庞大的村庄而言，上述村庄占比仍然非常小，创意、人才等相关资源的进入难题远未得到普遍解决。这种情况下，政府及其相关部门在城乡一体规划的基础上，通过提高农村水、电、路、网等基础设施供给水平和产业政策的引导支持力度，助力更多村庄打造特色化的文化或生态产业项目，将成为农民农村踏上共同富裕道路的有效备择方案。

三、农村自生发展能力培育，是农民农村共同富裕可持续的“根”与“源”

所谓“农村自生发展能力”，就是农村空间在宏观战略安排的约束或诱致下，无须各级政府超强度支持，就能够有效挖掘和利用自身发展潜力，完善或优化自身的应有功能，从而实现与城镇空间协同均衡发展甚至可竞争发展的能力。从农村空间功能动态变化角度解构，农村自生发展能力至少应该聚合四类发展能力，即产业发展能力、社会治理能力、基本公共服务自供给能力以及农民个人发展能力（徐世江，2021）。

如前所述，21 世纪以来我国进入城乡二元结构的加速转型期，城乡二元结构趋于缓解，但与其他发展中国家相比则仍然处于高位水平（图 5－5）。受此影响，农村居民收入增长方面对外出务工的依赖性居高不下，农村集体经济收入的增长也明显乏力，2022 年按收入五等份分组的 60％农村居民人均可支配收入不足 18 000 元①，2019 年当年无经营收益或年经营收益 5 万元以下的村集体经济组织占比高达 57.68％②，全面折射出农民农村自身发展能力的严重不足。具体来说：第一，青壮年劳动力的大量外流，导致农村居民立足农村空间的产业发展意愿和投资能力普遍不足，同时导致以中老年村民为主体的村“两委”产业发展意愿与能力不足，而农村基础设施和公共服务的供给不足，则直接抑制了农村外部组织投资农村的意愿；第二，由于农村青壮年劳动力通常扮演者农户决策的核心主体，其大量外流直接导致了农村公共利益的分化和公共事务参与水平的下滑；第三，同理，受农村青壮年劳动力常年外出的影响，“三留守”人员（留守老人、留守妇女和留守儿童）个人发展能力极弱；第四，在农村集体经济组织经济积累严重不足（有些村庄的经济积累甚至为负）的影响下，村公共建设能力明显缺失，引发了农村基本公共服务自供给能力的显著匮乏（徐世江，2022）。

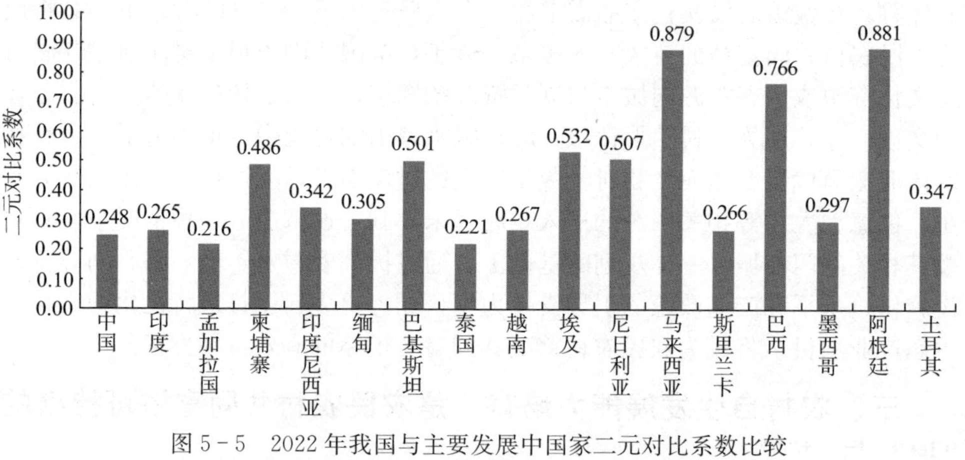

图 5－5　2022 年我国与主要发展中国家二元对比系数比较

数据来源：根据《中国统计年鉴（2023）》相关数据整理得到。

① 数据来源：《中国农村统计年鉴（2023）》。

② 数据来源：根据《中国农村政策与改革统计年报（2019 年）》相关数据整理得到。参见：农业农村部政策与改革司，2020. 2019 年中国农村政策与改革统计年报［M］. 北京：中国农业出版社：40-41。

无须赘述，农村经济社会发展状况是外因和内因共同作用的结果，其中内因是根本原因和决定力量。只有在农村空间具备了强大的自生发展能力，农民农村共同富裕方可在各项子能力的合力推动下，获得持久而内生的动能。当然，由于外因和内因之间在一定条件下具有可以转化的特点，因而一个不容否认的事实就是，在当前农村自生发展能力普遍不足的情况下，包括政府、市场、社会组织在内的各类外部力量对农村自生发展能力培育活动的积极支持甚至适度干预乃至直接介入，就构成了农民农村共同富裕进程中不可缺失的重要内容。

第三节　农民农村共同富裕空间逻辑的实证检验

本节将应用VAR（向量自回归）模型，对农民农村共同富裕的空间逻辑进行实证分析，试图揭示农民农村共同富裕过程受自身因素和空间因素（主要表现为城乡空间关系变化）所影响的过程。

一、模型选择与变量设定

相较于其他计量经济学模型而言，VAR模型具有两个突出优势：第一，它不需要严格的经济理论支持，无需对参数施加零约束；第二，它便于刻画变量之间的动态关系，支持对模型结果进行分析，而且对经济活动的预测准确性较高。在一个关于时间 P 的VAR（P）模型中，Y 的表达式可记为：

$$Y_t=C+A_1Y_{t-1}+A_2Y_{t-2}+\cdots+A_pY_{t-p}+\varepsilon_t$$

该模型将系统内的全部内生变量视为所有其他内生变量的滞后值来处理，因而其结构究竟如何，既取决于变量的数量，又取决于模型本身所隐含的滞后阶数。

为了检验农民农村共同富裕与城乡空间变化之间的内在关联，本书选择四个变量进行分析：①农民农村共同富裕强度为农村居民人均可支配收入与城镇居民人均可支配收入的比值（城镇居民人均可支配收入为1），记为 CP。②二元对比系数为农业比较劳动生产率与非农产业比较劳动生产率的比值，记为 DS。二元对比系数是城乡二元结构最简明的测度指标，其值提高，通常意味着城乡二元结构特征的减弱。③财政支农强度为国家（中央和地方）财政支出中农林水支出的比重与农业增加值占 GDP 的比重的比值，记为 FS。一般而言，各级政府在调整城乡关系时，财政支出的调整总是必不可少且处于先行地位的，因此财政支农强度 FS 又可以在一定意义上表征城乡制度变迁过程。④不完全城镇化率为常住人口城镇化率与户籍人口城镇化率的差值，记为 IU。

这一指标反映了农业转移人口由职业转移向身份转移的顺畅程度，在一定意义上可以表征城乡要素流动的状态。本模型中的所有数据为1982—2023年数据，主要来自历年《中国统计年鉴》《中国农村统计年鉴》《中国人口统计年鉴》《中国人口与就业统计年鉴》《中国城市统计年鉴》《中华人民共和国国民经济和社会发展统计公报》以及中国日报网、大众网等主流媒体转发的公安部数据。

为了避免潜在异方差的影响，本书对数据进行了取对数处理，处理后的变量变化情况如图5-6所示。

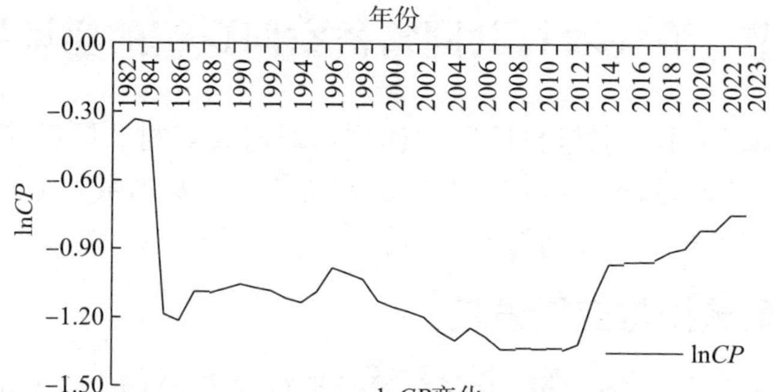

a.ln*CP*变化

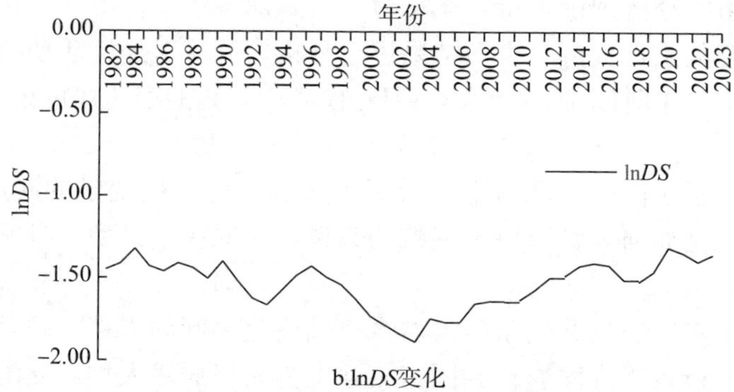

b.ln*DS*变化

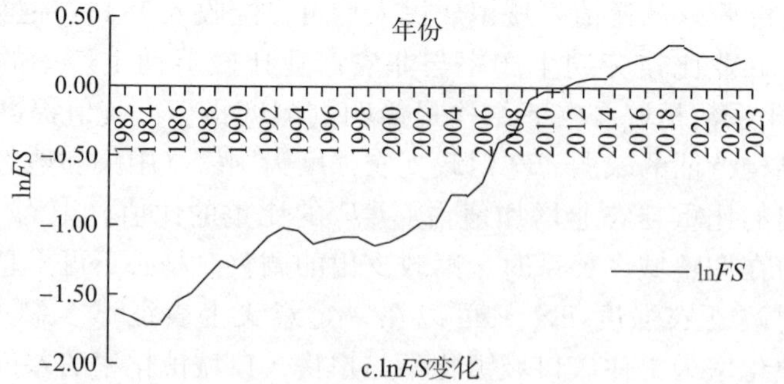

c.ln*FS*变化

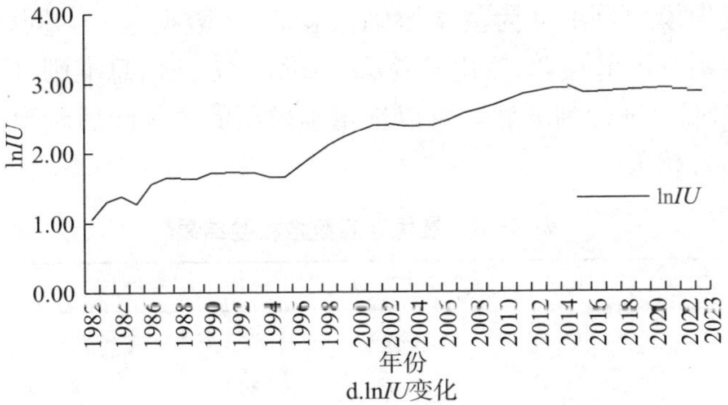

图 5－6　1982—2023 年模型变量变化情况

二、数据平稳性检验

在应用 VAR 模型进行数据分析前，通常需要对数据的平稳性进行检验。本书采用 EViews8 软件，对 ln*CP*、ln*DS*、ln*FS* 和 ln*IU* 进行了单位根检验。检验结果表明，在 1%的显著性水平下四项数据均不平稳，而其各自的一阶差分序列都是平稳的，符合向量自回归分析要求，可以构建 VAR 模型。相关平稳性检验结果如表 5－7 所示。

表 5－7　变量的 ADF 检验结果

变量	检验形式（C，T，P）	*t* 统计量	1%临界值	5%临界值	*P* 值	结论
ln*CP*	（C，T，1）	−3.420 699	−4.205 004	−3.526 609	0.062 9	不平稳
dln*CP*	（C，0，0）	−5.691 873	−2.624 057	−1.949 319	0.000 0	平稳
ln*DS*	（C，0，0）	−0.267 873	−2.624 057	−1.949 319	0.583 3	不平稳
dln*DS*	（C，0，0）	−5.348 144	−2.624 057	−1.949 319	0.000 0	平稳
ln*FS*	（C，0，0）	0.223 804	−3.600 987	−2.935 001	0.970 9	不平稳
dln*FS*	（C，0，0）	−4.900 454	−3.605 593	−2.936 942	0.000 3	平稳
ln*IU*	（C，0，1）	−1.411 717	−3.605 593	−2.936 941	0.567 0	不平稳
dln*IU*	（C，0，0）	−5.689 438	−3.605 593	−2.936 942	0.000 0	不平稳

注：检验形式（C，T，P）中 *C* 代表截距项，*T* 代表趋势项，*P* 代表根据 AIC 准则所确定的最优滞后阶数。

三、VAR 模型及其平稳性

VAR 模型中，合理滞后期的选择，以能够同时保证模型具有充分动态特征和不过度损失模型自由度为基本原则。表 5－8 数据显示，同时采用最小最终预测误差准则（FPE）、似然比检验法（LR）、赤池信息准则（AIC）和施瓦茨信息准则（SC）进行判断后，可以确定本模型的最优滞后阶数为 1，此时残差恰好不存在自相关。

表 5－8　最优滞后阶数检验结果

Lag	LogL	LR	FPE	AIC	SC	HQ
0	14.843 58	NA	6.92e-06	−0.528 955	−0.361 777	−0.468 078
1	194.301 1	315.144 9*	2.40e-09*	−8.502 491*	−7.666 603*	−8.198 107*

注：* 表示响应准则所选择的滞后阶数。

此时，包含 ln*CP*、ln*DS*、ln*FS* 和 ln*IU* 等四个变量的 VAR 方程如下：

$$\begin{bmatrix}\ln CP\\ \ln DS\\ \ln FS\\ \ln IU\end{bmatrix}=\begin{bmatrix}0.381\ 845\\ 0.124\ 976\\ -0.305\ 655\\ 0.220\ 258\end{bmatrix}+\begin{bmatrix}0.698\ 326 & 0.011\ 411 & 0.239\ 699 & -0.232\ 645\\ 0.027\ 560 & 0.668\ 652 & 0.197\ 397 & 0.207\ 688\\ -0.135\ 108 & 0.053\ 877 & 0.901\ 942 & 0.099\ 252\\ -0.076\ 393 & 0.001\ 906 & 0.038\ 487 & 0.899\ 147\end{bmatrix}\begin{bmatrix}\ln CP_{t-1}\\ \ln DS_{t-1}\\ \ln FS_{t-1}\\ \ln IU_{t-1}\end{bmatrix}+\begin{bmatrix}\varepsilon_{1t}\\ \varepsilon_{2t}\\ \varepsilon_{3t}\\ \varepsilon_{4t}\end{bmatrix}$$

其中，$R^2_{\ln CP}=0.740\ 503$，$R^2_{\ln DS}=0.840\ 934$，$R^2_{\ln FS}=0.988\ 968$，$R^2_{\ln IU}=0.983\ 405$，拟合效果非常好。为了确保实证分析的严谨性，本书使用特征根分析对 VAR 模型进行了格兰杰因果检验和平稳性检验，检验结果如表 5－9 和图 5－7 所示。其中，图 5－7 显示模型所有特征根模的倒数均小于 1（全部位于单位圆之内），变量之间存在密切关联，可以进一步开展脉冲响应分析和方差分解①。

表 5－9　VAR 模型格兰杰因果检验结果

Dependent variable	excluded	Chi-sq	df	Prob.	结论
ln*CP*	ln*DS*	0.002 993	1	0.956 4	ln*DS* 不是 ln*CP* 的格兰杰原因
	ln*FS*	4.959 121		0.026 0	ln*FS* 是 ln*CP* 的格兰杰原因
	ln*IU*	3.368 424		0.066 5	ln*IU* 不是 ln*CP* 的格兰杰原因
ln*DS*	ln*CP*	0.283 297	1	0.594 5	ln*CP* 不是 ln*DS* 的格兰杰原因
	ln*FS*	13.710 100		0.000 2	ln*FS* 是 ln*DS* 的格兰杰原因
	ln*IU*	10.942 220		0.000 9	ln*IU* 是 ln*DS* 的格兰杰原因

① 表 5－9 中的信息未能证明四个变量存在系统的格兰杰因果关系。事实上，格兰杰因果关系并不意味着真正的经济或现实因果关系，即使格兰杰因果检验发现一个变量是另一个变量的格兰杰原因，也无法确凿地证明二者之间存在真实的因果联系。本部分内容只是遵循惯例而已。

（续）

Dependent variable	excluded	Chi-sq	df	Prob.	结论
	ln*CP*	4.652 187		0.031 0	ln*CP* 是 ln*FS* 的格兰杰原因
ln*FS*	ln*DS*	0.193 722	1	0.659 8	ln*DS* 不是 ln*FS* 的格兰杰原因
	ln*IU*	1.716 070		0.190 2	ln*IU* 不是 ln*FS* 的格兰杰原因
	ln*CP*	1.457 019		0.227 4	ln*CP* 不是 ln*IU* 的格兰杰原因
ln*IU*	ln*DS*	0.000 207	1	0.988 5	ln*CP* 不是 ln*IU* 的格兰杰原因
	ln*FS*	0.352 440		0.552 7	ln*FS* 不是 ln*IU* 的格兰杰原因

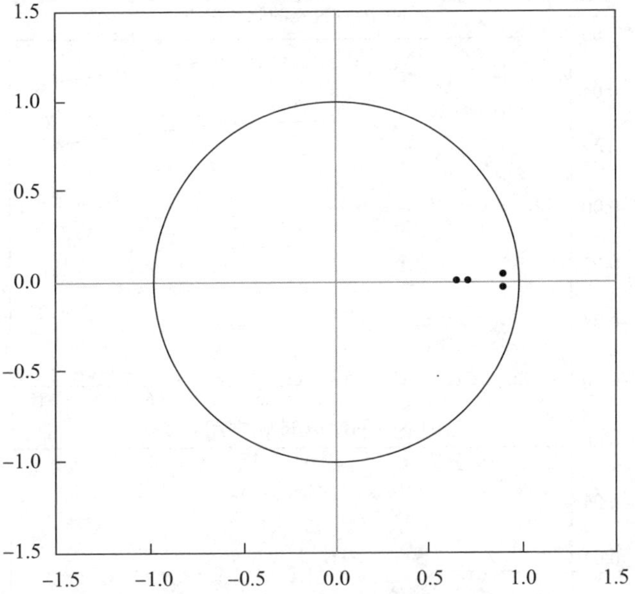

图 5－7　模型特征根检验结果

四、脉冲响应分析

脉冲响应分析是系统描述 VAR 模型中各变量动态关系的重要方法，可以有效识别变量之间的“冲击—反应”关系，即可以用来描述某一变量对其他变量所施加一个标准差信息的冲击（即“脉冲”）所产生的反应程度与反应路径。本书基于前述 VAR 模型进行了脉冲响应分析，ln*CP* 对其余变量脉冲响应的结果如图 5－8 所示。由此可以发现：

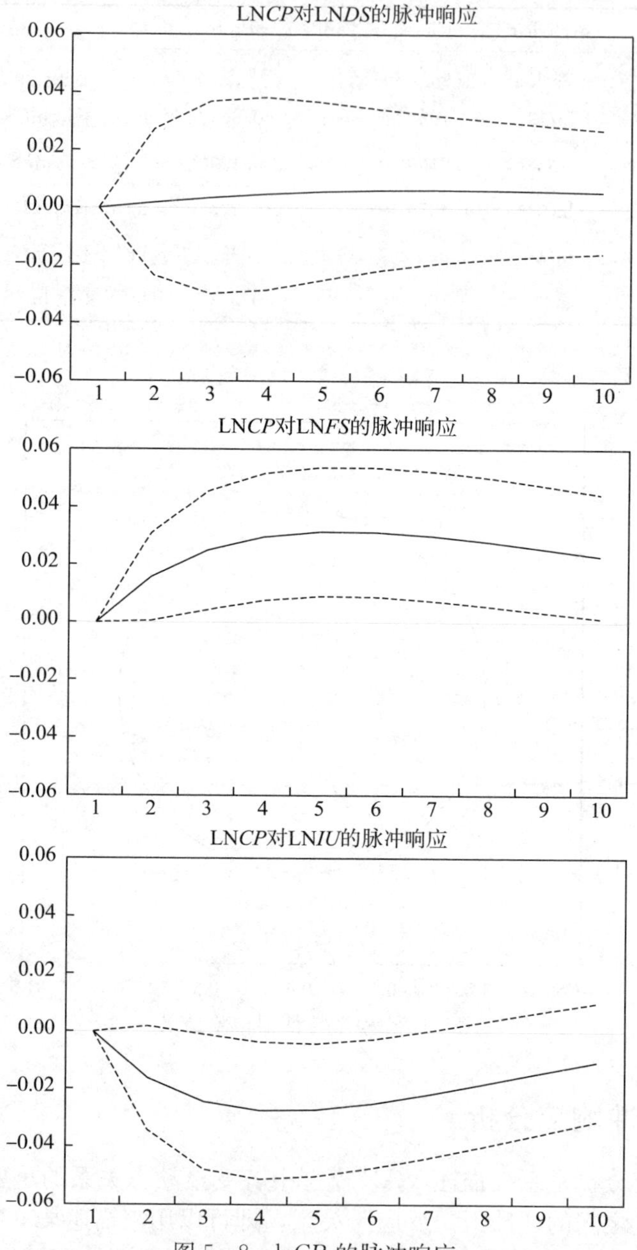

图 5－8　ln*CP* 的脉冲响应

第一，ln*CP* 对来自 ln*DS* 一个单位标准差的正向冲击，从第 2 期开始就一直表现出明显的正向反应，这种反应在第 7 期达到最高值，此后逐渐减弱。

这一结果表明，城乡二元结构的一元化转型，可以有效缓解城乡收入差距，且具有长期持续性。该结果的启示在于，若要有效推进农民农村共同富裕实践，就应千方百计破解城乡二元结构转型难题，在二元结构转型过程中提升农民农村的增收提质能力。

第二，ln*CP* 对来自 ln*FS* 的一单位标准差的正向冲击，同样从第 2 期开始就一直表现出明显的正向反应，且这种反应尤为强烈，在第 5 期达到最高值，此后逐渐减弱，第 10 期的反应程度与第 3 期相近。这一结果表明，包括财政政策在内的城乡发展制度的变迁过程，如果能够对农业农村发展保持较高的相对强度，则农民农村共同富裕进程将获得加速动能，城乡联动的制度变迁，的确可以被理解为农民农村共同富裕的重要基础条件。

第三，ln*CP* 对来自 ln*IU* 的一个标准差的正向冲击，从第 2 期开始一直呈现负向反应，至第 4 期达到最大，而后逐渐下降，第 10 期的反应程度与第 1 期反应水平大体相当。这一反应结果表明，农村居民的不完全城市化以及由此折射出的城乡社会保障与福利差异，构成了农民农村共同富裕进程相对迟缓的重要原因之一。如何有效降低农业转移人口城市化门槛，如何促进城乡居民社会保障与福利的均等化，均是未来农民农村共同富裕进程中亟待破解的难题。

五、方差分解

VAR 模型中，方差分解是刻画变量之间动态关系的另一种实用方法，其所描述的是模型系统中其他内生变量对某一变量的信息冲击对该变量预测方差的贡献度。为了全面了解对 ln*CP* 的预测方差的各个变量的冲击贡献，本书对前述 VAR 模型分析结果进行了方差分解，具体结果如表 5－10 和图 5－9 所示。

表 5－10　ln*CP* 的方差分解表

Period	S. E.	ln*CP*	ln*DS*	ln*FS*	ln*IU*
1	0.125 536	100.000 0	0.000 000	0.000 000	0.000 000
2	0.149 507	97.693 69	0.114 418	1.108 649	1.183 242
3	0.159 954	97.693 69	0.058 962	3.387 302	3.376 383
4	0.166 495	87.739 67	0.135 011	6.280 130	5.845 193
5	0.171 815	82.539 62	0.232 694	9.219 644	8.008 047
6	0.176 550	78.207 60	0.338 656	11.848 36	9.605 386
7	0.180 742	74.899 28	0.442 038	14.029 59	10.629 10
8	0.184 337	72.511 26	0.536 193	15.762 85	11.189 69
9	0.187 318	70.851 96	0.618 014	17.105 79	11.424 24
10	0.189 721	69.983 24	0.686 705	18.129 64	11.454 29

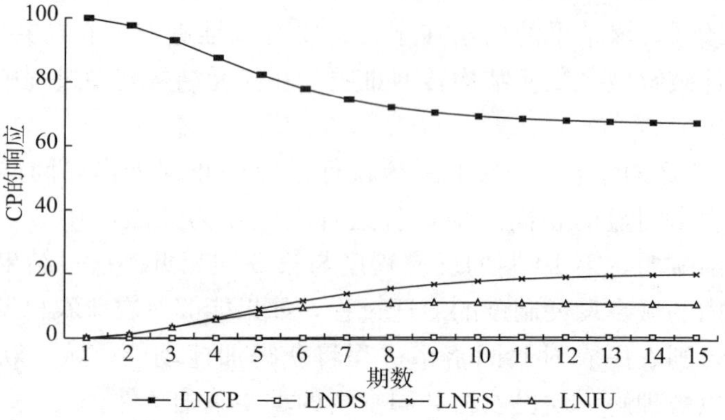

图 5-9 ln*CP* 的方差分解

根据以上方差分析结果可以发现：

第一，ln*CP* 对自身变化的贡献度在第 1 期为 100%，此后虽然不断下降，但即使在第 10 期，贡献水平仍然高达 69.73%。可见，农民农村共同富裕强度具有明显的自我强化特征，一旦农民农村具有了较强的自生发展能力，其共同富裕之路就将变得非常顺畅。

第二，ln*DS* 对 ln*CP* 的贡献度虽然始终处于较低水平，但却呈现不断增强态势，第 2 期贡献水平开始由第 1 期的 0 转为正值（1.44%），第 10 期达到最大值 6.87%，表明农业比较劳动生产率的提升，对农民农村共同富裕具有深远影响；以提高农民人力资本存量为契机，提高农业劳动生产率应该成为提高农业产出效率、提高农民增收致富能力，应该成为加速农民农村共同富裕的重要途径之一。

第三，ln*FS* 对 ln*CP* 的贡献度在第 1 期为 0，但此后连续且快速上升，第 10 期时达到 18.13%的较高水平。这一结果表明，城乡联动的制度变迁，在统筹城乡空间发展的同时，将对农民农村共同富裕进程产生长期而重要的影响；以一体化战略思维统筹城乡发展的制度优化进程，是农民农村共同富裕进程获得稳定外部环境的基本保障。

第四，ln*IU* 对 ln*CP* 的贡献度在第 1 期为 0，但此后同样快速上升，第 10 期的贡献水平达到 11.45%。由此可见，城乡资源的流动性的受阻将在抑制资源空间配置效率的同时，显著阻碍农民农村共同富裕目标的实现；破除城乡资源的流动障碍，以城乡资源双向流动促进城乡产业在分工协作过程中实现共赢、加速城乡社区和居民之间在文化和理念方面实现交融，构成了农民农村共同富裕过程中不可或缺的重要实践内容。

第四节　空间逻辑视域下农民农村共同富裕的路径优化策略

本章第二节从三个维度系统论证了城乡二元结构转型滞后背景下农民农村共同富裕的空间逻辑，而第三节则利用向量自回归（VAR）模型对这一空间逻辑进行了实证检验，检验结果表明城乡二元结构的长期持续，是造成农民农村共同富裕进程缓慢、抑制农民农村共同富裕能力的重要内因。鉴于此，在城乡多元空间已经表现出互动趋势且存在巨大融合潜力的背景下，有必要通过城乡关系、工农关系的优化，在空间意义上将农民农村共同富裕进程推向加速轨道。

一、全面提升城乡发展制度的联动效应

第一，通过城乡发展制度的积极联动，助力城乡物理空间关系的重塑。不断完善城乡一体化规划机制，彻底打破城乡规划相互分割的局面，将城镇和乡村作为一个整体进行统一考虑，促进城乡资源的合理配置和空间系统的高效利用。例如，通过加强农村承包地改革和农村集体经营性建设用地入市改革的协同效应，为农村新业态新产业的萌发创造空间条件，助力农民农村就地获得更多财产收益。再如，通过加强产业空间布局上的城乡联动改革，引导城市产业向农村梯度转移，鼓励城镇中适合农村发展的劳动密集型产业向农村转移或延伸，不但有利于降低城镇原有产业项目的综合成本，而且有利于提高农村土地利用效率、促进农村产业繁荣，自然有利于为农民农村创造更多收入来源。

第二，通过统筹城乡基础设施和公共服务的均等化供给，为城乡经济空间的有机融合创造基本条件。具体应考虑强化交通、电力、燃气、网络、环保、教育、文化、医疗等领域供给制度改革的一体规划和联动推进，彻底消除一体化发展的物质“鸿沟”，改善农村生产生活条件，全面触发城乡人才和现代化生产要素的“城→乡”流动，从而为农业农村现代化和农村新产业发展提供坚实的产业空间条件，为农民农村共同富裕创造物质基础。

第三，通过建立城乡共享的公共服务体系，为城乡精神空间的互联互通打造便捷通道。具体可以考虑通过强化城乡之间教育、科技、文化、体育、卫生等领域的一体化供给创新（如城乡教师交流制度、科技特派员制度、文化娱乐资源互联互通制度等），丰富农村文化生活、改善农村居民的生活质量。与此同时，积极挖掘和提升农村优秀传统文化的经济价值，促进城市创意人才进入农村，在推动农村文化产业创新发展的同时，积极带动农民生产生活观念的更

新，为农民共同富裕增添文化动力，为农村宜居目标的实现提供文化软实力支撑。另外，还应考虑引导城市图书馆、博物馆、体育馆等文化体育设施将城市的文化活动、体育赛事等延伸到农村，也可以考虑在农村设立分支机构，加大城乡文化体育活动的交互嵌入力度，这样不但可以促进城乡物理空间在文化体育活动中实现加速融合，而且可以显著增进城乡居民之间的文化交流和情感认同，为农民农村在共同富裕中获得城镇系统的精神"软支持"、建立自身的全面自信创造必要条件。

第四，以县为单位，整体推进农民农村共同富裕进程。农民农村共同富裕是一个系统工程，区域之间的基础条件千差万别，涉及的具体事务千头万绪。从行政区划角度看，县是处于"省—县—乡"三级体系中的中间环节，是具有完整经济社会功能的行政区域，具有同时连接"城"与"乡"的天然优势（王立胜，2020）。鉴于此，以县为单位整体推进农民农村共同富裕进程，既具有理论必要性，又具有技术必要性。当然，从实践经验角度看，整县推进农民农村共同富裕过程中，加速实施小城镇建设，以小城镇天然联结城乡空间的区位与生态优势、相对完善的基础设施和公共服务的社会空间优势、便于因地制宜开展城乡产业对接的经济空间优势、便于集中开展城乡文化体育交流活动的文化空间优势，对于农民农村获取共同富裕新资源、新要素、新理念均具有不可替代的长期价值。

二、优化和完善面向农民农村的增权赋能机制

大量特征事实和理论研究均已证明，农民农村共同富裕尽管具有巨大潜力，但普遍面临增收权益不足、长期内生发展动力有限的难题（马平瑞等，2023；袁明宝，2024；陈秀红，2023；蒙慧等，2024），外部"输血式"模式不可能发挥长期而持续的作用，唯有在增权和赋能过程中提升农民农村"自我造血"能力，才是农民农村共同富裕不断达成阶段性目标和终极目标的根本保障①。

第一，快速推进农民农村经济领域的增权赋能进程。①稳步推进农村承包地改革、集体经营性建设用地入市制度改革、土地征收制度改革，使农民农村能够合理分享土地增值收益。②适度加大财政、税收、金融领域的农村特色产业扶持力度，鼓励农民专业合作社或农业产业联合体的快速发展，增强农民在农资采购、托管服务、产品销售等领域的话语权，提升其涉农经济收益水平。

① 由于本部分相关对策分析所涉及的内容将在本书第五章进行详细论述，因此本部分仅作概要解释。

③面向农村普通农民或返乡入乡创业者，开展灵活实用的职业技能培训或全程创业服务，并不断提高其可达性。

第二，有序推进农民农村政治领域的增权赋能进程。①继续优化村民自治制度实践，拓展农民参与农村事务决策渠道，特别是保障村民对重大村级事务的决策参与权。②培养农民政治参与意识和能力，鼓励农民积极参与农村公共事务监督活动，组织农民代表对农村建设项目、资金使用等活动开展全程监督。

第三，积极推进农业农村社会领域的增权赋能实践。①继续扩大农村社会保障体系的覆盖范围，显著提高养老保险、医疗保险的覆盖率，特别是适度提高养老金待遇和医保报销比例，切实减轻农民养老与医疗负担。②进一步加大农村社会救助力度，确保弱势群体和困难群体生活水平不断提升，杜绝返贫现象的发生，不断开展养老、幼儿教育难题的新探索。③在加大农村教育、文化资源配置力度的同时，切实提升教育和文化服务品质，有效满足农民农村精神文化需求，提升农民的社会归属感与凝聚力。

第四，快速推进农民农村技术技能领域的增权赋能进程。①扩大生产技术、生活技能推广服务主体范围，在加大政府、涉农企业参与力度的同时，引导科研院所、社会团体、公益组织主动融入农村社区，为农民提供实用生产生活领域的技术技能服务。②全面加强农村信息化基础设施建设的同时，在现代信息技术领域为农民提供实用的学习渠道和咨询服务，促进农民应用信息化手段提升生产技术、销售技术的同时，逐步扩大面向农民农村的一站式服务范围。

第五，稳步推进生态和文化领域的赋能增权进程。①同时加大政府引导与市场服务力度，鼓励农民开展绿色生产和生态农产品认证，在提高其农业生产的生态效率的同时，有效提高其产品需求水平和农业生产的经济效率。②进一步开展人居环境整治与生态系统保护修复活动，以“景观化”思维提高农民生活品质和农村生态承载力。③加大农村优秀传统文化，特别是农耕文化的保护与传承力度，并引导和鼓励农民农村以市场化路径，在促进优秀传统文化在与现代文化的有效结合过程中实现产业化利用与开发，成为农民农村新的增收来源。

三、培育和强化农民农村自生发展能力

优化和完善农民农村增权赋能机制注重从外源路径角度为农民农村共同富裕提供能力支持，其实践效果可能会随着支持力度的减弱或时间的推移而呈现趋弱态势。培育和强化农民农村自生发展能力，则是从内源路径角度为农民农

村共同富裕提供能力支持，其实践效果不但不会随着时间的推移而趋于弱化，反而会表现出长期趋强的特征。

第一，稳步提高农民的组织化水平。加大高素质农民培育力度，鼓励高素质农民领办农民专业合作组织，同时引导和支持返乡入乡创业，以本土人才和外部人才的引领作用，将分散的农民组织起来，主动优化农业结构、开展规模化经营，在此过程中激发农民人力资本积累的主体意识，并在助力农民增收致富的过程中，不断提高其人力资本投资的自我支付能力。

第二，稳步提高农村资源整合与活化水平。以组织振兴为抓手，遴选农村精英群体进入村“两委”队伍的同时，继续加大驻村第一书记奖补力度，鼓励其通过“三变”改革和村务管理改革同时提高集体经济组织与农村居民的收入水平，并在此过程中提高其农村社会治理的声誉与权威。

第三，快速提升外出务工农民的城市融入能力。全面保障农民工群体的城市就业权益和公共获取社会保障与福利资源的权益，通过开展广泛的社区互动活动，切实提高其城市空间的社会资本存量，助力提升其城市定居的收入挣得能力和代际发展能力。

第五节　本章小结

农民农村共同富裕是在特定空间关系背景下的社会实践过程。理论和实践共同证明，城乡二元经济结构和城乡二元社会结构的长期并存构成了农民农村滞后发展的核心原因以及共同富裕的关键障碍，因而有序推进城乡双重二元结构向一元化结构的转型，是顺利实现农民农村共同富裕目标的必要前提条件。

本章系统回顾了中国城乡二元结构的演进历程，总结了城乡二元结构的双重形态特征，详细归纳了农民农村共同富裕的空间逻辑，并概括为以下三个方面：第一，城乡发展制度的联动变迁，是农民农村共同富裕的前提条件；第二，城乡空间功能的互补互融，是农民农村共同富裕的高效进路；第三，农村自生发展能力的培育与强化，是农民农村共同富裕可持续的“根”与“源”。基于以上认识，本章采用 1992—2023 年时间序列的向量自回归（VAR）模型，实证检验了城乡空间低水平融合状态对农民农村共同富裕的负面冲击。在此基础上，以空间逻辑为线索，进一步提出了农民农村共同富裕的优化路径：第一，全面提升城乡发展制度的联动效应；第二，优化和完善面向农民农村的增权赋能机制；第三，培育和强化农民农村自生发展能力。

第六章 CHAPTER 6

农民农村共同富裕的主体逻辑及动力整合策略

农民农村共同富裕是中国特色社会主义发展和中国式现代化建设进程中的庞大工程，既需要多元化主体的共同参与，更需要其参与主体之间的行动协同，以便形成对农民农村共同富裕的巨大合力。

本章将以农民农村共同富裕能力的生成与强化机制为核心线索，辨识农民农村共同富裕实践的参与主体及其在农民农村共同富裕进程中的潜在作用和当前面临的动力难题，解构农民农村共同富裕进程中的主体逻辑，并据此提出相应的主体动力整合策略。

第一节　农民农村共同富裕的应然主体[①]及其面临的动力难题

农民农村共同富裕的基础在于农民农村发展，而其可持续性的根基在于农民农村具有强大的动力支撑。那么，农民农村发展的动力来源于哪些主体？这些动力主体参与农民农村发展行动的意愿和行动能力如何？这些动力主体的行动如何才能形成良好的协同关系？显然，以上三个问题所对应的答案抑或现实格局，均会决定农民农村以何种路径、何种力度实现共同富裕目标。

一、农民群体共同富裕实践的动力难题

农民农村共同富裕实践以农民农村生存与发展状态实现系统化改善并步入

① 所谓“应然主体”是与“实然主体”相对应的哲学和伦理学概念，是指在理想的、符合某种规范、原则或价值观念的情境下被认定为具有特定能力、应该在位并可以发挥某种功能的行动主体。

良性发展轨道为基本指向。农民群体作为农村经济活动的实践者与主要资源供给者、农村社区建设的需求表达者和供给监督者、传统农耕文化的承载者和创新者，同时更是农民农村全面发展成果的分享者，理所当然地构成了农民农村共同富裕过程中不可缺位的主体力量。不过就目前情况看，农民群体在农民农村共同富裕实践中仍然面临着主体利益分散、主体能力不足、主体意愿不强等一系列难题，严重制约了共同富裕实践的推进速度与质量。

（一）主体利益分散

改革开放伊始，以家庭承包经营为基础、统分结合的双层经营体制作为我国农村基本经营制度得以快速确立，并一直持续至今。这种经营制度因与我国国情农情高度契合，因而极大解放了农村的社会生产力。但是这一制度体系下，全国绝大多数农村在执行层面呈现出了“分有余而统不足”的基本特征，农户作为农村主要利益单元，其增收致富长期依赖于自身的决策和努力，出现了显著的职业分化和收入分化倾向，纯农户占比越来越少，兼业化农户占比不断增加。在此影响下，作为一个群体，农户内部的利益也呈分化局面，纯农户和一兼户（非农收入在整体收入中的占比小于50%）对农业生产发展、支农助农政策、农村基础设施与公共服务的关注度更高，而二兼户（非农收入在整体收入中的占比超过50%）和非农户由于其家庭收入主要来源于非农业经营收入，因而对农业生产发展、支农惠农政策、农村基础设施与公共服务的关注度则明显低于一兼户，农民群体作为农民农村共同富裕过程的重要动力主体，其群体力量已经高度分散。有调研成果显示，2014年河北、山东、河南受访农户中，一兼户占比为8.75%，二兼户中高兼户（非农收入在整体收入中的占比为50%～75%）占比为19.95%、二兼户中深兼户（非农收入在整体收入中的占比超过75%）占比为59.46%，兼业化农户占比高达88.16%[①]。

为了更加直观地了解农民群体的主体动力分散现状，本书收集了全国农民工数量变化数据和农村居民收入分解数据。

图6-1汇总了2013—2023年全国农民工总量变化情况。数据显示，2013年以来，我国农民工总量除2020年略有下降外，总体保持了平稳的增长趋势，总量长期维持在26 000万人以上的巨大规模，2013年农民工总量为26 894万人，2023年达到29 753万人，各自相当于农村常住人口总量的比例分别高达43.2%和62.4%。另外，数据同时显示，在巨量农民工中，外出农民工规模同样庞大，其总量由2013年的16 610万人逐渐攀升至2023年的17 658万人（其中一个特例是，2020年外出农民工总量比2019年下降了466万人），在农

① 数据来源：魏后凯，闫琤．中国农业发展报告2017［M］．中国社会科学出版社，2017：16.

民工群体中所占比例始终保持在58%以上，2013年占比为61.8%，2023年占比仍然高达59.3%。

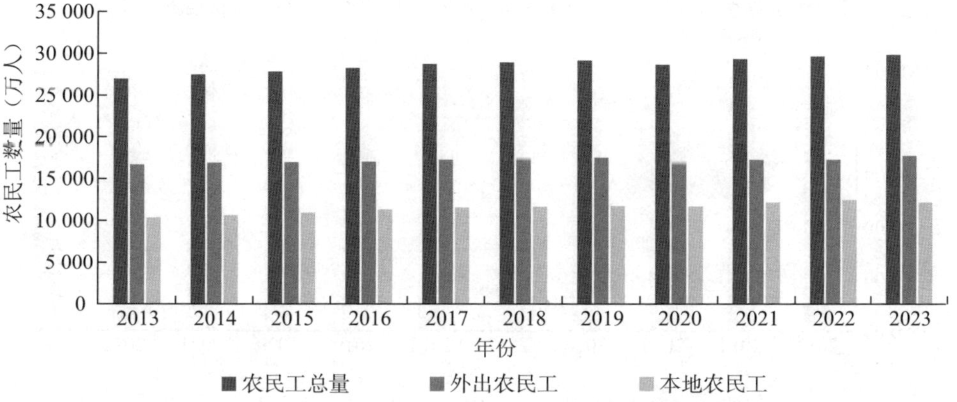

图6-1　2013—2023年全国农民工总量变化

数据来源：根据国家统计局历年农民工监测调查报告相关数据整理得到。

图6-2和图6-3汇总了农村居民收入分解结果。其中，图6-2显示，2013—2023年农村居民人均可支配收入中的经营净收入绝对数尽管由3 935元提高至7 431元，增幅达到88.9%；2013年的工资性收入尽管略低于同年经营净收入282.4元，但这一局面从2015年开始实现逆转，当年工资性收入为4 600元，比经营净收入高出96.7元，2023年工资性收入已经达到9 163元，比同年经营净收入高出1 732元（23.3%），农民群体对农业发展的收入依赖度呈现不断下降趋势。

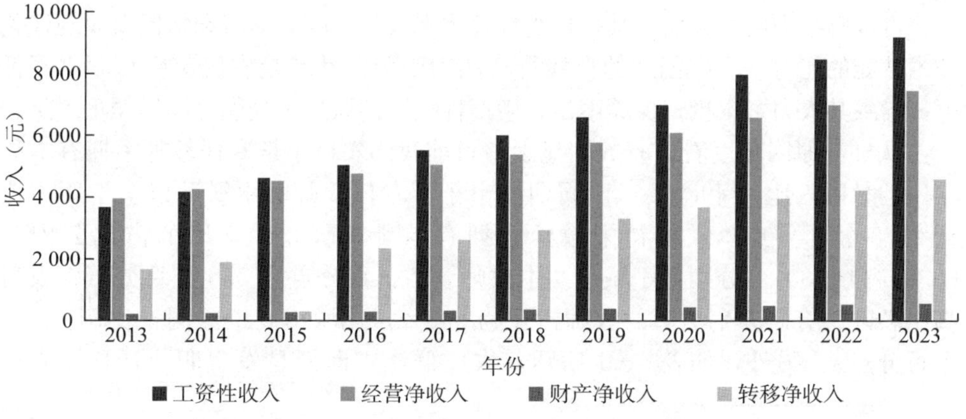

图6-2　2013—2023年农村居民人均收入分解（绝对数）

数据来源：《中国统计年鉴（2017）》《中国统计年鉴（2024）》。

与此同时，图 6-3 显示了类似结果——2013 年工资性收入在农村居民人均可支配收入中的占比为 38.73%（略低于经营净收入占比的 41.73%），但 2023 年这一比例则提升至 42.24%的历史最高水平，比经营净收入占比高出了 7.98%。

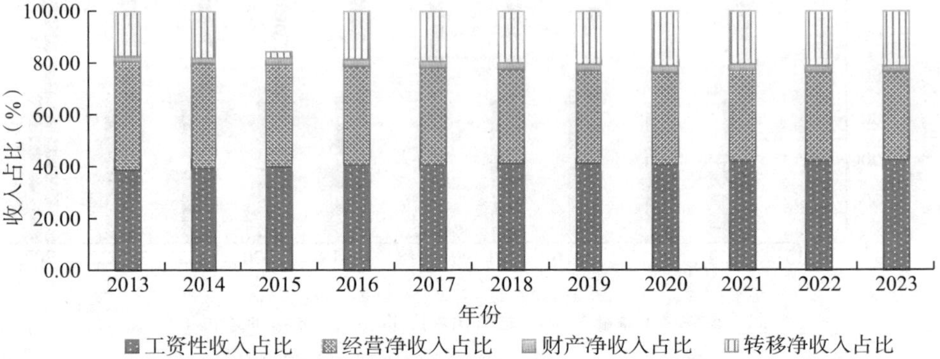

图 6-3 2013—2023 年农村居民人均收入分解（比例数）

数据来源：根据《中国统计年鉴（2017）》《中国统计年鉴（2024）》相关数据整理得到。

（二）主体能力不足且意愿不强

农民群体广泛而深入的参与，是农民农村共同富裕得以不断取得显著成效的根本原因和本源动力；反之，缺乏了农民群体的深度参与，农民农村共同富裕的进程必将全面受阻。理论上讲，农民群体参与共同富裕实践的深度与广度，在相当大程度上取决于其主体能力的强弱；而农民主体能力的强弱，又是外部原因和其自身原因共同作用的结果。其中，外部原因主要在于社会支持水平滞后于农民现代化生产技能和高品质生活需求，而自身原因及其引发的结果则主要可以归结为两个方面：其一是受教育水平较低，因此学习和掌握农业现代化技术技能的能力、生产创新的自我行动能力受限；其二是农民家庭积累水平低下，导致其人力资本投资保障不足，生产性投资的风险承受能力同样严重不足。

从外部原因角度看，有数据显示，目前我国农村小学专任教师中拥有本科学历的教师占比为 49.3%，比同期城市小学专任教师的本科及以上学历占比低 27.3 个百分点；农村初中教师中拥有本科及研究生学历的占比分别为 80.3%和 1.3%，分别低于城市初中教师 5.7 个百分点和 5.8 个百分点；农村高中教师中有研究生学历的教师占比为 9.8%，比城市高中的同一比例低 4.1 个百分点①。另外，如表 6-1 所示，农民群体中即便是发生职业迁移的农民

① 数据来源：根据魏后凯等（2021）相关数据整理得到，参见：魏后凯，杜志雄，2021. 中国农村发展报告（2021）：面向 2035 年的农业农村现代化［C］. 北京：中国社会科学出版社：357-377。

工，其在接受职业技能培训方面的便捷性并未发生显著变化，2012 年接受过农业技能培训的占比为 10.7%，接受过非农业职业技能培训的占比为 25.6%，未接受过任何职业技能培训的占比为 69.2%；2017 年以上三项数据分别为 9.5%、30.6%和 67.1%，第一项数据不升反降，而后两项数据变化则表明农民工雇主或单位对农民工产业技能提升的贡献率仍处于相当低的水平。

表 6－1　2012—2017 年我国农民工接受职业技能培训的比例

单位：%

年份	接受过农业技能培训	接受过非农业职业技能培训	接受过技能培训	未接受过任何职业技能培训
2012	10.7	25.6	30.8	69.2
2013	9.3	29.9	32.7	67.3
2014	9.5	32.0	34.8	65.2
2015	8.7	30.7	33.1	66.9
2016	8.7	30.7	32.9	67.1
2017	9.5	30.6	32.9	67.1

数据来源：国家统计局，历年《农民工监测调查报告》。

从内部原因看：一方面，如图 6－4 所示，2010 年我国 6 岁以上农村人口的平均受教育程度仅为 7.58 年，此后虽然逐年提高，但提高速率非常低，2022 年这一数字仅提高至 8.07 年，意味着 6 岁以上人口平均文化程度尚未达到初中毕业水平，直接导致其接受先进农业与涉农产业的生产与经营技术的能力严重不足。第三次全国农业普查资料也证实了这一结论，2016 年末全国农业生产经营人员中，初中及以下受教育程度者占比高达 91.7%，而高中及以上受教育程度者的比重仅为 8.3%[①]。

另一方面，在收入水平相对较低、平均消费倾向和边际消费倾向总体高于城镇居民的背景下，农村居民的收入积累水平明显偏低，导致其消费支出中由“教育文化娱乐支出”和“医疗保健支出”所构成的“发展性支出”明显不足，严重制约了其人力资本投资力度。如图 6－5 所示，2013—2023 年农村居民人均收入积累水平非常低，2023 年也仅为 3 516 元，而同时期发展性消费支出在可支配收入中的占比也仅从 2013 年的 15.3%提高至 2023 年的 17.8%，增幅非常有限。

① 数据来源：根据国家统计局公布的第三次农业普查相关数据整理得到。参见：国家统计局官网，https://www.stats.gov.cn/sj/pcsj/.

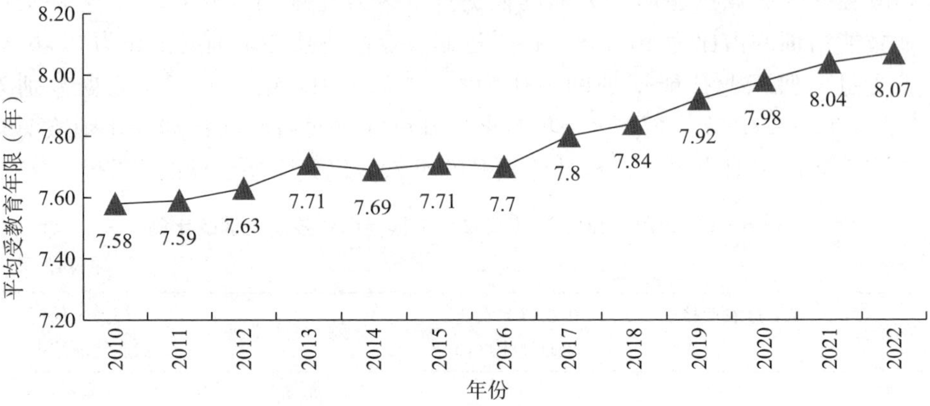

图 6-4　2010—2022 年我国农村人口平均受教育年限

数据来源：根据历年《中国人口与就业统计年鉴》相关数据整理得到。

注：统计口径为农村 6 岁及以上人口；在计算平均受教育年限时，采用学术界普遍应用的赋值方法，即小学毕业＝6 年，初中毕业＝9 年，高中（中专、职高）＝12 年，大专及以上＝16 年。

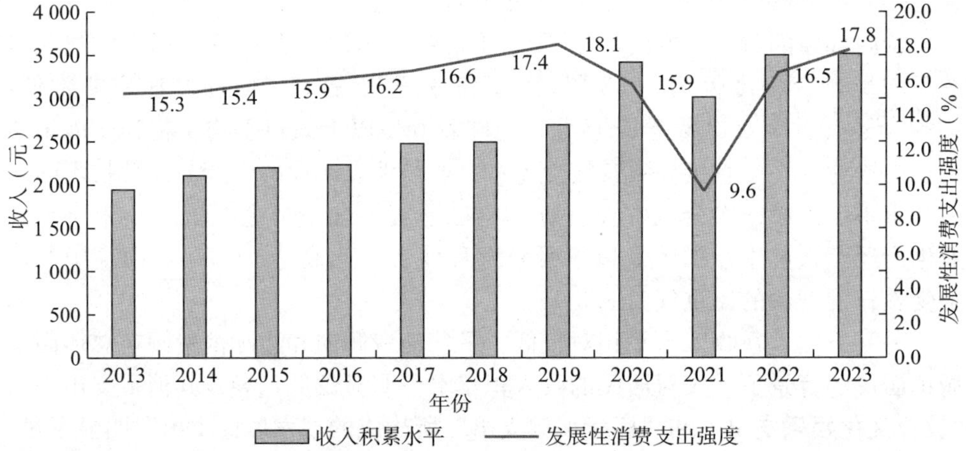

图 6-5　2013—2023 年我国农村居民人均收入积累水平与发展性消费支出强度

数据来源：根据《中国统计年鉴（2017）》《中国统计年鉴（2024）》相关数据整理得到。

注：收入积累水平＝人均可支配收入－消费支出；发展性消费支出强度＝（教育文化娱乐支出＋医疗保健支出）/消费支出。

农民收入积累水平低下的另一个重要影响在于它直接抑制了农户应对生产经营风险的能力，进一步拉低了农户的固定资产投资意愿，并因此延缓了农业及其关联产业的装备创新和技术创新的进程[①]。如图 6－6 所示，2010—2022 年，我国农村固定资产投资中，农户固定资产投资水平经历了 2010—2014 年短暂的上升期（由 2010 年的 7 886 亿元提高至 2014 年的 10 755.80 亿元）后，于 2015 年开始进入总体下降期，已经由 2015 年的 10 409.80 亿元降至 2022 年的 7 417 亿元，降幅高达 28.75%；与此同时，通过农户固定资产投资与第一产业增加值的比值测度的固定资产投资强度，也由本来就处于显著低水平的 2010 年的 0.21 大幅度缩减至 2022 年的 0.08，农民群体参与乡村产业振兴的主体能力和主体意愿均处于非常低的水平。

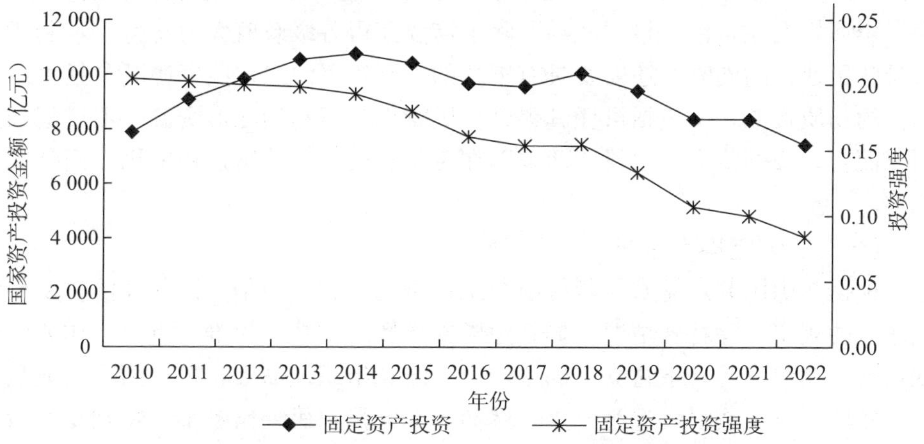

图 6－6　2010—2022 年农户固定资产投资水平及强度

数据来源：根据历年《中国农村统计年鉴》相关数据整理得到。

注：固定资产投资强度＝农户固定资产投资/第一产业增加值。

二、村“两委”共同富裕实践的动力难题

农民农村共同富裕，客观上要求有一支处于引领地位的精干队伍，这支队伍相较于个体农户和分散的农村社会组织而言，既应具有爱农业、爱农村、爱农民的无私奉献情怀和高度的村庄权威，能够站在村庄整体利益高度规划“三农”发展蓝图和可行计划，能够始终锚定目标、凝聚村庄共识和力量，又应具有统筹推进产业兴旺、生态宜居、乡风文明、治理有效、生活富裕等乡村建设的强大能力。显然，只有村“两委”（村级党组织和村民委员会的合称）在理

① 当然，我国农户固定资产投资意愿还会受到农业自身投资回收期长、受气候变化冲击明显、农村配套基础设施不完善等众多因素的影响。

论和现实层面能够同时满足上述要求。2018 年开始施行的《中国共产党农村基层组织工作条例》第十九条规定，“村党组织书记应当通过法定程序担任村民委员会主任和村级集体经济组织、合作经济组织负责人，村‘两委’班子成员应当交叉任职”，二者在某种程度上已经可以理解为一体化的组织（黄骏，2003；廉如鉴等，2009）。

党的十九大以来，就党和国家制度安排的具体要求而言[①]，村“两委”在乡村振兴和农民农村共同富裕实践中，有必要同步扮演好农业农村政策“执行人”、农村全面发展“策划师”、产业发展“领航员”、村庄治理“协调员”、基本公共产品与服务“提供者”等一系列重要角色，可谓多重重任在肩。当然，为了扮演好上述角色，村“两委”除了需要获得各级政府大力支持、不断优化自身队伍建设的同时，还需要具有丰富的可利用资源。这些资源既包括可以资产化的物质资源，又包括可凭其整合村民意识与行动的无形资源。不过就当前情况而言，我国绝大多数村“两委”在带领农民增收致富过程中仍然面临大量难题。

（一）主体结构不合理

根据《中国共产党农村基层组织工作条例》和《中华人民共和国村委会组织法》的规定，除特殊情况（如新建党支部暂时空缺、为推动重点工作或整顿软弱涣散党组织等）下村党支部书记由上级党组织任命外，村“两委”成员均由村庄所有党员或村民选举产生。然而，在大量农民外出务工，特别是大量青壮年劳动力外出务工的背景下，留守的成年村民多以老年人和家庭妇女为主。这一客观情况对村“两委”发展至少会造成双重负面冲击：其一是村“两委”成员选拔过程中可选范围受限，富有活力、具备新知识和新观念的年轻人才严重匮乏，造成村“两委”无法形成符合农民农村共同富裕要求的合理结构（如梯队结构、知识结构、能力结构等），且非常容易引发“近亲繁殖”现象。其二是以老年人和家庭妇女为骨干力量的情况下，村“两委”作为一个整体会表现出受教育程度较低、现代化视野不够开阔、体力和精力有限的众多不利特征，在学习和接受新政策、新观念、新技术等方面将会面临巨大障碍，极有可能导致工作开展过程中因缺乏长远眼光、专业能力、创新思路等原因而出现墨守成规、效率低下等不利局面，导致无法产生应有的“领头雁”作用，从长期

---

① 代表性的政策文献主要包括中共中央和国务院 2018 年印发的《中共中央、国务院关于实施乡村振兴战略的意见》和《乡村振兴战略规划（2018—2022 年）》、2019 年中共中央印发的《中国共产党农村基层组织工作条例》、2019 年中共中央和国务院印发的《中共中央、国务院关于坚持农业农村优先发展做好“三农”工作的若干意见》等。

来看，甚至会损害村“两委”自身在村庄中的威信和声誉。

如图 6－7 所示，2013—2023 年，农村外出务工人员一直以青壮年劳动力为主，2013 年 20～50 岁外出务工人员的占比合计高达 80.1%，这一比例虽然不断下降，不过截至 2023 年该占比依然高达 68.2%。与此同时，外出务工人员中受教育程度较高者的占比却在不断上升，其中高中及以上文化程度的占比由 2013 年的 22.8%持续提高至 2023 年的 33.8%，累计提高了 10 个百分点，远高于同期农村居民受教育程度的提升幅度。由此来看，农村青壮年、高素质劳动力的外流，势必会对村“两委”的结构和能力产生前述分析所提出的不利影响。

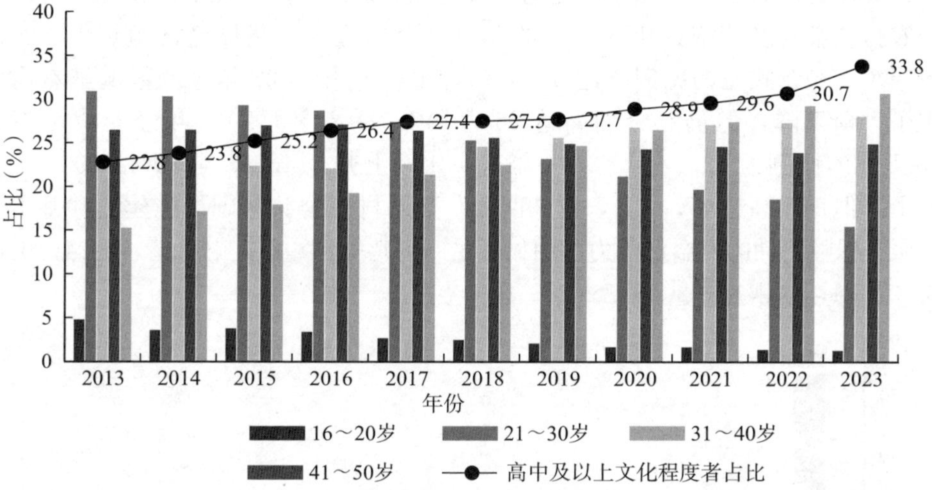

图 6－7　2013—2023 年我国农民工年龄分布及高中以上文化程度者占比

数据来源：国家统计局，历年《农民工监测调查报告》。

（二）主体资源短缺

在农民农村共同富裕进程中，为了充分发挥全方位引领作用，村“两委”无疑需要强大的资源条件作为其高效履职的物质支撑。不过从实际情况看，我国农村“两委”组织在推进乡村振兴、赋能农民农村共同富裕的实践中，普遍面临主体资源匮乏的严峻考验和行动束缚。

农村新型集体经济组织近年已经成为村“两委”获取经济收益的首要来源，并已成为带领广大农民开展现代化农业生产、一二三产业融合探索的重要载体。所谓新型农村集体经济，是在农村集体所有制基础上，适应社会主义市场经济基本规律，以村集体成员群体利益增进为目标，在土地联合、资产联合、劳动联合基础上实行共同经营、民主管理、盈余共享的经济组织（朱有志等，2013；王立胜等，2021）。农村新型集体经济组织在其生产经营过程中，既有利于将村集体及社会各界（如入股企业、合作社、家庭农场等）的资源转变为资产、将政府投入的各类资金和农户闲置资源（如耕地和林地的承包经营权、资金、技术、劳动力）整合为具有权益属性的股金，进而将分散的农民转变为组织化的股东，又有利于在生产经营过程中将传统农民培养成为具有现代精神、现代素质和现代技能的高素质农民，而且在为村“两委”提供村庄建设资金的背景下有利于推动农村社区内的公共基础设施建设并优化公共服务供给，从而实现为农民农村共同富裕高质量赋能。

图 6－8 显示了 2015 年、2019 年以及 2022 年我国村“两委”管理下新型农村集体经济组织经济积累不足的客观情况。该图显示，在汇入相应年度《中国农村政策与改革统计年报》中的 5 万余个新型农村集体经济组织中，2015 年当年无经营收益的比例高达 53.60％，2019 年和 2022 年这一数值虽然均出现了大幅下降，但仍然分别高达 28.79％和 22.21％；2015 年经营收益不足 10 万元的比例为 32.27％，2019 年这一比例上升至 46.88％，即使 2022 年有所下降但仍然高达 37.34％，村“两委”开展村庄公共基础设施建设和基本公共服务保障活动的资金保障力度明显不足（高鸣等，2024；赵秋倩，2024；王进文，2024；徐鹏杰，2023）。

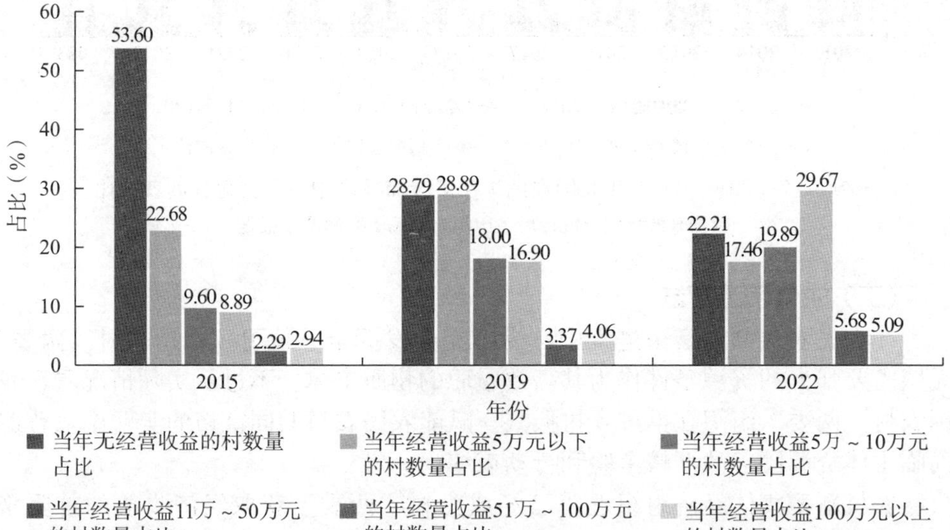

图 6－8　2015 年、2019 年及 2022 年农村集体经济组织年经营收益分布

数据来源：根据《中国农村政策与改革统计年报（2015 年）》《中国农村政策与改革统计年报（2019 年）》《中国农村政策与改革统计年报（2022 年）》相关数据整理得到。

当然，从理论角度看，村“两委”还可以通过合理盘活农村土地资源而获取支持农民农村共同富裕实践的主体资源。但是在现实经济活动中，绝大多数村庄却普遍面临未承包到户土地存量有限、“四荒”地使用权和集体经营性资产流转交易收益水平偏低等一系列难题，极大限制了村“两委”的资金筹集水平。

图6－9显示，2022年全国农村未承包到户的各类土地面积总量高达154 562.2万亩，但每个村平均拥有的未承包土地面积却非常有限，其中未承包到户耕地面积、未承包到户园地、未承包到户林地、未承包到户养殖水面（坑塘水面）和未承包到户草地的面积分别仅有410.0亩、74.2亩、1 531.3亩、89亩和809.8亩。其中，村均未承包到户的林地和草地面积看似数量较大，但如果考虑到林地和草地在全国分布极不平均，很多平原地区的农村存量极少，甚至空白，那么全国农村平均每村拥有的可利用未承包土地面积就显得尤为短缺，可能产生的流转收益也非常有限。

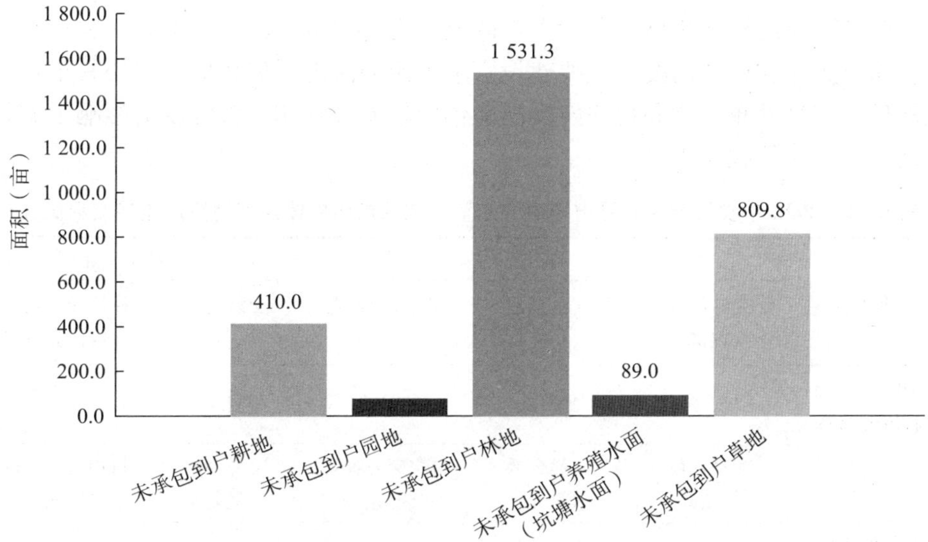

图6－9　2022年村均未承包到户土地面积

数据来源：根据《中国农村政策与改革统计年报（2022年）》相关数据整理得到。

“四荒”地是指依法归农村集体所有和使用的荒山、荒沟、荒丘和荒滩。“四荒”地虽然在现有条件下尚未得到合理而有效的利用，但仍然不失为农村宝贵的土地资源，具有开展植树造林、发展特色农业、开发生态旅游等多种商业用途。与此同时，根据现行法律和政策的规定，“四荒”地使用权既可以采取家庭联产承包方式发包给村内集体经济组织成员，又可以通过公开招标、拍卖、公开协商等方式流转给本集体经济组织之外的主体，是村集体和村“两委”开展农村经济和社会建设的重要潜在资金来源之一。与“四荒”地使用权类似，集体经营性建设资产是指农村集体统一经营管理的经营性资产（不包含土地），其所有权和使用权可以采取承包、租赁、出让、入股、合资、合作等方式进行流转交易，同样可以成为村集体和村“两委”获得村庄发展资金的重要途径。

如表 6-2 所示，2022 年全国农村“四荒”使用权流转数量为 516.26 万亩，实现流转交易 101.23 亿元，村均流转交易收益仅为 1.91 万元；截至 2022 年，全国农村“四荒”使用权流转累计交易金额为 232.62 亿元，村均累计交易收益也仅为 4.39 万元。与此同时，2022 年全国农村集体经营性资产流转交易数量为 135 818 宗，实现流转交易 651.75 亿元，当年村均交易收益仅为 12.28 万元；截至 2022 年，全国农村集体经营性资产流转累计交易金额达到 4 503.47 亿元，村均累计交易收益为 84.91 万元。由上可见，近年我国农村“四荒”使用权和集体经营性资产的流转交易数量已经比较可观，完全具有成长为村集体和村“两委”重要建设资金来源的潜力，但相应产权交易市场发展滞后，信息发布功能和价格发现功能仍然较弱，在相当大程度上影响了农村土地产权交易的收益水平。

表 6-2　2022 年农村产权交易市场中“四荒”使用权和集体经营性资产流转交易概况

项目	当年			累计	
	交易数量（万亩）	交易金额（亿元）	村均交易收益（万元）	交易金额（亿元）	村均交易收益（万元）
“四荒”使用权流转交易	516.26	101.23	1.91	232.62	4.39
项目	交易数量（宗）	交易金额（亿元）	村均交易收益（万元）	交易金额（亿元）	村均交易收益（万元）
集体经营性资产流转交易	135 818	651.75	12.28	4 503.47	84.91
项目	交易数量（万亩）	交易金额（亿元）	村均交易收入（万元）		
集体经营性建设用地出租出让	443.806	344.23	6.49		

数据来源：根据《中国农村政策与改革统计年报（2022 年）》相关数据整理得到。

表 6-3 汇总了 2018—2022 年我国农村集体经营性建设用地出租出让情况。数据显示，自 2019 年修订的《中华人民共和国土地管理法》赋予了农村集体经营性建设用地入市合法地位，同年国家发展改革委发布《2020 年新型城镇化建设和城乡融合发展重点任务》要求全面推开农村集体经营性建设用地直接入市以来，全国农村集体经营性建设用地的出租出让面积仅在当年出现了井喷态势，由 2019 年的 319.73 万亩增至 1 025.52 万亩，但此后两年则快速回落至每年 400 余万亩的状态，出租出让均价未达万元，每年村均出租出让收入也并未大幅增长，2020—2022 年的收入水平尚不足 10 万元，并未对农村经济社会发展产生明显推动作用。

表 6-3　2018—2022 年我国农村集体经营性建设用地出租出让概况

年份	出租出让宗数（宗）	出租出让面积（万亩）	出租出让收入（万元）	出租出让亩均价格（万元）	村均出租出让收入（万元）
2018	269 525	2 031 767.90	3 530 430.0	1.74	—
2019	566 304	319.73	3 640 297.0	1.14	—
2020	2 559 310	1 025.52	4 065 092.0	0.40	7.26
2021	818 772	479.46	4 685 375.8	0.98	8.74
2022	1 080 105	443.81	3 442 291.4	0.78	6.49

数据来源：根据 2018—2022 年《中国农村政策与改革统计年报》相关数据整理得到。

（三）村庄建设资金自供给水平偏低

农民农村共同富裕的丰富内涵中，隐含着农村公共基础设施和基本公共服务不断完善、乡村治理水平不断提升的客观要求。为了满足上述要求，不但需要财政资金的长期支持，更需要村“两委”以自身不断增长的收入（即村集体经济收入）开展持续的村庄建设并不断提高村级福利水平。不过受村集体收入增长乏力的影响，我国绝大多数村庄的经济和社会建设自供给水平仍处于较低水平。

表 6-4 显示，2015—2022 年，农村集体经济组织在公益性基础设施建设和公共服务供给方面的投入处于总体下降区间的同时，投入自给率的变化也呈相同趋势，2015 年自给率水平为 31.67%，此后则不断波动性下滑至 2021 年的 20.21%；2022 年尽管有所提升，但提升比例非常有限。通过农村经济组织收入快速增长来稳步提高农村基本建设水平、适度降低对各级财政投入的依赖，才是村“两委”引领农业农村走向可持续、可竞争发展的重要基础。

表 6-4　2015—2022 年我国村集体经济组织公益性基础设施投入、公共服务投入与各级财政投入比较

年份	(1)	(2)	(3)	(4)	(5)＝[(1)＋(2)]/[(1)＋(2)＋(3)＋(4)]×100%
	当年公益性基础设施建设投入（万元）	当年支付的公共服务费用（万元）	各级财政投入（万元）	获得“一事一议”奖补资金（万元）	农村建设投入自给率（%）
2015	12 436 756.6	1 867 424.8	7 998 911.1	174 465.2	31.67
2016	2 497 172.3	1 472 994.8	7 360 673.6	2 289 112.1	29.15
2017	2 186 840.9	1 691 651.5	7 906 234.9	2 122 440.0	27.89
2018	2 663 380.3	1 867 424.8	7 998 911.1	1 774 465.2	31.67
2019	1 433 005.4	2 167 988.4	9 589 867.3	3 21 105.0	21.94
2020	2 478 374.2	2 557 553.6	6 048 689.9	913 434.3	20.66
2021	2 194 243.8	2 875 181.8	5 064 177.9	722847.0	20.21
2022	2 217 606.4	2 562 085.1	4 071 120.2	642 149.5	23.36

数据来源：根据 2015—2022 年《中国农村政策与改革统计年报》相关数据整理得到。

注：本表中“当年公益性基础设施建设投入”与历年《中国农村政策与改革统计年报》中的统计口径并不一致，为农村集体经济组织自行承担的建设投入，不含“各级财政投入”和“获得‘一事一议’奖补资金”。

三、地方政府在农民农村共同富裕实践中的动力难题

党的十九大以来，党和国家逐渐赋予了农民农村共同富裕之于中国式现代化建设的重大战略意义，明确了地方政府主导地位和基本任务。例如，《乡村振兴战略规划（2018—2022 年）》就明确指出，“强化地方各级党委和政府在乡村振兴战略中的主体责任，推动各级干部主动担当作为。坚持工业农业一起抓、城市农村一起抓，把农业农村优先发展原则体现到各个方面……各地区要依照国家规划科学编制乡村振兴地方规划或方案，科学制定配套政策和配置公共资源，明确目标任务，细化实化政策措施，增强可操作性”。事实上，以上地方政府主导地位和基本任务的确定，既全面借鉴了世界各国促进农民农村加速发展的共性经验，又充分考虑了我国特殊国情的本土逻辑，具有明显的前瞻性和指导价值。不过也需承认，我国各级地方政府（特别是县域政府）受自身能力所限，因此即使其加速农民农村共同富裕实践的意愿尤为强烈，但仍面临一系列客观难题。

（一）财政支持能力提升困难

如前所述，现阶段我国农民农村自身在共同富裕进程中的自生能力严重不足，客观上仍然需要政府部门通过财政支付予以适度支持。众所周知，近年我国地方政府在经济新常态下一般预算收入的增长速度总体上趋缓，但地方经济社会发展需要投入的资金规模却不断上升，因此导致地方政府在支持农民农村共同富裕领域仍然面临巨大障碍。如表 6－5 所示，2012—2023 年，我国地方政府一般预算支出中农林水支出总量尽管表现出稳定增长态势，但其在地方政府一般预算支出中所占比例却并未实现显著提升，2012 年该比例为 10.70％，2020 年的区间峰值为 11.13％，2022 年的区间最低值仅为 9.89％，2023 年的比例也仅为 10.04％。由此可见，农业农村优先发展、财政资源优先投向农业农村的格局还远未形成，这一点也可以通过“地方政府财政支农强度”这一指标加以研判。如果我们将农林水支出在地方政府一般预算支出中所占比例同农村人口在全社会人口中所占比例的比值定义为财政支农强度，那么这一指标在 2012—2023 年虽然处于波动上升区间，但其上升幅度却相对有限，从 2012 年的 0.228 2 连续上升至 2020 年的 0.308 3 后，经历了 2021 年和 2022 年的连续两年下滑，2023 年也仅恢复至 0.296 7。

表 6－5　2012—2023 年我国地方政府一般预算支出及财政支农强度

年份	地方政府一般预算支出（亿元）	地方政府农林水支出（亿元）	农林水支出在地方政府一般预算支出中所占比例（％）	地方政府农林水支出增长速度（％）	地方政府财政支农强度
2012	107 188.34	11 471.39	10.70	—	0.228 2
2013	119 740.34	12 822.64	10.71	11.78	0.235 3
2014	129 215.49	13 634.16	10.55	6.33	0.238 5
2015	150 335.62	16 641.71	11.07	22.06	0.259 4
2016	160 351.36	17 808.29	11.11	7.01	0.269 8
2017	173 228.34	18 380.25	10.61	3.21	0.266 9
2018	188 196.32	20 493.29	10.89	11.50	0.282 8
2019	203 743.22	22 330.46	10.96	8.96	0.293 9
2020	210 583.46	23 445.14	11.13	4.99	0.308 3
2021	210 623.04	21 535.59	10.22	−8.14	0.289 8
2022	224 981.29	22 250.21	9.89	3.32	0.284 4
2023	236 403.46	23 732.87	10.04	6.66	0.296 7

数据来源：根据 2013—2024 年《中国统计年鉴》相关数据整理得到。

（二）可调动增量资源有限

无须赘述，农民农村共同富裕是农村社区所在地域各类社会资源全方位参与、全面协同推进的结果，因而也是“有为”地方政府积极发挥多方协调、积极引导功能的结果。大量事实表明，地方政府可调动的资源类型越丰富、资源增量越可观，农民农村共同富裕之路就越顺畅。不过从现实情况看，我国各级政府在主导和支持农民农村共同富裕的具体实践中，越是低层级政府，可支配、可调动的资源增量就越少，面临的现实难题也就越为棘手。具体来说，相较于省级和市级地方政府而言，县级政府和乡镇政府虽然处于农民农村共同富裕的“第一线”，但其面临的资源调动难题却最为突出。

第一，制定区域发展规划、有针对性破除农民农村共同富裕障碍的行政权限不充分。尽管我国各级政府均具有制定本区域各类经济社会发展规划的权利，但每一层级的区域发展规划均以符合上一层级区域发展规划为前提。这种情况下，根据本地农民农村共同富裕客观需求因地制宜地制定相关发展规划的灵活性就会受到显著冲击，成为本区域农民农村共同富裕的“硬约束”。

第二，在农民农村共同富裕过程中，道路、通信、水利等方面的基础设施建设和生态养育、文化传承等资金严重依赖于地方财政，弥补农民农村在养老、医疗、教育等民生领域的短板的资金仍然严重依赖于县乡财政资金的支持。然而，由于县域或乡镇区域工业和服务业往往滞后于城市，导致其财政资金来源相对而言显著低于城市，这种情况下县级政府和乡镇政府对农民农村共同富裕的投入也就缺乏了稳定增长的内在基础，反而高度依赖于高层级政府的财政转移支付。

第三，人才和技术的高度匮乏极大抑制了县乡政府对农民农村共同富裕进程的主导能力。县乡区域的经济社会发展通常滞后于城市区域，现代产业集聚效应相对较弱，先进技术、信息和人才的储备因而也处于低水平状态。这种情况自然会引发两个不利结果：其一是在农民农村共同富裕政策的论证、研发和配套协调方面难以有效推进，其二是在缺乏专业知识和管理经验支持的背景下造成相关政策的执行能力不足。显然，以上两方面结果均会对农民农村共同富裕实践的有序推进产生负面冲击。

四、城镇企业参与农民农村共同富裕实践的动力难题

城镇产业反哺农业农村经济社会发展，是城镇企业扎根农村创造新型就业岗位并助力农民增收、城镇先进生产力辐射农村并助力农业现代化、城镇成熟经营与管理理念植入农村并助力村庄治理现代化的综合过程，因此也是全面推动农民农村共同富裕目标加速实现的过程。这一过程具体来说就是城镇企业将

产业触角延伸至农村，直接开展农地规模化经营、开发和供应农业装备与农用物资、从事农产品采购、仓储、流通或深加工、面向农民农村提供本地化生活服务、利用农村生态和文化资源面向城镇居民提供文旅、康养、休闲、观光服务等产业项目的社会实践。就本质而言，城镇企业进驻农业农村，其实就是其响应和抢抓乡村产业振兴机遇、提升自身盈利水平的过程，也是城镇企业和农民农村实现双赢的过程。

然而，从理论角度看，城镇企业参与农民农村共同富裕的实践活动，会受多重条件的约束，如企业所属产业与农村产业发展的适配性、企业进驻农村的营利预期、企业对农村生产基础设施的要求程度、企业对农村劳动力和农产品供给稳定性和充足性的客观需求、企业对农村本地消费结构和消费水平的判断等。从现实角度观察，受以上约束条件的影响，我国城镇企业在当前条件下参与农民农村共同富裕实践活动仍然面临以下主要难题。

（一）参与成本居高不下

从会计成本角度看，与城镇相比，我国农村地区在交通、物流、信息网络等基础设施领域普遍处于落后状态，这一背景下大多数城镇企业在进驻农村的前期，需要额外投入大量资金用以改善基础设施条件，从而会显著推高前期投资成本、拉长投资回收周期。

从机会成本角度看，同工业和服务业相比，农业具有产业链条短、产品需求价格弹性低、受自然风险和市场波动影响剧烈等天然的弱质性特征。这种情况下，以从事工业或服务业为主的城镇企业，会因缺乏农业领域的经验与技术积累，导致进入农村后需要进行产业转型，营收预期会因此大打折扣。

（二）制度性障碍难以在短期内消除

乡村振兴战略实施以来，尽管中央层面在促进城乡产业融合领域出台了大量鼓励政策，但是在实践操作层面，具有进驻农村意愿的个体化乡镇企业，仍然会面临三方面客观障碍：其一是在现有农村土地政策和使用权交易市场建设方面，无论是农业用地，还是集体经营性建设用地，仍然存在流转程序复杂、权属界定不够清晰、使用权交易市场发育滞后、各类评估机制不健全等问题，严重影响了城镇企业投资农业农村的土地供给安全；其二是农村投资的税收优惠及补贴政策的覆盖面有限，农村金融体系不够完善，政策性贷款审批周期长、审批流程烦琐等一系列财政金融障碍的存在，严重抑制了城镇企业长期投资农业农村的动力和热情；其三是各地政府在乡村振兴战略执行过程中存在巨大行动差异，重视项目短期“示范效应”、忽视长期“赋能效应”的现象还广泛存在，也在相当大程度上导致城镇企业在偏离市场规律引导下显得“无所适从”。

（三）乡村治理结构冲突不可避免

城镇企业在进入农村地区开展生产经营的过程中，不可避免地会在劳动力雇用、公共资源利用、土地使用权交易等环节中同当地居民和村“两委”产生“行动交集”，当这种“行动交集”打破了原有乡村权力平衡时，企业与村民、村集体，甚至地方政府的权责划分不清时，就极易引发观点分歧和利益纠葛，导致产业项目长效运营的效率受到“意外”冲击，严重情况下甚至可能造成项目“停滞”或“夭折”。

总之，由于上述难题尚未得到全面破解，我国城镇企业投资农业、投资农村的意愿仍然不够强烈，反哺并助力农民农村共同富裕实践的潮流还远未形成。如图 6－10 所示，2015—2021 年，我国农村家庭承包地流转总面积由 2015 年的 44 683.4 万亩大幅增加至 2021 年的 55 697.9 万亩，但其中流转入企业的比例仅由 2015 年的 9.47%略微提升至 2020 年的 10.44%，2021 年的转入比例则降至 10.13%，农业生产的“小农户复制”（刘艳等，2022）局面并未扭转，城镇企业进入农业领域开展集中经营的难度仍然较高。

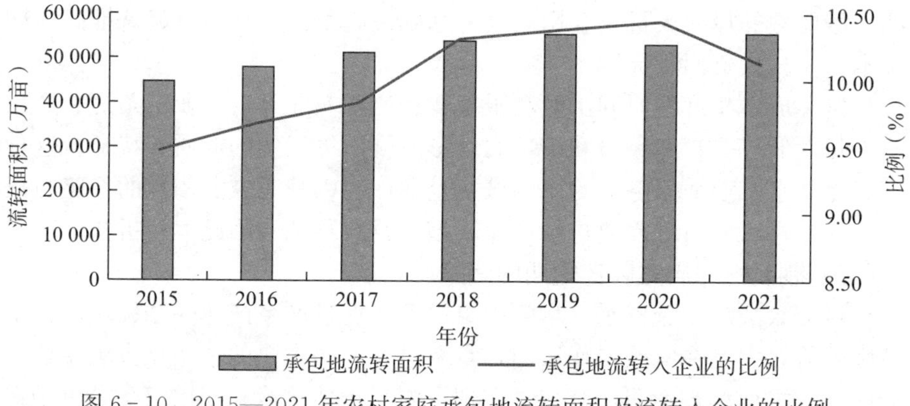

图 6－10　2015—2021 年农村家庭承包地流转面积及流转入企业的比例

资料来源：根据 2015—2021 年《中国农村经营管理统计年报》相关数据整理得来。

图 6－11 则显示了 2013—2023 年第一产业固定资产投资（不含农户）的变化情况。第一产业固定资产投资虽然由 2013 年的 3 696 亿元不断增长至 2023 年的 10 085 亿元，但是这一期间固定资产投资的增长率的波动幅度却非常大，且总体处于下降通道，2023 年的增长率甚至已经降为负值，表明城镇企业参与农业发展的意愿并未出现逐渐增强的理想态势，这一局面在相当大程度上反映了城镇企业助力农民农村共同富裕的综合障碍（如制度障碍、基础设施障碍、土地供给障碍等）仍然广泛存在。

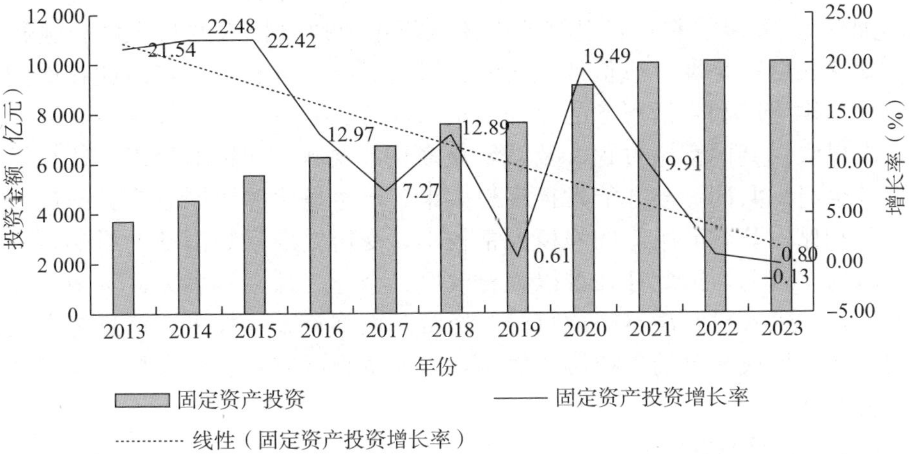

图 6－11　2013—2023 年第一产业固定资产投资及其增长率变化

数据来源：根据《中国统计年鉴（2024）》相关数据整理得到。

五、社会组织在农民农村共同富裕实践中的动力难题

所谓社会组织，在国际上又被称为非政府组织（NGO），是为实现特定社会目标，由具有共同意愿或兴趣、按照一定组织形式或规则成立的非营利组织。在我国特殊国情下，本书所指的社会组织，主要是指根据《社会团体登记管理条例》《民办非企业单位登记管理暂行条例》经过登记管理的社会团体（包括学术性社团、行业性社团、专业性社团和联合性社团）、民办非企业单位，党政机关主管的群团组织（如工会、共青团、妇联、科协、残联、慈善组织等），以及各类基金会、市场中介组织、教育机构和科研院所等。

国内大量研究表明，社会组织在农民农村共同富裕过程中可以在社会救助（祝建华等，2024）、促进城乡协调发展和乡村产业振兴（沈永东，2001；程慧等，2024）、提升农村基层治理水平（王欣悦等，2022）、提高农民生活质量（尚海洋等，2022）、促进公共服务优质共享（沈永东，2024）等众多领域发挥积极作用。不过经过深入分析可以发现，社会组织在促进农民农村共同富裕领域仍面临诸多难题。

（一）自身能力不足

一方面，社会组织一般具有较强的专业属性，可以为农民农村发展提供精准有效的指导或服务。但是这种较强的专业性通常建立在专业技术人才的

体制内供给基础之上（如教育机构和科研院所的人才就主要由政府部门在编制内配置），大多数非政府组织的人才队伍主要通过松散的自愿联合途径生成，缺乏长期稳定性，成员彼此之间也缺乏足够了解和默契，因此在面向农民农村提供生产和生活服务的过程中难以保持长期专注和持续耐心。另一方面，农民农村共同富裕过程涉及领域众多且各领域之间错综交织，往往需要多个社会组织共同参与才能发挥理想效果、产生显化的协同效应。不过与政府部门相比，非政府组织的规模通常较小，受历史因素和国情的影响，其社会影响通常较弱，因此往往难以整合政府、企业、社会等多方面资源，导致其在推进农民农村共同富裕项目时，经常会面临资金、技术、信息等方面的束缚，无法形成显著的资源协同效应，因而也难以应对农民农村共同富裕实践的复杂格局。

（二）参与意愿不强

总体而言，社会组织资金来源较为单一，大多情况下依赖于政府资助、社会捐赠和会员会费。其中，政府资助存在一定的不确定性，社会捐赠受社会经济运行状况、公众参与意识等因素的剧烈影响，而会员费用的规模则普遍较小。鉴于此，在资金来源较为单一的影响下，社会组织自然难以在农民农村共同富裕领域开展大规模、持续性的项目支持。与此同时，社会组织的非营利性质，使其因缺乏有效抵押物和稳定的还款来源而难以获得充足的金融机构贷款，资本市场的融资壁垒更是无法逾越，导致其在农民农村共同富裕领域开展长期或大规模项目时频频受阻。

以上情况还极易引发一个更为严重的长期后果，即在社会组织开展农民农村共同富裕帮扶项目过程中，因为其成员需要频繁往返或长期驻扎生活条件艰苦、发展机遇受限的农村地区，但却无法获得有吸引力的薪酬报酬和职业发展空间，因而导致社会组织自身普遍面临人才选聘难题，甚至人才流失难题，进而最终导致其参与农民农村共同富裕实践的主观意愿较弱。

第二节　农民农村共同富裕的主体动力逻辑

农民农村共同富裕是乡村振兴的核心目标与重要标志，显然需要多方主体的共同参与，特别是协同发力。然而本章第一节已经证明，我国农民农村共同富裕进程中的各类应然主体在参与农民农村共同富裕实践中均不同程度地面临动力不足难题，这些难题的持续，必将对农民农村共同富裕目标的实现产生不利影响。鉴于此，遵循合理的主体应然逻辑（而非实然逻辑），激发各类应然主体的内生动力，对于农民农村共同富裕实践的顺利推进具有显著的长期效应。

直观而言，农民农村共同富裕的主体逻辑可以通过“角色—资源—行动—绩效”框架加以概括（图 6－12）。

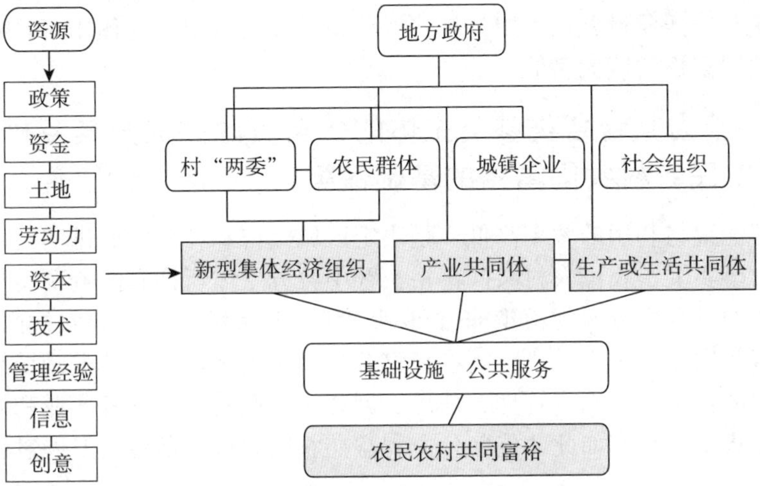

图 6－12　农民农村共同富裕的主体逻辑

一、明晰的角色定位是农民农村共同富裕参与主体提升行动绩效的出发点

第一，地方政府（含相关政府部门）承担着农民农村共同富裕的主导者和服务者双重角色，针对农民农村高质量发展制定具有实效性的政策和优化的政策环境，为提升农民农村自身发展能力提供必要的财政支持，协调社会各类主体参与农民农村共同富裕实践的利益关系，促进农村要素市场发育和城乡要素市场的有序衔接，为本地农民农村共同富裕提供方向指引和实践蓝图。

第二，村“两委”是农民农村共同富裕的引领者和组织者，在农民农村共同富裕过程中高度关注农民农村发展诉求，整合村庄内外发展资源，在推进产业振兴和村庄治理现代化过程中，为农民农村共同富裕发挥着“领头雁”“整流器”“变压器”的综合作用。

第三，农民群体是农民农村共同富裕的主体和受益者，确保和尊重其主体地位，提高其参与共同富裕实践的能动性和创造性，是农民农村共同富裕的必然选择。

第四，城镇企业是农民农村共同富裕的助力者和潜在受益者，投资于农业农村发展的意愿不仅取决于自身营利预期，更取决于政策环境。千方百计稳定和提高涉农城镇企业投资农业农村的预期收益，是提升其角色扮演效能的核心与关键。

第五，社会组织是农民农村共同富裕的服务者，其在提高农民生产技能、综合素质与生活质量领域可以发挥专业化指导及有效组织的作用，具有助力农民农村共同富裕的巨大潜能。

二、着力整合各类参与主体的优势资源并提升其乡村利用效率，是农民农村共同富裕的基础保障

资源配置与利用的效率高低，是决定区域经济和社会发展进程与质量的重要因素。事实上，农民农村共同富裕实践中各方主体所拥有的资源类型非常丰富，潜在的可利用资源规模也非常可观。问题的关键在于引导农村内部资金、资源和资产通过“三变”改革等途径整合与活化起来，引导和鼓励城镇企业和社会组织的资本、技术、管理、信息、创意等资源向农村各种产业和农民生产生活领域集聚，唯有如此才能使各方利益在农民农村长期稳定发展过程中实现共进共赢。

三、培育和壮大各类共同体，是农民农村共同富裕的必由之路

大量事实证明，分散化的小农无法实现与现代化农业有效衔接，也无法实现村庄内部资源的整合与优化利用，更无法有效对接村庄外部主体，因此无法分散性地达成总体富裕目标。这种情况下，在整合利用农村内外部资源的过程中，培育和发展农村新型集体经济组织、打造村企生产共同体、建构农民和社会组织的生产（生活）共同体，就成为实现农业增效、农民增收、农村增活力的重中之重。

四、锚定动态优化村庄基础设施和公共服务目标，是农民农村共同富裕实践保持长期成效的关键

从历史视角观察，农业农村发展的滞后性与农村基础设施和公共服务总量不足、质量不高存在密切关联。鉴于此，若欲保持农民和农村发展的可持续性，就必须全面谋求农村基础设施和公共服务供给不断跃上新的台阶，能够动态满足农村产业优化升级、农民生活便捷高效的客观需要，确保现有农民农村发展短板得到补齐的背景下，城乡发展的基础环境领域不再出现新的“缺口”乃至“鸿沟”。

第三节　农民农村共同富裕的动力整合策略

一、完善农民农村利益诉求表达机制

农业农村共同富裕实践是以农民群体为核心主体的农村社区整体发展过程。由于不同农村在区位、产业、文化、基础设施、公共服务等各个领域均存在较大差别，因而其共同富裕的最优路径也必然存在显著差异。农民群体和村“两委”最为了解本地实现可持续可竞争内生发展格局的“痛点”和“卡点”，因而全面了解其长短期发展诉求，因势利导提供全面支持，就构成了提升政策精准性、激发农民农村主体能动性的关键。

第一，拓宽农民农村利益和诉求的表达渠道。在人大、政协及政府群团组织中，合理增加农民代表比例，鼓励各类涉农专家与农民代表组成稳定的调研团队，支持其通过深入的农民农村调研，发现并反映农民农村诉求。与此同时，优先讨论该类团队的议案、提案和调查报告，将其合理建议第一时间纳入党委和政府决策日程。

第二，提升农民农村利益诉求表达能力。首先，压实村“两委”在村庄公共事务信息公开方面的主体责任，确保农村居民获得及时而准确的信息。其次，通过多元化渠道和多组织参与，特别是农民专业合作社、农民自组织以及社会专业组织的广泛参与，在文化素养、法律观念、政策信息解读等方面加大对农民的培训力度，尽可能消除农民群体的利益诉求表达障碍。最后，强化村“两委”成员，特别是村支部书记的政策素养培训力度，显著提升其制度理解、制度传达、农民农村利益诉求的表达水平，使其真正成为农民农村的信息传递者和利益维护者。

二、深化城乡要素流动机制

发展要素短缺，特别是代表先进生产力、能够提升农村现代文明理念的发展要素的短缺，始终是制约农业转型升级、一二三产业有机融合与农民全面发展的重要障碍。反观之，伴随着市场经济的快速发展，各类经济社会发展要素在城镇体系中实现了快速集聚，经济新常态背景下亟待寻找到新的收益增长空间或创新应用场景。

第一，在进一步加大户籍制度及其配套制度（如社会保障制度、住房保障制度、土地权益自愿有偿退出制度等）改革力度、解放农业农村剩余劳动力的同时，有序扩大返乡创业引导和支持力度，进一步扩大“三支一扶”计划、科技特派员、特岗计划项目的覆盖范围，系统推进各类中高等职业院校和涉农高

校教师、科研人员入乡帮扶或创业，为农村产业发展和社会进步提供长期而持续的外部助力。

第二，在优先保障和加大农业农村领域一般公共预算投入的同时，加快推进农村信用体系建设，切实引导金融和保险机构面向农业农村提供各类普惠服务，加大其资金投放规模，为特色农业生产提供风险化解新路径、为撬动农村产业资金集聚提供新杠杆。

第三，进一步深化农村土地制度改革的同时，加快建设城乡统一的建设用地市场，以此提升土地要素的市场化配置水平，为激活农村土地要素的产业动能创造系统的便利条件。

第四，鼓励城市科研机构、工商企业和高校面向农村推广普及和转移先进农业技术，加快建设农村数字化基础设施和城乡一体化的产业数据共享平台，为农民农村共同富裕增添技术与数据要素的驱动力。

三、夯实农民农村共同富裕的利益联结机制

紧密的利益联结机制，是各类社会实践中解决参与主体之间内在利益摩擦、动能耗散、行为无序问题的重要保障。农民农村共同富裕实践历程中，尽管可能会出现各类潜在主体共同参与的情境，但是如果这些参与主体之间缺乏紧密的利益联结，其合作关系很可能无法保持长期稳定，从而导致共同富裕实践成为一个缺乏协同性和可控性的随机过程。

第一，充分利用地方政府的多方动员能力和桥梁纽带作用，通过财政奖补、税收优惠、公共服务采购、金融贷款贴息、优先给予集体或个人社会荣誉与社会地位等途径，建立农民农村共同富裕实践中各类潜在参与主体的利益补偿机制，将农民农村共同富裕转变成为各类潜在参与主体的共同愿景，以此稳定其收益预期、激发其行动活力。

第二，全力培育和壮大由村“两委”领办的农民专业合作社，以其为载体整合农民群体和村集体的发展资源，引入政府、下乡工商企业和社会组织的资金、技术、信息、人才等发展要素，以股份合作形式将各类潜在参与主体打造成为紧密的合作伙伴，并将政府、下乡工商企业和社会组织逐渐发展为乡村治理活动的“知心人”和“内部人”，彻底解决农民在共同富裕领域内的力量分散、意愿分散问题，真正打造出农民农村共同富裕的实践共同体。

第四节　本章小结

本章系统探究了各类应然主体所面临的动力难题，在此基础上重点论证了

农民农村共同富裕的主体逻辑，并据此提出了动力整合策略。

本书认为，农民农村共同富裕实践中的五类应然主体包括农村居民、村“两委”、地方政府、城镇企业和社会组织。其中，农民群体在共同富裕实践中面临着主体利益分散、主体动能不足且主体意愿不强两大动力难题，村“两委”面临着主体结构不合理、主体资源短缺、村庄建设资金自供给水平偏低三大动力难题，地方政府面临着财政支持能力提升困难、可调动增量资源有限两大动力难题，城镇企业则面临参与成本居高不下、制度性障碍难以在短期内消除、乡村治理结构冲突不可避免三大动力难题。

农民农村共同富裕的主体逻辑可以通过一个“角色—资源—行动—绩效”框架加以概括。第一，明晰的角色定位是农民农村共同富裕参与主体提升行动绩效的出发点。第二，着力整合各类参与主体的优势资源并提升其乡村利用效率，是农民农村共同富裕的基础保障。第三，培育和壮大各类共同体，是农民农村共同富裕的必由之路。第四，锚定动态优化村庄基础设施和公共服务目标，是农民农村共同富裕实践保持长期成效的关键。

本章进一步提出了农民农村共同富裕的三个动力整合策略。第一，完善农民农村利益诉求表达机制。第二，深化城乡要素流动机制。第三，夯实农民农村共同富裕的利益联结机制。

第七章 CHAPTER 7

农民农村共同富裕的测度、空间格局与障碍识别

本书前述各章分别从演进与生成逻辑、价值逻辑、空间逻辑、主体及其动力逻辑等角度分析了农民农村共同富裕的多重内在机理。本章将沿着上述逻辑，构建一个包括“富裕—共同”两个水平、涵盖“物质富裕、精神富裕、产业协调、城乡协调、区域协调、群体协调、制度协调、成果共享”八个维度的农民农村共同富裕评价指标体系，运用熵值法、Dagum 基尼系数分解法、Moran's I 指数和障碍度模型，对我国农民农村共同富裕水平的区域差异、空间格局演变和制约影响因素进行系统分析。

第一节　农民农村共同富裕评价体系构建与研究方法

一、农民农村共同富裕评价的理论分析与指标体系的构建

（一）理论分析

2021 年 5 月，《中共中央、国务院关于支持浙江高质量发展建设共同富裕示范区的意见》明确阐述了共同富裕的具体内涵，具有高度代表性。同时，很多学者围绕共同富裕问题进行了深入探讨，包括全体人民的共同富裕、城乡共同富裕、农民农村共同富裕等，农民农村共同富裕是城乡共同富裕命题的深化结果，也是其中的重点和难点（黄季焜，2022；万广华等，2022；韩文龙等，2023）。农民农村共同富裕是全体人民共同富裕和城乡共同富裕的重要组成部分，这一目标的实现有助于推动全体人民共同富裕和城乡共同富裕目标的实现，城乡共同富裕和全体人民共同富裕进程的加速反过来又进一步带动农民农村共同富裕；三者在发展特征、发展历程上具有高度一致性，即农民农村共同

富裕就是在农业农村高质量发展的基础上（肖华堂等，2022），通过整合各方力量、增强农民农村内生驱动力，统筹推进农民生产生活方式升级与经济、政治、文化、社会和生态文明建设，逐步缩小城乡之间、农村之间发展差距的过程与结果（王世泰等，2023；李艳等，2022；高鸣等，2022）。农业、农村和农民三者相辅相成、缺一不可，农民是主体，农业、农村作为农民收入的主要来源和生活空间，是实现农民物质富裕与精神富裕的基础、来源与载体，“三农”发展的有机结合是农民农村共同富裕目标的实现的前提条件。结合本书提出的农民农村共同富裕的内涵、特征、实现逻辑以及现有研究成果的理论启示，本章构建农民农村共同富裕的评价指标体系的主要依据如下。

第一，物质富裕和精神富裕是农民农村共同富裕的两个维度。其中，物质富裕是农民农村共同富裕的基本条件，精神富裕是农民农村共同富裕的内在要求（李琳等，2024），二者共同体现了农民基本需要和对美好生活的向往。

第二，目前，由于农村基础薄弱、农村老龄化问题日益突出、城乡要素流动受阻、农村人力资本差距等问题的存在，使得农民农村共同富裕仍然面临较多挑战，包括城乡差距、区域差距、群体收入差距等（吕德文等，2022）。因此，促进农村产业发展、实施区域联动、缩小城乡差距、协调群体收入是农民农村共同富裕水平提升的重要内容和反映，而这些差距保持在适度范围（刘培林等，2021），也是推进农民农村共同富裕必须经历的环节。

第三，农村产业的发展离不开劳动力、土地、资本等要素资源的支撑，以及规模化、机械化、集约化、数字化等经营组织方式的转变，故而要素资源配置的优化程度和经营组织方式的转型升级构成了推动农民农村共同富裕进程的关键。

第四，以绿色低碳为特征的可持续发展，应成为农业高质高效发展、农村生态宜居、农民生活方式转变的根本理念，是农民农村共同富裕的根本底色。

第五，政府在不平等、不均衡发展过程中的平衡职能对保障和实现公共服务的均等化至关重要，其对农业农村“补短板”和“促发展”领域的支持力度，体现了农民农村共同富裕中的制度保障。

第六，成果共享是农民农村共同富裕的本质特征。习近平总书记强调，“中国要实现共同富裕，但不是搞平均主义，而是要先把‘蛋糕’做大，然后通过合理的制度安排把‘蛋糕’分好，水涨船高、各得其所，让发展成果更多更公平惠及全体人民”，即共同富裕不是少数人的富裕，也不是部分地区的富裕，而是包括每个人在内的全体人民的共同富裕。因此，推进农民农村共同富裕的关键在于实现基本公共服务均等化，着重补齐农村基础设施短板，持续优化农村发展环境，同时坚持在发展中保障和不断改善民生，确保发展成果共享能够更广泛、更公平地惠及广大农民农村（赖德胜，2023）。因此，覆盖公共基础设施、教育、医疗、社会保障、生活环境等重点民生领域水平的提升，自然成为衡量农民农村共同富裕成效的核心指标（马晓君等，2024；李琳等，2024）。

（二）评价指标体系构建

基于上述分析和现有研究成果的启示，综合考虑选取指标的科学性、全面性、可获得性，本书构建出了包含"富裕—共同"两个水平，涵盖"物质富裕、精神富裕、产业协调、城乡协调、区域协调、群体协调、制度协调、成果共享"八个维度的农民农村共同富裕评价指标体系（表7-1）。

表7-1 农民农村共同富裕评价指标体系

两个水平	八个维度	指标层	指标说明	属性
富裕水平	物质富裕	农民收入水平（x1）	农村居民人均可支配收入（元）	+
		农民消费水平（x2）	农村居民人均消费支出（元）	+
		农民消费结构（x3）	农村居民家庭恩格尔系数	−
		农民住房水平（x4）	农村居民人均住房面积（$米^2$）	+
		农民智能手机拥有量（x5）	农村居民平均每百户移动电话拥有量（部）	+
		农民人均消费品零售总额（x6）	农村消费品零售总额/农村人口（元/人）	+
	精神富裕	农民人力资本水平（x7）	农民平均受教育年限（年）：年限法	+
		农民文化消费水平（x8）	农村居民人均文化娱乐消费支出（元）	+
		农村广播节目覆盖率（x9）	农村广播节目人口覆盖率（%）	+
		农村有线电视覆盖率（x10）	农村有线广播电视用户数占家庭总户数的比重（%）	+
		农村公共文化设施建设（x11）	农村每万人所拥有的文化站个数（个）	+
共同水平	产业协调	农民专业合作社数量（x12）	农民专业合作社数量（个）	+
		人均农林牧渔总产值（x13）	农林牧渔总产值/农村人口（元/人）	+
		第一产业全员劳动生产率（x14）	第一产业增加值/第一产业人员数量（万元/人）	+
		农业机械化水平（x15）	农业机械总动力/耕地总面积（千瓦/公顷）	+
		农户固定资产投资占比（x16）	农户固定资产投资金额/全社会固定资产投资总额（%）	+
		第一产业劳动力占比（x17）	第一产业劳动力数量/农村人口（%）	−
		单位产值电力消耗量（x18）	农村用电量/第一产业增加值（千瓦时/元）	−

（续）

两个水平	八个维度	指标层	指标说明	属性
共同水平	城乡协调	城镇化率（x19）	城乡人口数之比（%）	+
		城乡收入差距（x20）	城乡居民人均可支配收入之比（农村=1）	−
		城乡消费差距（x21）	城乡居民人均消费水平之比（农村=1）	−
	区域协调	地区农民收入共享水平（x22）	各地区农村居民人均可支配收入/全国农村居民可支配收入	+
		地区农民消费共享水平（x23）	各地区农村居民人均消费支出/全国农村居民人均消费支出	+
	群体协调	农民内部收入差距（x24）	农民收入基尼系数	−
		农民收入包容水平（x25）	农村居民最低生活保障平均标准/农村居民人均可支配收入	+
		低保人群占比（x26）	低保人数/总人口	−
	制度协调	单位产值的农林水事务支出（x27）	农林水事务支出与第一产业增加值之比（%）	+
		农林水事务支出占比（x28）	农林水事务支出在当年地方财政支出中所占比重（%）	+
		城乡社区事务支出占比（x29）	城乡社区事务支出占当年地方财政支出的比重（%）	+
	成果共享	农村卫生技术人员占比（x30）	农村医疗人员数量/本地区全部卫生技术人员数量	+
		农村小学教师资源水平（x31）	乡村小学专任教师中本科与研究生比例（%）	+
		农村小学师生比（x32）	农村小学专任教师数/在校生人数	+
		农村居民转移净收入占比（x33）	农村居民转移净收入/农村居民人均可支配收入	+
		农村最低生活保障平均支出（x34）	农村最低生活保障支出/农村最低生活保障人数（元/人）	+
		集中供水的行政村比例（x35）	集中供水行政村个数/行政村总数（%）	+
		农村公共设施投入占比（x36）	市政公用设施投入/建设总投入（%）	+
		绿化覆盖率（x37）	乡绿化覆盖面积/乡建成区面积（%）	+
		单位面积化肥施用量（x38）	化肥施用量/农作物总播种面积（吨/公顷）	−

1. 富裕水平评价指标

本书从物质富裕与精神富裕两个维度来反映农民农村共同富裕中“富裕”水平。一是选取农民收入水平、农民消费水平、农民消费结构、农民住房水平、农民智能手机拥有量和农民人均消费品消费总额6个指标评价农民物质富裕程度；二是选取农民人力资本水平、农民文化消费水平、农村广播节目覆盖率、农村有线电视覆盖率和农村公共文化设施建设5个指标评价农民精神富裕程度，反映满足农民精神富裕的软件和硬件设施水平。

2. 共同水平评价指标

本书从产业协调、城乡协调、区域协调、群体协调、制度协调以及成果共享6个维度评价农民农村共同富裕中的“共同”水平。一是选取农业专业合作社数量、人均农林牧渔总产值、第一产业全员劳动生产率、农业机械化水平、农户固定资产投资占比、第一产业劳动力占比和单位产值电力消耗量7个指标来评价产业协调程度；二是选取城镇化率、城乡收入差距、城乡消费差距3个典型指标来评价城乡协调程度；三是选取地区农民收入共享水平和地区农民消费共享水平2个基本指标评价区域协调程度；四是选取农民内部收入差距、农民收入包容水平和低保人群占比3个指标作为评价群体协调性的指标；五是选取单位产值的农林水事务支出、农林水事务支出占比和城乡社区事务支出占比3个指标评价制度协调性；六是选取农村医疗水平、农村教育资源、农村基础设施、农村社会保障、农村生态环境五个方面的农村卫生技术人员占比、农村小学教师资源水平、农村小学师生比、农村居民转移净收入占比、农村最低生活保障平均支出、集中供水的行政村比例、农村公共设施投入占比、绿化覆盖率和单位面积化肥施用量9个指标反映农民农村共享水平。

二、研究方法与数据来源

（一）研究方法

1. 熵值法

熵值法（entropy method）是一种基于信息熵理论的多属性决策分析方法，主要用于评估和处理多指标综合评价问题。它通过计算各指标的熵值来确定各指标的权重，从而进行综合评价或决策。它能较为客观、有效地展现各观测指标所涵盖信息的效用价值（张文彬等，2021；王刘坤等，2023），从而对指标进行客观赋权。因其客观性、全面性和信息利用率高等特点，熵值法适用于多种复杂的决策和评价场景，尤其是对于涉及多个子系统、多个层面和多维度因素的复杂系统，熵值法能够完全客观评估各因素的重要性。因此，本书采用熵值法测度农民农村共同富裕总指数以及两个水平八个维度的指数。

设 n 代表研究地域单元（本书为 30 个省、自治区、直辖市和东、中、西、东北四大区域，不含西藏自治区及中国香港、澳门、台湾地区），m 代表评价指标（m=1，2，3，…，8），T 代表研究期限（2011—2022 年）。

熵值法的基本步骤如下：

（1）数据标准化，是指对原始数据进行标准化处理，以消除量纲影响。其中，对于正向指标来说，权重越大越好，其标准化计算公式为：

$$X_{tij}=\frac{x_{tij}-\min(x_j)}{\max(x_j)-\min(x_j)} \tag{7-1}$$

对于负向指标来说，权重越小越好，其标准化计算公式为：

$$X_{tij}=\frac{\max(x_j)-x_{tij}}{\max(x_j)-\min(x_j)} \tag{7-2}$$

式（7-1）及式（7-2）中，x_{tij} 代表第 t 年第 i 省份的第 j 项指标原始值，min（x_j）和 max（x_j）分别为第 j 项指标下的最小值和最大值，X_{tij} 代表标准化的结果。

（2）计算比重，计算每个指标所占比重。

$$p_{tij}=\frac{X_{tij}}{\sum_{t=1}^{T}\sum_{i=1}^{n}X_{tij}} \tag{7-3}$$

式（7-3）中，p_{tij} 代表第 j 项指标下 X_{tij} 所占比重。

（3）计算熵值，根据比重计算每个指标的熵值。

$$e_j=-\frac{1}{\ln(Tn)}\sum_{t=1}^{T}\sum_{i=1}^{n}p_{tij}\ln p_{tij} \tag{7-4}$$

式（7-4）中，e_j 表示第 j 项指标的熵值。

（4）计算信息熵的冗余度。

$$D_j=1-e_j \tag{7-5}$$

（5）确定权重，根据冗余度计算每个指标的权重。

$$w_j=\frac{(1-D_j)}{\sum_{j=1}^{m}D_j} \tag{7-6}$$

（6）综合评价，利用权重进行综合评分，计算中国农民农村共同富裕水平总指数及两个水平八个维度的分项指数。

$$FRCPI=\sum_{j=1}^{m}w_jX_{tij} \tag{7-7}$$

2. Dagum 基尼系数及其分解

Dagum 基尼系数由意大利经济学家 Camillo Dagum 提出，是衡量收入或财富不平等的一种统计工具，它不仅考虑了总体的不均等，还可将总体不均等分解为组内不均等和组间不均等两部分，能够更为准确地反映不同收入群体之间的不均等程度。本书采用 Dagum 基尼系数分解法研究中国农民农村共同富裕发展水平的综合指数及分层指数的区域差异，并将其分解为区域内差异、区域间差异和区域间超变密度三部分（徐雪等，2022），区域间差异与区域间超变密度加总体现了区域间的总差异。

本书采用东部、中部、西部和东北地区四大区域划分方法（$K=4$）。其中，东部包括北京、天津、河北、上海、江苏、浙江、福建、山东、广东和海南 10 个省域单元；中部包括山西、安徽、江西、河南、湖北和湖南 6 个省域单元；西部包括内蒙古、广西、重庆、四川、贵州、云南、陕西、甘肃、青海、宁夏和新疆 11 个省域单元①；东北地区包括辽宁、吉林和黑龙江 3 省。

具体计算过程如下：

（1）计算 Dagum 基尼系数。公式为：

$$G=\frac{1}{2n^2\mu}\sum_{i=1}^{K}\sum_{j=1}^{K}\sum_{h=1}^{n_i}\sum_{r=1}^{n_j}|FRCPI_{ih}-FRCPI_{jr}| \qquad (7-8)$$

式（7－8）中，G 代表整体基尼系数，μ 表示农民农村共同富裕综合指数的平均值，n_i 和 n_j 分别是地区 i 和 j 组内省份的个数。

（2）计算区域内差异的贡献 G_{within}、区域间差异的净贡献 G_{nb} 和区域间超变密度 G_{hd}

$$\mu_i\leqslant\cdots\leqslant\mu_j\leqslant\cdots\leqslant\mu_k \qquad (7-9)$$

区域内的基尼系数 G_{within}（以下简写为 G_w）计算公式为：

$$G_w=\frac{1}{2n_i^2\mu_i}\sum_{h=1}^{n_i}\sum_{r=1}^{n_i}|FRCPI_{ih}-FRCPI_{ir}| \qquad (7-10)$$

则区域内差距的贡献 g_{within}（以下简写为 g_w）计算公式为：

$$g_w=\sum_{i=1}^{K}\lambda_i s_i G_w \qquad (7-11)$$

式（7－11）中，λ_i 表示地区 i 中的省份所占比重，即 $\lambda_i=\frac{n_i}{n}$，s_i 表示地区 i 农民农村共同富裕水平综合指数占比与省份占比的乘积，即 $s_i=\lambda_i\frac{\mu_i}{\mu}$。

区域间的基尼系数 $G_{between}$（以下简写为 G_b）计算公式为：

① 由于西藏自治区数据缺失较多，因而连同中国香港、澳门、台湾地区一起，不包含在本章研究样本之中。

$$G_b = \frac{1}{n_i n_j(\mu_i + \mu_j)} \sum_{h=1}^{n_i} \sum_{r=1}^{n_j} |FRCPI_{ih} - FRCPI_{jr}| \quad (7-12)$$

则区域间差异的净贡献 $g_{between}$（以下简写为 g_b）计算公式为：

$$g_b = \sum_{i=2}^{K} \sum_{j=1}^{i-1} (\lambda_j s_i + \lambda_i s_j) G_b RD_{ij} \quad (7-13)$$

式（7-13）中，RD_{ij} 表示地区 i 和地区 j 农民农村共同富裕水平的相对差距，其计算公式为：

$$RD_{ij} = \frac{(d_{ij} - q_{ij})}{(d_{ij} + q_{ij})} \quad (7-14)$$

该式中，d_{ij} 表示 i、j 两区域间农民农村共同富裕综合指数的差值，在 $\mu_i > \mu_j$ 时，d_{ij} 是在 $FRCPI_{ih} > FRCPI_{jr}$ 条件下的所有地区农民农村共同富裕水平差距（$FRCPI_{ih} - FRCPI_{jr}$）的加权平均数，对于连续的密度分布函数 $f_i(x)$ 和 $f_j(x)$，d_{ij} 可以表示为式（7-15）；q_{ij} 为超变一阶距，表示在 $\mu_i > \mu_j$ 时，q_{ij} 是在 $FRCPI_{ih} > FRCPI_{jr}$ 条件下所有农民农村共同富裕水平综合指数差距（$FRCPI_{jr} - FRCPI_{ih}$）的加权平均数，可以表示为式（7-16）。

$$d_{ij} = \int_0^{\infty} \int_0^{y} (y - x) f_j(x) f_i(y) dy \quad (7-15)$$

$$q_{ij} = \int_0^{\infty} \int_0^{y} (y - x) f_i(x) f_j(y) dy \quad (7-16)$$

区域间超变密度 G_t 的计算公式为：

$$G_t = G - G_w - G_b \quad (7-17)$$

超变密度的贡献 g_t 的计算公式为：

$$g_t = \sum_{i=1}^{K} \sum_{j=1}^{i-1} \lambda_j s_i + \lambda_i s_j) G_b (1 - RD_{ij}) \quad (7-18)$$

3. Moran's I 指数

为进一步探究中国农民农村共同富裕水平的空间分布特征，本书采用 Moran's I 指数来衡量空间相关性。Moran's I 指数是一种用于衡量空间自相关的统计量，由澳大利亚统计学家 Patricia A. Moran 于 1948 年提出。它用于评估一个变量在空间上的分布模式，判断其是否呈现出随机、聚集或分散的特征。它通过比较相邻区域（或点）的变量值与整体平均值之间的关系，来判断空间数据是否存在自相关性。如果相邻区域的值倾向于相似，则表明存在正的空间自相关；如果相邻区域的值倾向于不同，则表明存在负的空间自相关；如果值随机分布，则表明没有空间自相关。

本书引入全局空间自相关和局部空间自相关，探讨省域农民农村共同富裕水平是否存在空间相关性，其计算公式如下：

(1) 全局 Moran’s I 指数 I_{Global}，用于考察中国农民农村共同富裕是否存在空间集聚现象，其计算公式如下：

$$I_{Global}=\frac{\sum_{i=1}^{n}\sum_{j\neq i}^{n}sw_{ij}(FRCPI_i-\mu_{FRCPI_i})(FRCPI_j-\mu_{FRCPI_j})}{S^2\sum_{i=1}^{n}\sum_{j\neq i}^{n}sw_{ij}} \tag{7-19}$$

式 (7-19) 中，sw_{ij} 是空间权重矩阵中的元素，S^2 为 $FRCPI_i$ 的方差，μ_{FRCPI} 为各省域农民农村共同富裕综合指数 $FRCPI$ 的平均值。在这里，采用是否邻接创建空间权重矩阵，即 i 与 j 两个省域相邻时 $sw_{ij}=1$，不相邻时 $sw_{ij}=0$。从理论上，I_{Global} 一般介于-1 和 1 之间，$I_{Global}>0$ 表示空间正相关，越接近于 1，说明具有相似共同富裕指数的区域聚集在一起，即共同富裕高值与高值相邻，共同富裕低值与低值相邻；$I_{Global}<0$ 表示空间负相关，越接近于-1，说明共同富裕水平差距较大的区域形成集聚，即共同富裕高值与低值相邻；如果 $I_{Global}=0$ 或接近于 0，表明空间分布是随机的，不存在集聚特征。

(2) 局部 Moran’s I 指数 $I_{i,t}$，用于分析中国农民农村共同富裕存在集聚现象下以何种特征集聚及其空间集聚的演变特征，其计算公式为：

$$I_{i,t}=\frac{(FRCPI_{i,t}-\mu_{FRCPI_t})}{S^2}\sum_{j}sw_{ij}(FRCPI_{j,t}-\mu_{FRCPI_t}) \tag{7-20}$$

该式中，$I_{i,t}$ 为省域 i 在 t 年的局部 Moran’s I 统计值，$FRCPI_{i,t}$ 表示第 i 个省域在第 t 年的农民农村共同富裕指数，μ_{FRCPI_t} 表示第 t 年所有省域农民农村共同富裕指数的平均值；根据局部 Moran’s I 统计值，空间联系形式可分为 HH、LH、LL 和 HL 四类。其中，位于 HH 集聚区表示省域自身与相邻省域的农民农村共同富裕水平均高，LH 集聚区表示省域自身农民农村共同富裕水平低但相邻省域水平高，LL 集聚区表示省域自身与相邻省域的农民农村共同富裕水平均低，HL 集聚区表示省域自身农民农村共同富裕水平高但相邻省域的水平低。分布在 HH 和 LL 两个集聚区的省域存在局部空间正相关，呈现出空间集聚现象；相反，位于 HL 和 LH 两个集聚区的省域存在局部空间负相关，呈现出空间分异现象。

4. 障碍度模型

为深入分析阻碍农民农村共同富裕进程的主要影响因素，引入障碍度模型对我国农民农村共同富裕基础指标存在的障碍程度进行诊断。障碍因素识别采用因子贡献度、指标偏离度和障碍度三个指标进行综合判断。因子贡献度 F_j 表示 j 指标的综合权重，为自身指标的权重与其所属维度指标权重的乘积，表示其对农民农村共同富裕综合水平的影响程度；指标偏离度 V_{ij} 表示 i 省域单项指标与农民农村共同富裕水平之间的差距，设为单项指标准化值 X_{ij} 与 100%之差，即 $V_{ij}=1-X_{ij}$。设指标层 O_{ij} 值的计算公式为

$$O_{ij}=\frac{F_jV_{ij}}{\sum_{i=1}^{n}F_jV_{ij}}\times 100\%$$

障碍度 U_i 表示 i 省域或地区准则层对农民农村共同富裕水平的影响程度，即农民农村共同富裕发展中的障碍因素识别结果，其计算公式如下：

$$U_i=\sum_{j=1}^{n}O_{ij} \qquad (7-21)$$

其中，O_{ij} 表示单项指标对农民农村共同富裕水平的障碍度，U 表示指标 j 所属准则层对农民农村共同富裕水平的障碍度。

（二）数据来源与说明

由于中国香港、澳门、台湾地区和西藏自治区部分测度指标数据缺失，因此本章研究样本为 2011—2022 年我国 30 个省份。数据来源方面，计算农村广播节目覆盖率、农村有线电视覆盖率、人均农林牧渔总产值、城镇化率、城乡收入差距、城乡消费差距、地区农民收入共享水平、地区农民消费共享水平、低保人群占比、单位产值的农林水事务支出、农林水事务支出占比、城乡社区事务支出占比、单位面积化肥施用量等测量指标用到的相关指标数据来源于国家统计局官网的在线数据库；计算农民收入水平、农民消费水平、农民消费结构所用指标数据来源于国家统计局官网在线数据以及 2012—2023 年的《中国统计年鉴》；计算农民人均消费品零售总额、农民文化消费水平、农村公共文化设施建设、农户固定资产投资占比、第一产业劳动力占比、单位产值电力消耗量、农村卫生技术人员占比、农村最低生活保障平均支出等指标所用数据来源于 2012—2023 年的《中国农村统计年鉴》；计算农民智能手机拥有量、农村居民转移净收入占比所用数据来源于 2012—2014 年的《中国农村统计年鉴》和 2015—2023 年的《中国统计年鉴》；计算农民收入包容水平所用数据来源于 2012—2023 年的《中国社会统计年鉴》；计算农民人力资本水平所用数据来源于 2012—2023 年的《中国人口和就业统计年鉴》；计算集中供水的行政村比例、农村公共设施投入占比、绿化覆盖率、农民住房水平所用数据来源于 2012—2023 年的《中国城乡建设统计年鉴》；计算农村小学教师资源水平和农村小学师生比所用数据来源于 2012—2023 年的《中国教育统计年鉴》；计算第一产业全员劳动生产率所用数据来源于《新中国六十年统计资料汇编》；计算农民内部收入差距和农民专业合作社数量的数据来源于马克数据网。

第二节　农民农村共同富裕水平的测度结果分析

一、指标体系熵值法赋权结果分析

采用熵值法对各个指标确定的权重如表 7－2 所示。从单项指标来看，影响共同富裕水平的主要指标（权重排在前五位）为：单位产值的农林水事务支出（x27）、城镇化率（x19）、地区农民收入共享水平（x22）、农民内部收入差距（x24）和地区农民消费共享水平（x23），其权重分别为 0.752 7、0.523 7、0.516 3、0.493 2、0.483 7；对共同富裕水平影响较小的指标（权重排在后五位）为农民消费结构（x3）、集中供水的行政村比例（x35）、农村广播节目覆盖率（x9）、单位面积化肥施用量（x38）和单位产值电力消耗量（x18），其权重分别为 0.056 5、0.036 8、0.036 7、0.034 8、0.011 3。可以发现，对农民农村共同富裕水平影响较大指标与理论证明结果高度一致，主要是城乡、地区、群体以及制度等维度的协调程度，这一结果在一定程度上表明缩小城乡差距、地区差距、群体差距以及加大政府扶持力度能够较快推进农民农村共同富裕的进程。

表 7－2　农民农村共同富裕熵值法赋权结果

两个方面	八个维度	指标层	属性	权重
富裕水平	物质富裕	农民收入水平（x1）	+	0.202 5
		农民消费水平（x2）	+	0.185 6
		农民消费结构（x3）	−	0.056 5
		农民住房水平（x4）	+	0.189 4
		农民智能手机拥有量（x5）	+	0.077 1
		农民人均消费品零售总额（x6）	+	0.288 9
	精神富裕	农民人力资本水平（x7）	+	0.076 2
		农民文化消费水平（x8）	+	0.220 8
		农村广播节目覆盖率（x9）	+	0.036 7
		农村有线电视覆盖率（x10）	+	0.363 9
		农村公共文化设施建设（x11）	+	0.302 4
共同水平	产业协调	农业专业合作社数量（x12）	+	0.297 5
		人均农林牧渔总产值（x13）	+	0.157 6
		第一产业全员劳动生产率（x14）	+	0.166 6
		农业机械化水平（x15）	+	0.135 7

（续）

两个方面	八个维度	指标层	属性	权重
共同水平	产业协调	农户固定资产投资占比（x16）	+	0.165 1
		第一产业劳动力占比（x17）	−	0.066 3
		单位产值电力消耗量（x18）	−	0.011 3
	城乡协调	城镇化率（x19）	+	0.523 7
		城乡收入差距（x20）	−	0.191 5
		城乡消费差距（x21）	−	0.284 8
	区域协调	地区农民收入共享水平（x22）	+	0.516 3
		地区农民消费共享水平（x23）	+	0.483 7
	群体协调	农民内部收入差距（x24）	−	0.493 2
		农民收入包容水平（x25）	+	0.363 3
		低保人群占比（x26）	−	0.143 4
	制度协调	单位产值的农林水事务支出（x27）	+	0.752 7
		农林水事务支出占比（x28）	+	0.096 1
		城乡社区事务支出占比（x29）	+	0.151 2
	成果共享	农村卫生技术人员占比（x30）	+	0.119 5
		农村小学教师资源水平（x31）	+	0.080 6
		农村小学师生比（x32）	+	0.134 3
		农村居民转移净收入占比（x33）	+	0.111 0
		农村最低生活保障平均支出（x34）	+	0.216 4
		集中供水的行政村比例（x35）	+	0.036 8
		农村公共设施投入占比（x36）	+	0.107 3
		绿化覆盖率（x37）	+	0.159 2
		单位面积化肥施用量（x38）	−	0.034 8

二、全国农民农村共同富裕水平的测度结果分析

（一）综合指数分析

采用熵值法测算 2011—2022 年我国农民农村共同富裕水平，结果如图 7-1 所示。从总指数来看，我国农民农村共同富裕水平由 2011 年的 0.150 2 提升至 2022 年的 0.376 3，整体呈增长趋势，其平均值为 0.280 3，整体还处在较低水平，但增长之势强劲，年均增长率达到 8.71%。这一结果表明，我国农民农村共同富裕格局持续向好，这与我国乡村振兴战略、农业农村现代化发展等相关政策实施和落实密切相关。

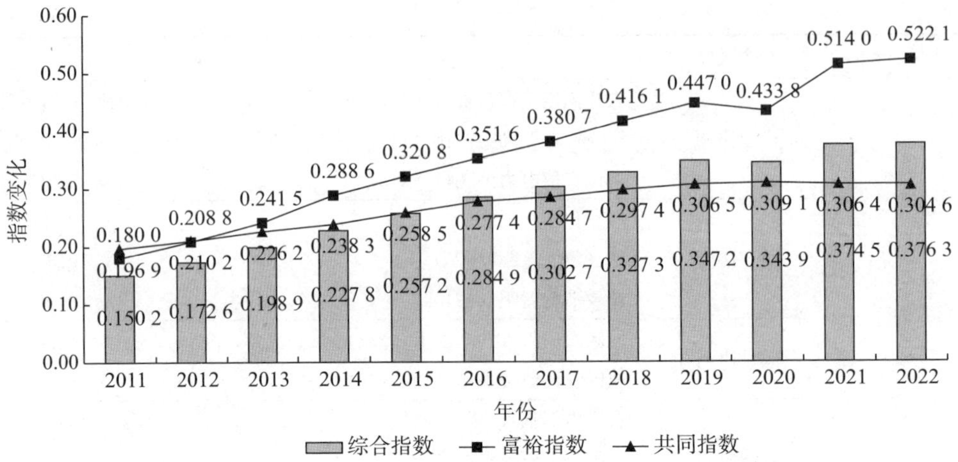

图 7－1　2011—2022 年我国农民农村共同富裕综合指数与富裕、共同两个指数变化趋势

（二）两个水平、八个维度的指数分析

通过采用熵值法测算 2011—2022 年我国农民农村共同富裕两个水平和八个维度指数。从“富裕”和“共同”两个水平来看，富裕指数从 2011 年的 0.180 0 上升到 2022 年的 0.522 1，增幅为 0.342 1，年增长率为 10.17%；共同指数从 2011 年的 0.196 9 上升到 2022 年的 0.304 6，增幅为 0.107 7，年增长率为 4.05%。这表明我国在做大“蛋糕”与分好“蛋糕”方面均取得了有效进展，但富裕水平的贡献率从 2011 年的 49.19%上升至 2022 年的 54.35%，而共同水平的贡献率则由 2011 年的 50.81%下降至 2022 年的 45.65%。进一步分析发现，富裕指数与共同指数之间的差距随时间变化出现扩大趋势，而非收敛趋势，表明公平与效率在推进农民农村共同富裕进程中没有实现均衡，效率的提升水平明显优于公平的提升水平，在一定程度上制约了农民农村共同富裕的总体质量。

从八个维度来看，区域协调维度指数呈现整体下降趋势，群体协调维度指数和制度协调维度指数呈现波动态势，其他五个维度指数整体呈现上升趋势，但其发展水平、增长速度和增长稳定性之间仍存在较大差异。①从发展水平来看，整体处于较低水平的是制度协调维度指数，从 2011 年的 0.100 2 增至 2022 年的 0.130 9；群体协调维度指数和城乡协调维度指数相对较高，2022 年两个维度发展水平分别为 0.651 6 和 0.534 1，说明城乡融合发展、农民民生保障等政策实施取得了显著的成效；物质富裕维度、精神富裕维度、产业协调维度、成果共享维度以及区域协调维度处于中等发展水平。②从增速来看，除了区域协调维度指数增速为负值（－0.71%），其他维度指数呈现增长态势。其中，物质富裕维度增长最快，年平均增速为 9.98%，其后依次为成果共享维度指数、城乡协调维度指数、精神富裕维度指数、产业协调维度指数，年均增长率分别为 5.54%、5.43%、5.40%、4.40%；制度协调维度指数和群体协调维度指数增速相对较为缓慢，其年均增长率分别为 2.46%和 1.23%。可以看出，促进农民增收、改善农村教育、医疗、基础设施、生态环境和社会环境、促进农村经济发展等仍是推进农民农村共同富裕的重要方面。③从增长稳定与否来看，城乡协调维度指数、物质富裕维度指数、成果共享维度指数、产业协调维度指数和精神富裕维度指数（2020 年特殊情况除外）的变动趋势与总指数变动趋势基本一致，均呈现稳定上升趋势，但群体协调维度指数、制度协调维度指数存在波动，区域协调维度指数甚至呈现整体下降趋势，这说明“公平”的提升、区域差距的缩小是农民农村共同富裕进程中需要破除的难题（图 7－2）。

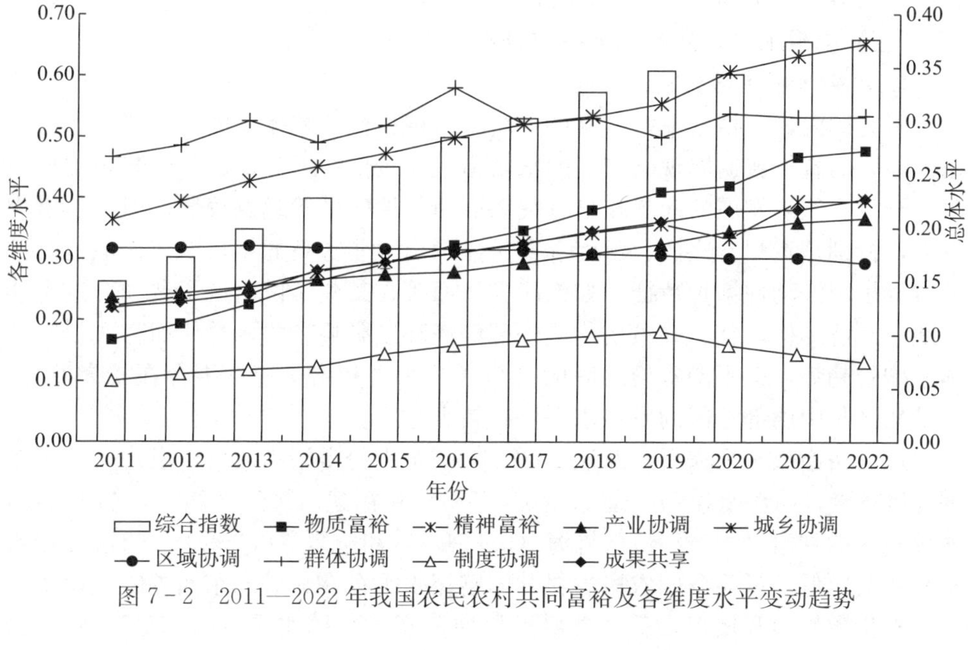

图 7－2　2011—2022 年我国农民农村共同富裕及各维度水平变动趋势

三、省域农民农村共同富裕水平的测度结果分析

（一）总指数分析

在研究期间内，30 个省份综合指数均呈现增长趋势，但总指数水平、均值和增速存在较大差异。对比 2022 年 30 个省份综合指数可以发现，位于东部地区的北京（0.855 9）、上海（0.733 2）和浙江（0.603 9）因其经济发达、

基础设施完善、地理优势明显等，农民农村共同富裕水平总指数排名前三位，且一直处于前列。受资源约束、经济基础薄弱和地理条件限制，云南（0.230 2）、甘肃（0.246 2）和青海（0.273 9）的农民农村共同富裕水平总指数相对较低。从研究期间平均值来看，农民农村共同富裕总指数超过全国平均值（0.280 3）的省份包括北京、上海、浙江、天津、江苏、福建、内蒙古和山东，仅内蒙古不属于东部地区；从增长速度来看，高于全国农民农村共同富裕总指数年均增速（8.71%）的省域包括贵州（40.67%）、甘肃、广西、云南、宁夏、新疆、安徽、湖南、重庆、四川、陕西、河南、青海、湖北、海南、江西、吉林、山西、广东、河北、黑龙江、辽宁 22 个省份，除内蒙古外包含了中部、西部和东北其他所有省份。通过上述分析可以得出，省域农民农村共同富裕的总指数水平和增速呈现出“高水平—低增速”“低水平—高增速”的特征。也就是说，我国农民农村共同富裕水平还存在非均衡化问题，且水平普遍较低（仅有 8 个省域平均值高于全国）（表 7－3）。

（二）富裕水平与共同水平指数分析

1. 富裕水平指数分析

研究期内，富裕水平指数（以下简称富裕指数）整体呈增长趋势，尤其是东部地区的省份普遍展现出较高的富裕指数和较快的增速，这可能与东部地区改革开放、经济发展的起步较早有关；而西部地区虽然起点较低，但增长潜力巨大，特别是贵州、广西、云南等省份显示出了非常高的年均增速；但也有部分省份呈现波动性增长特征，如天津、江西等在某些年份出现了波动，这可能与地方经济结构调整、政策变化或外部经济环境影响有关。总体而言，尽管整体呈增长趋势，但不同省份之间的富裕指数水平和增长速度上存在较大差异，东部地区与中西部地区的发展水平仍有较大差距。

从富裕指数水平来看，对比 2022 年 30 个省份富裕指数可以发现，位于东部地区的浙江（0.883 7）、北京（0.876 5）和福建（0.730 7）排名前三位，西部地区的甘肃（0.328 4）、青海（0.351 1）和宁夏（0.359 8）的富裕指数水平相对较低，说明我国农民农村共同富裕水平存在显著的东西差距现象。

从指数均值和增速来看，富裕指数均值超过全国水平（0.358 7）的省份包括东部地区的浙江、北京、上海、江苏、福建、天津、广东、山东，中部地区的江西和湖北以及西部地区的陕西 11 个省份。增速上，高于全国富裕指数年均增速（10.17%）的省域共 16 个，分别是西部地区的贵州（34.24%）、宁夏（23.15%）、广西（22.43%）、云南（20.17%）、新疆（17.62%）、甘肃（16.87%）、青海（13.74%）、重庆（13.31%）和陕西（11.92%），东部地区的海南（20.26%）以及中部地区的 6 个省份。

表 7-3　2011—2022 年我国省域农民农村共同富裕水平总指数得分

地区	省份	2011 年	2012 年	2013 年	2014 年	2015 年	2016 年	2017 年	2018 年	2019 年	2020 年	2021 年	2022 年	均值	增幅	年均增速（%）
东部	北京	0.493 0	0.496 1	0.568 3	0.583 8	0.703 0	0.729 1	0.794 9	0.858 3	0.901 4	0.892 4	0.911 2	0.855 9	0.732 3	0.362 9	5.14
	天津	0.282 6	0.354 2	0.386 4	0.433 5	0.454 7	0.492 2	0.495 6	0.457 6	0.467 0	0.400 4	0.442 8	0.408 8	0.423 0	0.126 2	3.41
	河北	0.101 8	0.113 2	0.153 9	0.193 6	0.192 2	0.227 5	0.211 5	0.262 9	0.242 8	0.245 4	0.274 3	0.278 6	0.208 1	0.176 8	9.58
	上海	0.509 1	0.547 8	0.535 3	0.569 9	0.602 6	0.662 1	0.777 2	0.843 3	0.865 6	0.746 9	0.814 7	0.733 2	0.684 0	0.224 1	3.37
	江苏	0.325 0	0.361 8	0.368 2	0.393 0	0.418 2	0.404 4	0.456 1	0.425 9	0.439 9	0.449 2	0.489 3	0.502 5	0.419 5	0.177 5	4.04
	浙江	0.386 5	0.376 7	0.433 4	0.470 9	0.498 1	0.519 3	0.551 0	0.557 4	0.584 2	0.573 3	0.630 1	0.603 9	0.515 4	0.217 4	4.14
	福建	0.221 5	0.226 9	0.244 7	0.259 9	0.310 2	0.341 0	0.364 3	0.386 0	0.434 7	0.411 9	0.452 8	0.477 8	0.344 3	0.256 3	7.24
	山东	0.176 4	0.177 8	0.222 5	0.221 1	0.283 5	0.300 9	0.307 1	0.341 3	0.330 2	0.334 0	0.356 4	0.363 2	0.284 5	0.186 8	6.79
	广东	0.133 5	0.172 5	0.201 7	0.210 4	0.233 4	0.254 6	0.288 4	0.352 5	0.346 7	0.344 5	0.380 2	0.372 2	0.274 2	0.238 7	9.77
	海南	0.097 3	0.112 9	0.130 1	0.156 7	0.186 3	0.226 1	0.236 9	0.277 5	0.291 9	0.268 7	0.299 6	0.297 0	0.215 1	0.199 7	10.68
中部	山西	0.139 7	0.173 2	0.187 1	0.199 7	0.241 1	0.239 2	0.255 0	0.291 6	0.294 9	0.282 5	0.355 4	0.395 0	0.254 5	0.255 3	9.91
	安徽	0.085 3	0.125 9	0.140 0	0.197 2	0.223 5	0.249 0	0.275 2	0.280 8	0.320 0	0.323 5	0.360 1	0.356 9	0.244 8	0.271 6	13.89
	江西	0.130 4	0.181 9	0.164 2	0.208 7	0.224 4	0.282 7	0.282 7	0.314 5	0.311 9	0.317 6	0.350 3	0.385 3	0.262 9	0.254 9	10.35
	河南	0.092 9	0.070 0	0.120 7	0.151 5	0.170 0	0.215 6	0.222 6	0.221 8	0.268 5	0.271 9	0.298 5	0.308 3	0.201 0	0.215 4	11.53
	湖北	0.129 7	0.144 0	0.170 4	0.203 5	0.236 4	0.259 2	0.275 5	0.338 0	0.326 6	0.321 4	0.381 0	0.397 8	0.265 3	0.268 1	10.73
	湖南	0.093 1	0.084 0	0.127 8	0.198 2	0.208 2	0.257 5	0.270 4	0.307 3	0.309 6	0.309 7	0.351 5	0.373 5	0.240 9	0.280 4	13.46

（续）

地区	省份	2011年	2012年	2013年	2014年	2015年	2016年	2017年	2018年	2019年	2020年	2021年	2022年	均值	增幅	年均增速（%）
西部	内蒙古	0.178 0	0.187 0	0.224 2	0.271 8	0.300 6	0.318 4	0.325 1	0.314 4	0.335 6	0.317 5	0.342 0	0.340 6	0.287 9	0.162 6	6.08
	广西	0.039 1	0.061 7	0.079 2	0.107 2	0.159 0	0.156 9	0.161 1	0.210 4	0.226 8	0.254 9	0.291 0	0.298 3	0.170 5	0.259 2	20.30
	重庆	0.096 9	0.133 6	0.161 5	0.174 1	0.207 0	0.220 2	0.226 2	0.244 3	0.286 7	0.342 2	0.372 5	0.382 1	0.237 3	0.285 2	13.29
	四川	0.090 1	0.109 1	0.124 3	0.166 3	0.171 4	0.219 2	0.244 8	0.242 3	0.292 4	0.291 0	0.304 4	0.313 9	0.214 1	0.223 8	12.01
	贵州	0.006 6	0.034 3	0.021 1	0.079 5	0.092 7	0.119 2	0.163 6	0.176 4	0.243 9	0.264 8	0.267 0	0.281 9	0.145 9	0.275 3	40.67
	云南	0.032 4	0.037 1	0.050 6	0.081 4	0.091 6	0.102 1	0.129 3	0.161 9	0.181 3	0.207 1	0.214 8	0.230 2	0.126 7	0.197 8	19.51
	陕西	0.095 2	0.126 0	0.138 1	0.152 9	0.195 8	0.225 9	0.220 7	0.265 7	0.271 3	0.283 7	0.311 0	0.331 4	0.218 1	0.236 2	12.01
	甘肃	0.015 6	0.044 1	0.079 0	0.088 9	0.127 5	0.176 2	0.175 2	0.229 8	0.237 6	0.231 4	0.245 6	0.246 2	0.158 1	0.230 6	28.48
	青海	0.083 4	0.121 9	0.166 4	0.204 6	0.203 4	0.217 7	0.221 7	0.236 8	0.274 7	0.279 4	0.275 4	0.273 9	0.213 3	0.190 5	11.41
	宁夏	0.062 6	0.116 9	0.135 9	0.152 7	0.152 8	0.184 7	0.235 3	0.219 9	0.260 2	0.264 7	0.289 8	0.276 5	0.196 0	0.213 9	14.46
	新疆	0.068 4	0.093 0	0.120 6	0.116 2	0.127 8	0.146 3	0.126 3	0.184 2	0.229 6	0.234 2	0.226 2	0.293 5	0.163 9	0.225 1	14.16
东北	辽宁	0.116 9	0.135 5	0.187 3	0.202 7	0.232 0	0.274 6	0.258 2	0.256 3	0.283 3	0.271 8	0.304 6	0.299 5	0.235 2	0.182 6	8.93
	吉林	0.100 8	0.136 2	0.164 4	0.212 3	0.233 2	0.267 5	0.268 7	0.258 0	0.262 9	0.291 3	0.320 5	0.294 0	0.234 2	0.193 2	10.22
	黑龙江	0.122 0	0.122 8	0.159 7	0.171 8	0.233 7	0.258 5	0.259 9	0.301 4	0.294 6	0.290 0	0.322 4	0.318 5	0.237 9	0.196 5	9.11

从四大地区内部来看，东部地区中大多数省份的年均值高于全国水平，虽然年均增长率低于全国水平，但仍呈现出稳定的增长趋势，这与东部地区改革开放和经济起步较早以及基础设施较为完善有关，也得益于这些地区经济活力较强，创新能力和产业升级速度快，这些因素共同为富裕指数的提高提供了持续动力；中部地区省份年均值大都接近于全国水平，且6个省份的年均增长率均高于全国水平，呈现出较为均衡的发展态势，显示出强劲的增长势头；西部地区中大部分省份的年均值低于全国水平，且差距较大，但除了四川和内蒙古之外的其他省份的年均增长率均高于全国水平，尤其是贵州（34.24%）更是显示出极高的增长潜力，表明西部大开发政策的实施对提升当地经济发展水平和富裕指数起到了重要作用；东北地区中所有省份的年均值和年均增长率均低于全国水平，这与其正处在经济结构转型的过程中存在一定关联。总体而言，东部地区的富裕指数较高且增长稳定，中部地区和西部地区虽然起点较低但增长潜力大，东北地区则在经济转型中稳步增长。这些特征反映了我国各地区经济发展的不平衡性以及国家政策对区域发展的宏观影响（表7-4）。

2. 共同水平指数分析

研究期内，大多数省份的共同水平指数（以下简称共同指数）呈现出逐年增长的趋势，特别是在2015年后许多省份的增长速度加快，反映出各省份在推动共同水平上取得了一定的成效。同时，也有部分省份的共同指数在某些年份出现波动或下降，显示出发展过程中的不稳定性。这些特征也反映了中国各省份在共同富裕进程中的多样性和复杂性。

从指数水平来看，对比2022年30个省份共同指数可以发现，位于东部地区的上海（0.740 0）、北京（0.721 6）和浙江（0.404 1）排名前三位，西部地区的贵州（0.180 7）、云南（0.198 2）和陕西（0.218 1）的共同指数相对较低，反映出我国不同省份在共同指数上存在巨大差异，东部地区表现突出，而西部地区面临较大的挑战。

从指数均值来看，共同指数超过全国平均值（0.316 8）的省份包括东部地区的北京、上海、天津、浙江、江苏、福建、山东和西部地区的内蒙古8个省份。

从增长速度来看，高于全国共同指数年均增速（4.05%）的省域包括甘肃（9.29%）、四川（7.32%）、广西（6.06%）、吉林（5.99%）、重庆（5.92%）、贵州（5.63%）、湖南（5.45%）、安徽（5.14%）、广东（5.08%）、云南（4.94%）、黑龙江（4.83%）、湖北（4.74%）、江西（4.73%）、上海（4.67%）、宁夏（4.57%）、青海（4.54%）、陕西（4.52%）、河北（4.47%）、河南（4.44%）、辽宁（4.39%）和山东（4.13%）共21个省份。

表 7-4　2011—2022 年我国省域富裕水平指数得分

地区	省份	2011年	2012年	2013年	2014年	2015年	2016年	2017年	2018年	2019年	2020年	2021年	2022年	均值	增幅	年均增速（%）
东部	北京	0.429 6	0.479 1	0.586 7	0.575 8	0.613 5	0.663 4	0.685 7	0.715 0	0.787 9	0.846 9	0.922 7	0.876 5	0.681 9	0.446 9	6.70
	天津	0.217 0	0.277 4	0.311 7	0.345 0	0.382 8	0.415 9	0.489 2	0.486 3	0.476 5	0.425 3	0.573 0	0.552 9	0.412 8	0.335 9	8.88
	河北	0.144 6	0.161 7	0.187 1	0.241 2	0.261 6	0.291 3	0.308 2	0.341 4	0.360 2	0.323 5	0.379 5	0.389 7	0.282 5	0.245 0	9.43
	上海	0.565 3	0.533 5	0.574 8	0.587 7	0.588 3	0.573 3	0.595 1	0.656 1	0.641 4	0.487 1	0.580 2	0.539 6	0.576 9	−0.025 6	−0.42
	江苏	0.402 4	0.457 0	0.481 4	0.526 0	0.551 5	0.524 9	0.564 2	0.557 5	0.597 3	0.551 9	0.641 7	0.666 6	0.543 5	0.264 2	4.69
	浙江	0.425 8	0.475 2	0.528 4	0.595 2	0.661 1	0.698 0	0.744 5	0.787 4	0.835 6	0.822 9	0.970 6	0.883 7	0.702 4	0.458 0	6.86
	福建	0.301 9	0.303 6	0.331 5	0.385 2	0.397 0	0.445 4	0.487 4	0.530 2	0.644 3	0.595 1	0.696 2	0.730 7	0.487 4	0.428 8	8.37
	山东	0.236 7	0.244 8	0.290 7	0.269 3	0.352 8	0.390 3	0.405 5	0.437 9	0.430 6	0.431 9	0.464 5	0.473 2	0.369 0	0.236 5	6.50
	广东	0.214 6	0.237 3	0.290 7	0.281 1	0.290 8	0.333 6	0.447 9	0.488 6	0.508 8	0.493 2	0.591 4	0.573 4	0.395 9	0.358 7	9.34
	海南	0.056 0	0.094 0	0.130 9	0.191 8	0.246 1	0.260 6	0.310 7	0.397 8	0.390 9	0.372 6	0.450 4	0.426 2	0.277 3	0.370 2	20.26
中部	山西	0.156 0	0.202 5	0.226 3	0.293 3	0.314 6	0.330 4	0.331 6	0.364 3	0.372 8	0.356 1	0.573 4	0.641 2	0.346 9	0.485 2	13.71
	安徽	0.075 8	0.100 5	0.146 2	0.211 4	0.245 5	0.278 5	0.304 7	0.341 7	0.402 3	0.403 6	0.494 0	0.496 6	0.291 7	0.420 7	18.63
	江西	0.211 9	0.252 6	0.284 0	0.335 6	0.363 1	0.452 0	0.474 9	0.503 4	0.505 3	0.506 7	0.576 7	0.633 1	0.424 9	0.421 1	10.46
	河南	0.089 6	0.111 3	0.143 5	0.196 3	0.222 5	0.251 3	0.267 0	0.308 4	0.343 1	0.323 8	0.395 0	0.410 7	0.255 2	0.321 0	14.84
	湖北	0.191 1	0.227 5	0.252 5	0.310 3	0.365 7	0.405 0	0.414 5	0.463 8	0.512 9	0.487 4	0.618 5	0.631 3	0.406 7	0.440 2	11.48
	湖南	0.119 1	0.140 1	0.182 4	0.267 8	0.320 8	0.392 7	0.427 4	0.426 8	0.458 7	0.423 9	0.522 6	0.561 4	0.353 6	0.442 3	15.13

（续）

地区	省份	2011 年	2012 年	2013 年	2014 年	2015 年	2016 年	2017 年	2018 年	2019 年	2020 年	2021 年	2022 年	均值	增幅	年均增速（%）
	内蒙古	0.182 2	0.211 2	0.241 8	0.325 4	0.341 9	0.367 7	0.384 1	0.406 9	0.395 9	0.390 6	0.445 4	0.426 2	0.343 3	0.244 0	8.03
	广西	0.049 8	0.099 7	0.124 4	0.178 5	0.241 6	0.248 1	0.250 2	0.289 1	0.328 8	0.323 8	0.433 2	0.461 7	0.252 4	0.411 9	22.43
	重庆	0.151 2	0.175 2	0.181 7	0.232 3	0.251 9	0.262 3	0.302 3	0.328 7	0.439 8	0.493 7	0.576 9	0.597 7	0.332 8	0.446 5	13.31
	四川	0.192 0	0.218 5	0.244 8	0.275 7	0.304 6	0.320 1	0.342 6	0.376 0	0.417 0	0.408 8	0.455 5	0.471 8	0.335 6	0.279 8	8.52
	贵州	0.021 0	0.045 9	0.037 2	0.118 1	0.158 8	0.210 8	0.280 3	0.323 3	0.397 6	0.439 9	0.497 0	0.534 6	0.255 4	0.513 6	34.24
西部	云南	0.049 5	0.071 9	0.093 7	0.154 4	0.174 3	0.202 6	0.236 7	0.267 1	0.318 1	0.314 2	0.347 4	0.373 4	0.216 9	0.323 9	20.17
	陕西	0.168 7	0.198 9	0.218 9	0.277 6	0.301 0	0.335 4	0.348 6	0.420 8	0.450 4	0.471 5	0.537 3	0.582 3	0.359 3	0.413 5	11.92
	甘肃	0.059 1	0.074 7	0.105 1	0.159 7	0.189 3	0.228 8	0.251 7	0.284 3	0.305 2	0.294 2	0.329 2	0.328 4	0.217 5	0.269 2	16.87
	青海	0.085 2	0.114 2	0.155 3	0.200 4	0.225 9	0.252 3	0.287 5	0.318 6	0.348 1	0.350 3	0.386 5	0.351 1	0.256 3	0.265 9	13.74
	宁夏	0.036 4	0.062 4	0.092 7	0.148 4	0.172 7	0.200 7	0.232 4	0.258 9	0.321 1	0.313 6	0.360 5	0.359 8	0.213 3	0.323 4	23.15
	新疆	0.080 2	0.109 6	0.124 7	0.160 3	0.167 3	0.198 6	0.194 1	0.244 4	0.284 3	0.285 7	0.305 9	0.478 4	0.219 5	0.398 2	17.62
	辽宁	0.169 8	0.203 9	0.238 6	0.293 0	0.324 1	0.359 1	0.380 0	0.418 6	0.389 4	0.371 7	0.449 3	0.426 3	0.335 3	0.256 4	8.73
东北	吉林	0.171 9	0.206 3	0.231 3	0.301 1	0.326 3	0.351 7	0.348 4	0.380 0	0.372 0	0.375 9	0.453 1	0.399 6	0.326 5	0.227 6	7.97
	黑龙江	0.144 3	0.172 0	0.207 4	0.218 9	0.268 0	0.303 0	0.323 5	0.360 4	0.373 2	0.327 6	0.392 8	0.384 5	0.289 6	0.240 2	9.32

从四大地区内部来看，东部地区中大多数省份的年均增长率高于全国水平，显示出较强的增长动力，其中，广东年均增长率最高为5.08%；中部地区的所有省份的年均增长率均高于全国水平，增长势头强劲，最高的省份为湖南（5.45%）；西部地区中大部分省份的年均增长率高于全国水平，尤其是甘肃（9.29%），显示出极高的增长潜力；东北地区中所有省份的年均增长率均高于全国水平，增长表现良好，吉林最高为5.99%。

综上所述，不同省域的共同水平和增长趋势存在明显差异，其中东部地区和东北地区的省份普遍表现较好，而西部地区虽然整体水平较低但增长潜力巨大（表7-5）。

（三）八个维度指数分析

基于熵值法计算的省域八个维度指数结果如下。

1. 物质富裕维度指数分析

研究期内，30个省份的物质富裕指数普遍呈现逐年增长的趋势，说明全国范围内物质富裕水平均在提升。东部地区的增长趋势较为显著，西部地区虽然增长，但因起点较低，增长后仍与东部地区有差距；部分省份的增长趋势中存在波动，如天津和海南，这可能与地区特定的经济政策或外部经济环境变化有关。

从指数水平来看，对比2022年30个省份物质富裕维度指数可以发现，高于全国物质富裕维度指数（0.476 5）的省份有13个，分别是东部地区的浙江（0.880 8）、北京（0.831 7）、江苏（0.751 8）、福建（0.661 4）、上海（0.640 2）、广东（0.559 1）和山东（0.485 3），中部地区的湖北（0.533 6）、湖南（0.523 8）、江西（0.511 4）和安徽（0.504 3）以及西部地区的重庆（0.597 8）和陕西（0.490 7），而东北地区和大部分的西部省份大都低于全国水平。从指数均值来看，东部地区的浙江、上海、北京、江苏、福建、天津、山东和广东，中部地区的湖北以及西部地区的重庆共10个省份高于全国水平，表明我国农民农村共同富裕中物质富裕上因各省份经济发展的不均衡存在很大差距，东部地区明显富于其他地区。

从增长速度来看，高于全国物质富裕维度指数年均增速（9.98%）的省份包括西部的贵州、新疆、甘肃、重庆、宁夏、云南、广西、陕西、青海和四川，东部地区的海南和福建，中部地区的安徽、湖南、江西和河南，以及东北地区的辽宁和黑龙江，共18个省份。

从四大地区内部来看，东部地区大多数省份物质富裕指数水平、均值高于全国水平，但增速却低于全国水平；相反，西部和东北地区中大多数省份的物质富裕指数水平、均值低于全国水平，而年均增长率却高于全国水平，仍呈现出“高水平—低增速”“低水平—高增速”的现象，表明低水平省份具有较强劲的追赶效应，有利于缩小省份之间的差距，推进农民农村共同富裕进程（表7-6）。

表 7-5　2011—2022 年我国省域共同水平指数得分

地区	省份	2011 年	2012 年	2013 年	2014 年	2015 年	2016 年	2017 年	2018 年	2019 年	2020 年	2021 年	2022 年	均值	增幅	年均增速（%）
东部	北京	0.496 9	0.475 5	0.510 8	0.535 5	0.664 9	0.672 0	0.742 7	0.806 6	0.823 2	0.782 0	0.766 9	0.721 6	0.666 6	0.224 7	3.45
	天津	0.342 9	0.401 4	0.424 0	0.465 8	0.473 0	0.502 8	0.469 7	0.424 0	0.440 7	0.383 8	0.361 4	0.329 3	0.418 2	−0.013 6	−0.37
	河北	0.154 7	0.160 1	0.197 9	0.219 8	0.207 8	0.236 6	0.208 0	0.255 2	0.220 6	0.242 5	0.250 0	0.250 2	0.216 9	0.095 5	4.47
	上海	0.447 9	0.512 3	0.475 7	0.512 2	0.552 6	0.634 4	0.766 6	0.817 8	0.853 2	0.783 7	0.820 8	0.740 0	0.659 8	0.292 1	4.67
	江苏	0.301 5	0.319 6	0.315 1	0.323 4	0.341 8	0.338 1	0.382 4	0.348 4	0.345 5	0.380 2	0.384 5	0.388 3	0.347 4	0.086 7	2.33
	浙江	0.366 2	0.328 9	0.372 5	0.385 2	0.385 6	0.393 1	0.409 0	0.395 2	0.404 1	0.396 9	0.392 6	0.404 1	0.386 1	0.037 9	0.90
	福建	0.223 7	0.229 6	0.237 6	0.229 1	0.285 8	0.299 5	0.307 2	0.312 5	0.315 1	0.311 8	0.311 3	0.324 9	0.282 3	0.101 2	3.45
	山东	0.200 7	0.198 4	0.230 7	0.239 8	0.275 1	0.277 6	0.277 7	0.303 8	0.293 7	0.297 8	0.309 1	0.313 1	0.268 1	0.112 4	4.13
	广东	0.158 5	0.195 5	0.204 7	0.220 4	0.244 2	0.248 8	0.232 9	0.291 9	0.274 4	0.279 7	0.274 2	0.273 4	0.241 6	0.114 9	5.08
	海南	0.194 0	0.194 2	0.196 9	0.199 0	0.208 3	0.250 4	0.238 5	0.244 7	0.266 1	0.246 5	0.245 5	0.254 6	0.228 2	0.060 6	2.50
中部	山西	0.195 9	0.214 1	0.219 3	0.201 0	0.241 6	0.231 2	0.250 3	0.279 3	0.279 0	0.272 1	0.252 5	0.267 2	0.242 0	0.071 3	2.86
	安徽	0.169 1	0.207 1	0.201 4	0.239 4	0.254 9	0.269 8	0.289 2	0.277 3	0.295 3	0.298 9	0.298 6	0.293 3	0.257 9	0.124 2	5.14
	江西	0.156 0	0.199 5	0.161 4	0.190 6	0.196 2	0.223 6	0.211 9	0.237 1	0.232 9	0.239 2	0.244 4	0.259 3	0.212 7	0.103 3	4.73
	河南	0.171 4	0.132 0	0.178 8	0.190 2	0.199 9	0.242 1	0.242 8	0.220 8	0.261 3	0.275 4	0.272 3	0.276 5	0.222 0	0.105 1	4.44
	湖北	0.165 7	0.165 0	0.185 1	0.197 0	0.209 9	0.218 3	0.233 8	0.286 4	0.247 3	0.253 8	0.261 3	0.275 8	0.224 9	0.110 1	4.74
	湖南	0.156 8	0.134 7	0.167 7	0.212 0	0.197 6	0.222 5	0.220 8	0.267 1	0.253 6	0.271 5	0.273 4	0.281 1	0.221 6	0.124 3	5.45

（续）

地区	省份	2011年	2012年	2013年	2014年	2015年	2016年	2017年	2018年	2019年	2020年	2021年	2022年	均值	增幅	年均增速（%）
西部	内蒙古	0.230 3	0.226 8	0.257 6	0.274 4	0.301 9	0.310 9	0.310 9	0.286 0	0.318 0	0.298 2	0.300 9	0.308 9	0.285 4	0.078 6	2.70
	广西	0.124 7	0.127 6	0.136 8	0.144 0	0.176 5	0.170 6	0.174 8	0.216 4	0.216 7	0.254 2	0.243 5	0.238 1	0.185 3	0.113 4	6.06
	重庆	0.145 2	0.178 7	0.210 2	0.200 1	0.231 1	0.242 3	0.229 4	0.238 4	0.234 8	0.276 5	0.272 0	0.273 4	0.227 7	0.128 2	5.92
	四川	0.116 0	0.126 2	0.131 7	0.168 2	0.160 0	0.211 5	0.232 0	0.211 9	0.253 4	0.255 9	0.248 9	0.252 4	0.197 3	0.136 4	7.32
	贵州	0.098 9	0.120 8	0.108 7	0.140 3	0.136 1	0.142 6	0.162 6	0.156 6	0.202 9	0.207 5	0.181 2	0.180 7	0.153 2	0.081 8	5.63
	云南	0.116 6	0.111 0	0.116 7	0.124 3	0.126 8	0.125 6	0.142 0	0.167 2	0.165 4	0.199 5	0.192 3	0.198 2	0.148 8	0.081 6	4.94
	陕西	0.134 1	0.157 1	0.162 0	0.150 7	0.192 2	0.212 2	0.198 9	0.218 3	0.210 2	0.214 9	0.215 5	0.218 1	0.190 3	0.084 0	4.52
	甘肃	0.090 7	0.118 3	0.146 3	0.130 9	0.163 9	0.204 5	0.191 5	0.243 0	0.242 1	0.239 9	0.239 8	0.241 0	0.187 7	0.150 3	9.29
	青海	0.162 0	0.195 1	0.229 7	0.254 2	0.239 8	0.244 2	0.231 3	0.234 2	0.266 5	0.271 2	0.247 9	0.264 0	0.236 7	0.102 0	4.54
	宁夏	0.160 8	0.215 2	0.223 5	0.216 1	0.203 9	0.229 4	0.276 2	0.243 6	0.262 2	0.271 5	0.279 0	0.262 8	0.237 0	0.102 0	4.57
	新疆	0.145 7	0.161 5	0.188 2	0.164 6	0.175 4	0.182 6	0.160 0	0.206 5	0.242 7	0.247 8	0.227 6	0.223 6	0.193 8	0.077 9	3.97
东北	辽宁	0.160 5	0.166 4	0.213 3	0.204 8	0.225 5	0.260 8	0.229 7	0.207 7	0.256 2	0.250 8	0.252 3	0.257 6	0.223 8	0.097 1	4.39
	吉林	0.139 5	0.166 1	0.188 5	0.212 7	0.225 8	0.255 6	0.258 9	0.229 5	0.239 6	0.273 0	0.270 2	0.264 3	0.227 0	0.124 8	5.99
	黑龙江	0.179 9	0.166 8	0.194 7	0.204 1	0.256 1	0.269 2	0.260 5	0.293 4	0.278 5	0.296 0	0.303 1	0.302 5	0.250 4	0.122 6	4.83

表 7-6　2011—2022 年我国省域物质富裕维度指数得分

地区	省份	2011 年	2012 年	2013 年	2014 年	2015 年	2016 年	2017 年	2018 年	2019 年	2020 年	2021 年	2022 年	均值	增幅	年均增速（%）
东部	北京	0.319 3	0.355 0	0.382 7	0.485 6	0.515 5	0.535 9	0.550 8	0.576 0	0.656 3	0.777 1	0.857 3	0.831 7	0.570 3	0.512 4	9.09
	天津	0.239 5	0.265 7	0.311 8	0.352 5	0.393 8	0.413 3	0.437 1	0.439 8	0.432 6	0.410 9	0.458 2	0.461 5	0.384 7	0.222 0	6.14
	河北	0.171 9	0.191 2	0.222 0	0.254 6	0.280 8	0.308 9	0.345 7	0.374 0	0.356 1	0.344 1	0.365 8	0.376 0	0.299 3	0.204 1	7.38
	上海	0.514 3	0.463 2	0.509 1	0.548 0	0.569 3	0.613 2	0.622 4	0.720 3	0.708 7	0.625 5	0.672 3	0.640 2	0.600 5	0.125 9	2.01
	江苏	0.275 1	0.315 7	0.349 6	0.386 9	0.421 2	0.473 9	0.509 0	0.549 7	0.586 3	0.588 3	0.695 3	0.751 8	0.491 9	0.476 7	9.57
	浙江	0.374 6	0.426 4	0.470 8	0.529 8	0.586 7	0.645 9	0.712 0	0.757 0	0.791 5	0.839 2	0.835 2	0.880 8	0.654 2	0.506 2	8.08
	福建	0.219 9	0.245 9	0.277 9	0.315 5	0.345 1	0.373 5	0.409 1	0.429 1	0.569 1	0.556 5	0.634 1	0.661 4	0.419 8	0.441 5	10.53
	山东	0.211 8	0.247 5	0.281 4	0.329 1	0.370 4	0.414 6	0.439 8	0.459 1	0.436 1	0.437 6	0.482 0	0.485 3	0.382 9	0.273 5	7.83
	广东	0.215 2	0.228 0	0.264 3	0.304 3	0.334 2	0.369 7	0.398 2	0.445 4	0.458 7	0.479 1	0.533 3	0.559 1	0.382 5	0.343 9	9.07
	海南	0.076 6	0.107 8	0.136 8	0.175 3	0.224 2	0.244 6	0.267 6	0.300 7	0.335 0	0.358 5	0.411 1	0.403 2	0.253 5	0.326 6	16.30
中部	山西	0.129 9	0.172 8	0.195 1	0.222 7	0.238 4	0.263 7	0.273 1	0.312 1	0.312 2	0.313 4	0.387 4	0.365 7	0.265 5	0.235 8	9.86
	安徽	0.128 3	0.158 5	0.180 3	0.219 8	0.247 9	0.283 4	0.320 1	0.364 8	0.431 7	0.444 2	0.503 4	0.504 3	0.315 6	0.376 0	13.25
	江西	0.161 1	0.188 4	0.220 8	0.257 7	0.287 6	0.311 7	0.322 7	0.354 2	0.396 3	0.416 6	0.476 4	0.511 4	0.325 4	0.350 3	11.07
	河南	0.145 7	0.168 2	0.188 6	0.224 9	0.250 2	0.282 8	0.303 9	0.341 6	0.364 9	0.380 5	0.414 7	0.431 6	0.291 5	0.285 9	10.37
	湖北	0.199 7	0.232 7	0.265 9	0.304 1	0.340 7	0.374 2	0.389 8	0.449 6	0.488 3	0.455 4	0.504 3	0.533 5	0.378 2	0.333 9	9.34
	湖南	0.144 0	0.166 1	0.200 9	0.240 1	0.260 0	0.299 5	0.314 2	0.336 0	0.380 4	0.393 1	0.491 4	0.523 3	0.312 5	0.379 8	12.46

（续）

地区	省份	2011年	2012年	2013年	2014年	2015年	2016年	2017年	2018年	2019年	2020年	2021年	2022年	均值	增幅	年均增速（%）
西部	内蒙古	0.149 0	0.175 8	0.210 0	0.249 0	0.278 4	0.308 1	0.312 0	0.355 0	0.330 8	0.330 8	0.367 9	0.369 7	0.286 4	0.220 7	8.61
	广西	0.094 8	0.118 1	0.143 2	0.172 6	0.200 8	0.225 0	0.256 3	0.283 5	0.298 7	0.304 0	0.345 2	0.360 3	0.233 5	0.265 5	12.91
	重庆	0.149 4	0.175 8	0.194 6	0.229 8	0.245 0	0.258 1	0.286 9	0.318 4	0.472 5	0.498 6	0.574 5	0.597 8	0.333 5	0.448 4	13.43
	四川	0.150 5	0.172 3	0.209 7	0.248 2	0.281 4	0.318 8	0.333 5	0.378 0	0.414 7	0.417 4	0.462 3	0.471 6	0.321 5	0.321 1	10.94
	贵州	0.041 3	0.067 0	0.098 8	0.140 7	0.173 2	0.210 9	0.234 8	0.240 1	0.290 9	0.337 5	0.373 8	0.351 1	0.213 3	0.309 8	21.47
	云南	0.100 4	0.125 6	0.148 4	0.185 9	0.208 0	0.238 4	0.257 7	0.284 0	0.356 9	0.331 6	0.359 3	0.382 9	0.248 3	0.282 5	12.94
	陕西	0.152 4	0.176 8	0.189 3	0.219 2	0.236 9	0.263 9	0.288 2	0.306 4	0.326 9	0.396 4	0.438 2	0.490 7	0.290 4	0.338 3	11.21
	甘肃	0.065 7	0.094 3	0.124 7	0.156 2	0.183 1	0.211 8	0.246 3	0.261 9	0.271 8	0.278 5	0.307 7	0.314 4	0.209 7	0.248 7	15.29
	青海	0.106 7	0.130 9	0.169 3	0.192 0	0.209 6	0.228 6	0.253 7	0.288 9	0.318 1	0.328 6	0.357 2	0.339 9	0.243 6	0.233 2	11.11
	宁夏	0.094 2	0.121 0	0.153 5	0.182 6	0.199 3	0.221 9	0.248 7	0.259 5	0.333 1	0.346 0	0.355 1	0.362 8	0.239 8	0.268 6	13.04
	新疆	0.059 8	0.079 6	0.107 5	0.123 3	0.138 8	0.165 1	0.175 2	0.219 8	0.269 7	0.289 1	0.295 1	0.316 5	0.186 6	0.256 7	16.36
东北	辽宁	0.103 0	0.138 3	0.175 7	0.220 1	0.253 7	0.289 5	0.312 5	0.372 4	0.330 3	0.352 0	0.405 4	0.398 4	0.279 3	0.295 4	13.09
	吉林	0.126 3	0.154 1	0.191 9	0.223 4	0.247 0	0.272 3	0.282 4	0.306 5	0.269 2	0.270 5	0.306 4	0.295 1	0.245 4	0.168 8	8.02
	黑龙江	0.098 8	0.124 6	0.158 4	0.198 9	0.222 9	0.251 3	0.285 3	0.314 1	0.289 5	0.278 8	0.320 4	0.321 6	0.238 7	0.222 8	11.33

2. 精神富裕维度指数

研究期内，除上海和江苏以外，其他 28 个省份的精神富裕指数亦普遍呈现出逐年增长的趋势，且普遍低于物质富裕指数水平，表明精神富裕对当前农民农村共同富裕的贡献相对物质富裕低，今后有必要重点提升农民农村的精神富裕水平。

从指数水平看，对比 2022 年 30 个省份物质富裕维度指数可以发现，高于全国精神富裕维度指数（0.395 7）的省份分别是中部地区的山西（0.628 8）、江西（0.503 7）、湖北（0.484 1）、湖南（0.406 3），东部地区的北京（0.548 2）、浙江（0.518 3）、福建（0.504 5）和天津（0.445 2），以及西部地区的贵州（0.510 0）、新疆（0.468 7）、陕西（0.458 0）和广西（0.413 7），共有 12 个省份，而东北三省都低于全国水平。从研究期内精神富裕指数均值来看，东部地区的北京、浙江、江苏、福建、上海、天津和广东，中部地区的江西、山西、湖北和湖南、西部地区的陕西、内蒙古以及东北地区的吉林和辽宁共 15 省份高于全国水平。可以看出，我国省域层面上精神富裕仍然存在差异，但由于西部大开发、东北振兴以及中部崛起战略以及乡村振兴战略的实施，使得省份之间精神富裕发展相对均衡，差距比物质富裕小。

从增长速度来看，高于全国精神富裕维度指数年均增速（5.40%）的省份有 18 个，其中西部地区的贵州、广西和中部地区的山西排在前列，年均增速分别为 13.47%、11.90%和 9.92%，且西部地区仅有内蒙古和四川低于全国增速，其余低于全国增速的省份都是东部地区和东北地区，中部 6 省份的精神富裕指数均高于全国平均增速。可见，中部和西部地区的追赶效应明显。

整体而言，各省份精神富裕水平上虽然存在差异，但差异程度较低，而且西部地区的省份显现出强劲的增长势头；相对于物质富裕指数来看，江苏和上海的精神富裕水平在研究期内的增幅为负值（分别为－0.0537 和－0.1308），表明在推进农民农村精神富裕方面省份之间相对较为均衡，东部地区并未显示出明显优势（表 7－7）。

3. 产业协调维度指数分析

研究期内，30 个省份的产业协调维度指数整体上呈现出逐年增长的趋势，东部地区、中部地区以及东北地区的省份明显优于西部地区，但西部地区的部分省份增长势头强劲，追赶效应明显。

表 7-7　2011—2022 年我国省域精神富裕维度指数得分

地区	省份	2011 年	2012 年	2013 年	2014 年	2015 年	2016 年	2017 年	2018 年	2019 年	2020 年	2021 年	2022 年	均值	增幅	年均增速（%）
东部	北京	0.406 8	0.439 1	0.548 7	0.454 2	0.476 5	0.521 4	0.536 9	0.552 8	0.578 4	0.555 2	0.584 5	0.548 2	0.516 9	0.141 4	2.75
	天津	0.210 1	0.263 3	0.268 7	0.277 2	0.290 8	0.315 9	0.386 7	0.380 9	0.374 6	0.329 3	0.472 3	0.445 2	0.334 6	0.235 1	7.07
	河北	0.175 1	0.180 6	0.187 4	0.227 7	0.232 0	0.246 0	0.237 6	0.255 8	0.292 9	0.257 6	0.308 9	0.313 3	0.242 9	0.138 2	5.43
	上海	0.418 6	0.420 2	0.434 3	0.419 4	0.403 3	0.350 3	0.369 7	0.366 8	0.358 0	0.235 4	0.312 1	0.287 8	0.364 7	−0.130 8	−3.35
	江苏	0.408 6	0.443 2	0.446 2	0.471 3	0.475 3	0.401 1	0.421 5	0.381 2	0.400 9	0.343 7	0.369 1	0.354 8	0.409 7	−0.053 8	−1.27
	浙江	0.358 5	0.378 0	0.407 9	0.442 9	0.478 5	0.476 9	0.481 4	0.498 3	0.530 0	0.476 8	0.660 4	0.518 3	0.475 7	0.159 8	3.41
	福建	0.329 2	0.310 9	0.319 7	0.355 6	0.346 7	0.383 4	0.406 5	0.442 9	0.471 9	0.421 7	0.483 9	0.504 5	0.398 1	0.175 3	3.96
	山东	0.256 1	0.237 7	0.267 0	0.203 3	0.272 7	0.283 6	0.282 2	0.306 6	0.315 8	0.316 2	0.321 0	0.329 1	0.282 6	0.073 0	2.31
	广东	0.226 4	0.243 9	0.280 5	0.237 2	0.225 4	0.249 7	0.366 8	0.379 3	0.393 5	0.358 3	0.435 5	0.393 1	0.315 8	0.166 7	5.14
	海南	0.142 0	0.163 8	0.186 1	0.230 0	0.257 7	0.259 3	0.302 3	0.382 7	0.347 1	0.306 2	0.359 7	0.3364	0.272 8	0.194 4	8.15
中部	山西	0.222 2	0.245 1	0.256 5	0.316 6	0.330 2	0.329 6	0.323 6	0.332 8	0.343 0	0.321 6	0.528 8	0.628 8	0.348 2	0.406 6	9.92
	安徽	0.125 4	0.131 7	0.170 4	0.218 8	0.238 3	0.250 6	0.253 6	0.263 5	0.284 7	0.276 5	0.340 1	0.342 5	0.241 3	0.217 1	9.56
	江西	0.265 8	0.293 9	0.306 7	0.340 6	0.350 6	0.440 2	0.459 5	0.469 4	0.438 5	0.424 2	0.462 5	0.503 7	0.396 3	0.237 9	5.98
	河南	0.128 5	0.137 2	0.160 5	0.196 3	0.208 3	0.217 9	0.220 3	0.241 2	0.265 2	0.229 2	0.289 3	0.295 0	0.215 7	0.166 5	7.85
	湖北	0.209 8	0.228 3	0.232 6	0.273 1	0.311 8	0.333 3	0.332 8	0.345 7	0.375 2	0.370 0	0.491 6	0.484 1	0.332 4	0.274 3	7.89
	湖南	0.165 9	0.174 1	0.198 3	0.271 7	0.320 8	0.377 4	0.408 2	0.390 2	0.394 1	0.341 6	0.384 6	0.406 3	0.319 4	0.240 4	8.48

（续）

地区	省份	2011年	2012年	2013年	2014年	2015年	2016年	2017年	2018年	2019年	2020年	2021年	2022年	均值	增幅	年均增速（%）
西部	内蒙古	0.239 1	0.253 3	0.263 7	0.335 1	0.331 9	0.340 1	0.357 0	0.350 9	0.356 6	0.350 1	0.387 8	0.362 9	0.327 4	0.123 8	3.87
	广西	0.120 1	0.162 7	0.173 0	0.215 9	0.270 7	0.259 5	0.237 4	0.263 4	0.300 0	0.289 7	0.390 8	0.413 7	0.258 1	0.293 6	11.90
	重庆	0.200 8	0.209 3	0.202 4	0.236 4	0.248 3	0.250 7	0.276 9	0.284 3	0.298 3	0.343 5	0.385 3	0.392 2	0.277 4	0.191 4	6.28
	四川	0.249 9	0.265 0	0.267 6	0.275 0	0.284 0	0.273 4	0.289 3	0.295 1	0.316 2	0.304 0	0.325 5	0.338 1	0.290 3	0.088 2	2.79
	贵州	0.127 0	0.137 3	0.101 4	0.167 3	0.191 3	0.225 1	0.291 2	0.339 5	0.390 2	0.405 1	0.446 1	0.510 0	0.277 6	0.383 0	13.47
	云南	0.115 2	0.122 8	0.131 3	0.176 0	0.182 8	0.193 3	0.219 8	0.236 1	0.241 0	0.256 1	0.274 8	0.287 9	0.203 1	0.172 7	8.68
	陕西	0.219 9	0.237 5	0.252 1	0.300 2	0.314 8	0.335 5	0.332 4	0.406 2	0.426 3	0.397 2	0.444 5	0.458 0	0.343 7	0.238 1	6.90
	甘肃	0.154 4	0.150 9	0.164 0	0.205 9	0.220 8	0.246 4	0.247 1	0.274 7	0.292 3	0.273 6	0.293 3	0.287 0	0.234 2	0.132 6	5.80
	青海	0.153 9	0.170 2	0.190 1	0.227 3	0.244 6	0.261 9	0.285 0	0.295 2	0.308 2	0.302 6	0.324 2	0.294 6	0.254 8	0.140 7	6.08
	宁夏	0.104 2	0.114 8	0.126 1	0.171 2	0.187 7	0.204 0	0.221 7	0.245 5	0.263 4	0.244 1	0.294 1	0.287 2	0.205 3	0.183 0	9.65
	新疆	0.184 9	0.205 1	0.201 6	0.232 5	0.228 8	0.246 4	0.232 9	0.259 1	0.268 5	0.254 8	0.274 7	0.468 7	0.254 8	0.283 8	8.82
东北	辽宁	0.260 3	0.274 0	0.286 9	0.318 2	0.329 7	0.344 3	0.351 6	0.351 5	0.349 0	0.310 3	0.362 8	0.340 3	0.323 2	0.080 0	2.47
	吉林	0.244 4	0.264 5	0.265 2	0.325 6	0.337 7	0.348 8	0.336 7	0.356 3	0.376 1	0.379 8	0.445 7	0.389 2	0.339 2	0.144 8	4.32
	黑龙江	0.232 5	0.245 9	0.262 4	0.244 5	0.285 5	0.305 8	0.304 1	0.326 4	0.361 5	0.314 2	0.361 1	0.349 9	0.299 5	0.117 4	3.79

从指数水平来看，对比2022年30个省份产业协调维度指数可以发现，高于全国产业协调维度指数（0.366 1）的省份共有13个，包括东部地区的山东（0.603 6）、福建（0.444 1）、浙江（0.436 8）、海南（0.431 9）、河北（0.424 2）和江苏（0.394 0），东北地区的黑龙江（0.478 0）和辽宁（0.400 6），中部地区的河南（0.479 8）、湖南（0.445 8）、湖北（0.435 1）和安徽（0.403 1），以及西部地区的内蒙古（0.401 9）。从研究期内均值来看，高于全国产业协调维度指数均值的省域共14个，分别为东部地区的山东、浙江、河北、江苏、海南和福建，中部地区的河南、湖南、安徽、湖北和山西，东北地区的黑龙江和辽宁，以及西部地区的广西。可见，西部地区产业协调水平明显较弱，具有较全产业体系的省份相对较强，综合性大都市如北京、上海、天津和重庆等的产业协调指数反而较低。

从增长速度来看，高于全国产业协调维度指数年均增速（4.04%）的省份有15个，西部地区有5个、中部地区的3个、东北地区全部省域以及东部地区的4个，排在前列的是西部地区的内蒙古（8.69%）、甘肃（6.68%）、重庆（6.43%）。可以看出，产业协调维度指数水平较高的省份大都也具有较快的增速，这一结果不利于区域差异的缩小；也就是说，通过区域联动促进产业协调发展对促进农民农村共同富裕发展具有一定意义（表7-8）。

4. 城乡协调维度指数分析

研究期内，30个省份的城乡协调维度指数普遍呈逐年增长的趋势，且指数水平明显高于之前的物质富裕、精神富裕以及产业协调三个维度指数；从省域差距来看，呈现出东部地区优于东北地区、优于中部地区、优于西部地区的空间格局；但西部地区增速明显快于其他三个地区，呈现出强劲的追赶态势，有利于缩小省域差距，促进农民农村共同富裕的发展。

从指数水平来看，对比2022年30个省份城乡协调维度指数可以发现，高于全国城乡协调维度指数（0.651 6）的省份共有14个，包括东部地区的上海（0.881 3）、天津（0.845 5）、北京（0.822 0）、浙江（0.761 6）、江苏（0.753 7）、广东（0.726 9）、福建（0.697 6）和河北（0.655 2），东北地区的辽宁（0.701 4）和黑龙江（0.700 0），中部地区的湖北（0.684 4）和江西（0.659 1）以及西部地区的重庆（0.682 5）和内蒙古（0.678 8）。从研究期内均值来看，高于全国均值水平的共有15个省份，包括东部地区的7个省份（天津、北京、上海、江苏、浙江、福建和广东）、东北地区的全部3个省份、西部地区的内蒙古和重庆，以及中部地区的湖北、安徽和江西。综上所述，东部地区的城乡协调指数明显高于西部地区，表明东部地区的城乡协调对其农民农村共同富裕发展的影响更强，促进西部地区省份城乡协调发展、缩小城乡差距对推进其农民农村共同富裕进程具有重要作用。

表 7-8 2011—2022 年我国省域产业协调维度指数得分

地区	省份	2011 年	2012 年	2013 年	2014 年	2015 年	2016 年	2017 年	2018 年	2019 年	2020 年	2021 年	2022 年	均值	增幅	年均增速（%）
东部	北京	0.216 3	0.215 0	0.225 6	0.245 5	0.246 7	0.238 0	0.252 3	0.271 2	0.304 2	0.289 0	0.288 6	0.257 8	0.254 2	0.041 5	1.61
	天津	0.222 0	0.215 3	0.224 1	0.228 4	0.235 2	0.220 9	0.224 4	0.203 5	0.220 2	0.269 5	0.302 5	0.310 3	0.239 7	0.088 3	3.09
	河北	0.340 8	0.332 7	0.360 5	0.383 6	0.397 4	0.354 1	0.370 7	0.386 0	0.390 4	0.409 2	0.413 6	0.424 2	0.380 3	0.083 4	2.01
	上海	0.135 9	0.128 4	0.125 1	0.133 8	0.128 4	0.134 6	0.138 4	0.125 1	0.131 1	0.155 7	0.162 4	0.175 8	0.139 6	0.039 9	2.37
	江苏	0.261 8	0.279 2	0.301 6	0.318 2	0.337 2	0.348 3	0.371 6	0.371 2	0.380 1	0.393 0	0.380 7	0.394 0	0.344 7	0.132 2	3.78
	浙江	0.370 1	0.365 4	0.374 9	0.393 8	0.390 2	0.397 2	0.387 7	0.424 3	0.415 6	0.438 5	0.433 1	0.436 8	0.402 3	0.066 7	1.52
	福建	0.239 0	0.255 0	0.272 4	0.291 9	0.305 8	0.322 6	0.333 3	0.349 8	0.371 9	0.398 9	0.428 2	0.444 1	0.334 4	0.205 1	5.79
	山东	0.354 8	0.379 2	0.405 7	0.440 5	0.468 7	0.460 4	0.488 6	0.514 7	0.533 2	0.563 6	0.593 8	0.603 6	0.483 9	0.248 8	4.95
	广东	0.215 5	0.225 4	0.239 1	0.237 0	0.241 2	0.239 5	0.249 8	0.260 9	0.292 7	0.317 5	0.329 9	0.349 1	0.266 5	0.133 6	4.48
	海南	0.250 2	0.284 5	0.273 6	0.280 5	0.310 8	0.366 3	0.352 5	0.361 5	0.408 3	0.392 6	0.383 5	0.431 9	0.341 4	0.181 7	5.09
中部	山西	0.263 2	0.278 6	0.289 2	0.309 4	0.319 7	0.282 4	0.372 7	0.348 4	0.307 4	0.291 6	0.301 7	0.293 2	0.304 8	0.030 0	0.99
	安徽	0.242 2	0.249 2	0.266 7	0.288 9	0.295 3	0.307 0	0.315 2	0.343 5	0.350 2	0.382 9	0.395 8	0.403 1	0.320 0	0.160 9	4.74
	江西	0.258 5	0.280 8	0.228 9	0.236 9	0.237 7	0.237 7	0.256 2	0.269 6	0.288 2	0.310 9	0.326 5	0.340 0	0.272 7	0.081 5	2.52
	河南	0.316 3	0.314 9	0.331 9	0.339 1	0.349 8	0.345 1	0.364 1	0.390 2	0.418 9	0.453 7	0.476 7	0.479 8	0.381 7	0.163 5	3.86
	湖北	0.223 8	0.240 0	0.263 0	0.267 9	0.283 3	0.302 8	0.312 4	0.337 2	0.349 9	0.388 2	0.409 5	0.435 1	0.317 8	0.211 3	6.23
	湖南	0.245 8	0.253 5	0.258 7	0.270 5	0.284 5	0.288 7	0.304 5	0.332 9	0.361 1	0.410 6	0.431 5	0.445 8	0.324 0	0.200 0	5.56

（续）

地区	省份	2011年	2012年	2013年	2014年	2015年	2016年	2017年	2018年	2019年	2020年	2021年	2022年	均值	增幅	年均增速（%）
西部	内蒙古	0.160 7	0.181 4	0.209 7	0.232 8	0.256 5	0.257 6	0.271 2	0.300 3	0.311 6	0.354 1	0.383 5	0.401 9	0.276 8	0.241 2	8.69
	广西	0.258 0	0.254 7	0.258 7	0.263 7	0.268 0	0.278 9	0.292 4	0.305 0	0.324 3	0.338 2	0.362 6	0.363 5	0.297 3	0.105 5	3.17
	重庆	0.139 7	0.150 1	0.162 2	0.163 3	0.174 2	0.186 1	0.192 1	0.209 3	0.230 1	0.257 5	0.273 0	0.277 2	0.201 2	0.137 5	6.43
	四川	0.221 4	0.218 0	0.231 0	0.255 2	0.259 5	0.281 1	0.311 3	0.328 4	0.337 7	0.358 0	0.362 5	0.357 3	0.293 5	0.135 9	4.45
	贵州	0.213 2	0.192 3	0.195 7	0.187 2	0.201 4	0.210 6	0.217 4	0.251 4	0.251 5	0.287 0	0.299 8	0.296 7	0.233 7	0.083 5	3.05
	云南	0.183 3	0.180 5	0.195 7	0.221 0	0.222 9	0.230 5	0.236 0	0.231 8	0.250 5	0.267 2	0.295 6	0.305 9	0.235 1	0.122 6	4.77
	陕西	0.222 0	0.222 5	0.230 6	0.239 4	0.248 4	0.242 4	0.257 5	0.269 4	0.279 6	0.298 5	0.312 3	0.318 8	0.261 8	0.096 8	3.35
	甘肃	0.155 4	0.162 1	0.183 7	0.201 3	0.224 1	0.221 5	0.274 2	0.308 7	0.312 0	0.302 6	0.316 2	0.316 7	0.248 2	0.161 3	6.68
	青海	0.273 5	0.252 4	0.233 4	0.225 3	0.211 7	0.219 6	0.214 0	0.220 0	0.245 6	0.266 9	0.269 6	0.283 4	0.243 0	0.009 9	0.32
	宁夏	0.209 2	0.210 8	0.214 3	0.215 3	0.220 1	0.200 3	0.216 0	0.248 1	0.242 6	0.283 5	0.313 5	0.283 5	0.238 1	0.074 3	2.80
	新疆	0.223 1	0.265 2	0.280 2	0.275 6	0.242 6	0.258 9	0.251 0	0.297 4	0.313 9	0.306 2	0.332 6	0.329 0	0.281 3	0.105 9	3.59
东北	辽宁	0.219 6	0.226 9	0.246 6	0.261 3	0.285 7	0.339 1	0.340 9	0.334 9	0.360 3	0.371 3	0.400 9	0.400 6	0.315 7	0.181 0	5.62
	吉林	0.213 6	0.228 5	0.249 9	0.253 3	0.250 7	0.255 4	0.268 0	0.285 3	0.302 1	0.327 3	0.335 9	0.346 1	0.276 3	0.132 5	4.48
	黑龙江	0.255 6	0.257 6	0.280 2	0.314 1	0.336 6	0.325 5	0.350 7	0.373 9	0.432 6	0.463 7	0.481 3	0.478 0	0.362 5	0.222 4	5.86

从增长速度来看，高于全国平均增速（5.43%）的省份共有16个，其中西部地区的贵州（22.21%）、云南（13.06%）、甘肃（10.94%）、陕西（9.16%）、广西（8.20%）、四川（8.15%）、宁夏（7.76%）、新疆（7.01%）、重庆（6.78%）、青海（6.54%）排在前列，而后是中部地区的河南（9.26%），东部地区的山东（6.57%）、海南（6.32%）、河北（6.08%）、广东（5.65%），以及东北的辽宁（5.81%）。可见，西部地区城乡协调指数增长势头强劲、追赶效应明显，有利于进一步缩小与其他地区的差距，共同推进我国农民农村共同富裕进程（表7-9）。

5. 区域协调维度指数分析

研究期内，30个省份中有16个的区域协调维度指数呈下降趋势，其增幅和增速为负值，这与之前的四个维度指数变化存在明显不同，表明区域协调性在这些省份呈下降趋势，省域层面的差距在增加，不利于农民农村共同富裕的发展。

从指数水平来看，对比2022年30个省份区域协调维度指数可以发现，高于全国指数水平（0.293 1）的省份共有10个，包括东部地区的上海（0.856 9）、浙江（0.822 3）、北京（0.687 3）、江苏（0.556 4）、天津（0.478 5）、福建（0.448 1）和广东（0.433 0），均排在前列，其后是中部地区的湖北（0.325 8）、湖南（0.301 5）和安徽（0.299 6），西部地区和东北地区的所有省份均低于全国水平。从均值上来看，高于全国均值的省份共计8个，有7个为东部地区省份。可见，东部地区区域协调指数在研究期内明显优于西部地区和东北地区，也优于中部地区，对其农民农村共同富裕进程具有较强的促进作用。

从增长速度上来看，西部地区的增速明显较高。高于全国增速（−0.71%）的省份共有14个，增速均为正值，其中西部地区6个、东部地区3个、中部地区5个，排在前五位的均属于西部地区，分别是贵州（21.40%）、云南（3.58%）、四川（2.27%）、重庆（2.18%）、广西（2.15%）；中部地区、东部地区和东北地区大都排在中段；剩余的16个省份的增速均为负值。可见，西部地区中的上述5个省份具有相对较强的增长势头，有利于减小与全国整体水平的差距，高于全国水平的东部省份逐步缩小与全国整体水平的差距，也就是说省域层面上的区域协调在不断提升，有利于推进农民农村共同富裕的实现（表7-10）。

表 7-9　2011—2022 年我国省域城乡协调维度指数得分

地区	省份	2011 年	2012 年	2013 年	2014 年	2015 年	2016 年	2017 年	2018 年	2019 年	2020 年	2021 年	2022 年	均值	增幅	年均增速（%）
东部	北京	0.726 5	0.721 3	0.740 0	0.743 5	0.745 9	0.752 5	0.764 3	0.768 0	0.770 0	0.802 5	0.808 4	0.822 0	0.763 7	0.095 5	1.13
	天津	0.684 1	0.748 7	0.802 6	0.811 1	0.815 2	0.824 6	0.812 4	0.797 9	0.798 3	0.831 3	0.827 1	0.845 5	0.799 9	0.161 4	1.95
	河北	0.342 3	0.380 3	0.418 1	0.442 8	0.467 1	0.490 1	0.505 5	0.521 1	0.541 0	0.577 6	0.642 4	0.655 2	0.498 6	0.312 9	6.08
	上海	0.618 6	0.641 4	0.700 0	0.724 4	0.724 0	0.716 5	0.714 2	0.723 6	0.792 5	0.825 0	0.855 6	0.881 3	0.743 1	0.262 7	3.27
	江苏	0.558 6	0.572 4	0.584 5	0.609 6	0.631 9	0.672 3	0.693 3	0.701 1	0.693 2	0.712 2	0.736 8	0.753 7	0.660 0	0.195 1	2.76
	浙江	0.443 6	0.468 2	0.491 8	0.523 0	0.556 1	0.598 7	0.603 5	0.614 1	0.697 8	0.733 8	0.745 5	0.761 6	0.603 1	0.318 0	5.04
	福建	0.447 5	0.470 9	0.495 0	0.515 5	0.533 8	0.566 4	0.694 5	0.600 2	0.625 0	0.654 0	0.688 9	0.697 6	0.582 4	0.250 1	4.12
	山东	0.300 2	0.345 0	0.366 3	0.401 7	0.430 1	0.466 4	0.487 3	0.498 8	0.524 9	0.542 9	0.577 2	0.604 4	0.462 1	0.304 2	6.57
	广东	0.397 2	0.413 0	0.438 1	0.457 1	0.477 1	0.526 7	0.537 2	0.599 1	0.639 9	0.680 8	0.713 5	0.726 9	0.550 6	0.329 7	5.65
	海南	0.314 4	0.324 2	0.367 2	0.376 4	0.437 9	0.485 7	0.501 1	0.516 6	0.529 5	0.586 3	0.600 6	0.616 9	0.471 4	0.302 5	6.32
中部	山西	0.350 0	0.414 4	0.416 9	0.436 7	0.444 1	0.473 3	0.471 4	0.487 4	0.495 6	0.563 5	0.588 8	0.615 7	0.479 8	0.265 7	5.27
	安徽	0.428 6	0.438 5	0.432 7	0.447 1	0.479 9	0.500 7	0.522 7	0.567 9	0.568 7	0.617 1	0.625 3	0.643 4	0.522 7	0.214 8	3.76
	江西	0.393 4	0.418 3	0.442 0	0.459 9	0.481 3	0.502 2	0.514 3	0.535 7	0.554 7	0.619 3	0.644 3	0.659 1	0.518 7	0.265 7	4.80
	河南	0.228 6	0.272 5	0.305 3	0.352 5	0.380 3	0.421 7	0.438 1	0.470 2	0.499 6	0.560 9	0.586 2	0.605 2	0.426 8	0.376 6	9.26
	湖北	0.437 3	0.469 8	0.485 0	0.502 0	0.528 0	0.554 2	0.566 7	0.596 4	0.608 3	0.653 3	0.661 9	0.684 4	0.562 3	0.247 1	4.16
	湖南	0.349 5	0.384 0	0.414 1	0.449 1	0.468 7	0.480 0	0.499 6	0.520 2	0.522 3	0.563 6	0.600 8	0.613 9	0.488 8	0.264 4	5.25

（续）

地区	省份	2011年	2012年	2013年	2014年	2015年	2016年	2017年	2018年	2019年	2020年	2021年	2022年	均值	增幅	年均增速（%）
西部	内蒙古	0.444 3	0.474 6	0.506 8	0.518 9	0.535 2	0.553 1	0.569 2	0.576 8	0.590 3	0.646 8	0.671 5	0.678 8	0.563 9	0.234 5	3.93
	广西	0.249 7	0.291 9	0.304 4	0.344 9	0.376 6	0.413 5	0.449 5	0.469 2	0.486 2	0.539 8	0.574 4	0.594 2	0.424 5	0.344 5	8.20
	重庆	0.331 6	0.361 1	0.415 7	0.459 4	0.490 5	0.538 3	0.560 5	0.587 2	0.609 7	0.653 5	0.669 7	0.682 5	0.530 0	0.350 9	6.78
	四川	0.255 4	0.293 8	0.345 0	0.367 8	0.394 0	0.428 1	0.462 7	0.493 8	0.516 5	0.568 6	0.591 6	0.604 4	0.443 5	0.349 0	8.15
	贵州	0.055 3	0.086 8	0.160 2	0.191 5	0.217 4	0.252 9	0.290 9	0.340 6	0.388 4	0.464 9	0.462 0	0.501 8	0.284 4	0.446 5	22.21
	云南	0.118 1	0.153 2	0.144 3	0.183 0	0.222 8	0.267 5	0.304 9	0.329 1	0.356 4	0.381 0	0.399 8	0.455 4	0.276 3	0.337 3	13.06
	陕西	0.235 0	0.283 1	0.316 3	0.349 7	0.381 2	0.425 4	0.453 5	0.468 7	0.487 9	0.546 1	0.586 9	0.616 4	0.429 2	0.381 4	9.16
	甘肃	0.136 1	0.149 6	0.197 6	0.205 2	0.230 2	0.243 3	0.268 2	0.294 7	0.297 3	0.342 3	0.395 6	0.426 4	0.265 5	0.290 3	10.94
	青海	0.297 2	0.335 0	0.366 9	0.390 1	0.377 9	0.390 1	0.420 1	0.381 0	0.457 1	0.520 3	0.568 9	0.596 8	0.425 1	0.299 6	6.54
	宁夏	0.274 0	0.307 4	0.371 2	0.407 1	0.422 3	0.451 8	0.506 2	0.512 9	0.509 5	0.596 2	0.621 3	0.623 7	0.467 0	0.349 7	7.76
	新疆	0.251 2	0.276 3	0.308 4	0.320 3	0.311 8	0.316 9	0.312 4	0.335 9	0.361 7	0.473 8	0.515 6	0.529 4	0.359 5	0.278 2	7.01
东北	辽宁	0.376 8	0.391 5	0.453 9	0.482 4	0.524 3	0.507 8	0.536 7	0.552 1	0.564 9	0.651 1	0.682 3	0.701 4	0.535 4	0.324 6	5.81
	吉林	0.393 8	0.420 9	0.468 0	0.475 8	0.493 4	0.509 3	0.526 6	0.513 1	0.527 2	0.609 8	0.623 4	0.649 0	0.517 5	0.255 2	4.65
	黑龙江	0.492 0	0.494 2	0.537 3	0.557 4	0.575 9	0.599 4	0.619 9	0.625 7	0.603 2	0.673 4	0.691 4	0.700 0	0.597 5	0.208 0	3.26

表 7-10　2011—2022 年我国省域区域协调维度指数得分

地区	省份	2011 年	2012 年	2013 年	2014 年	2015 年	2016 年	2017 年	2018 年	2019 年	2020 年	2021 年	2022 年	均值	增幅	年均增速（%）
东部	北京	0.910 1	0.862 4	0.867 8	0.832 0	0.825 0	0.824 8	0.827 4	0.809 7	0.798 1	0.736 4	0.719 3	0.687 3	0.808 4	−0.222 8	−2.52
	天津	0.641 0	0.695 5	0.749 6	0.735 8	0.718 4	0.709 6	0.678 6	0.623 4	0.593 0	0.533 3	0.519 1	0.478 5	0.639 7	−0.162 5	−2.62
	河北	0.252 5	0.255 0	0.262 7	0.261 0	0.257 6	0.252 1	0.248 2	0.239 5	0.235 2	0.233 3	0.250 7	0.255 7	0.250 3	0.003 2	0.11
	上海	0.934 3	0.889 7	0.913 4	0.919 3	0.916 5	0.901 3	0.890 4	0.890 8	0.903 6	0.863 4	0.901 0	0.856 9	0.898 4	−0.077 4	−0.78
	江苏	0.621 4	0.617 8	0.593 7	0.580 4	0.574 2	0.585 3	0.586 4	0.563 2	0.545 0	0.509 4	0.544 3	0.556 4	0.573 1	−0.065 0	−1.00
	浙江	0.914 8	0.862 8	0.841 6	0.846 4	0.853 9	0.841 0	0.819 4	0.812 4	0.802 1	0.789 9	0.799 1	0.822 3	0.833 8	−0.092 5	−0.96
	福建	0.488 9	0.489 3	0.478 3	0.471 2	0.463 0	0.456 1	0.458 5	0.441 5	0.438 0	0.425 3	0.436 1	0.448 1	0.457 8	−0.040 8	−0.79
	山东	0.295 1	0.299 9	0.289 4	0.301 4	0.300 7	0.296 1	0.296 7	0.287 5	0.283 3	0.278 3	0.269 7	0.263 6	0.288 5	−0.031 5	−1.02
	广东	0.432 1	0.419 0	0.411 3	0.410 7	0.413 8	0.423 7	0.415 9	0.441 9	0.442 1	0.433 7	0.437 7	0.433 0	0.426 2	0.000 9	0.02
	海南	0.181 3	0.189 5	0.196 4	0.195 1	0.217 3	0.215 9	0.215 1	0.224 7	0.231 2	0.244 8	0.251 3	0.224 9	0.215 6	0.043 6	1.98
中部	山西	0.171 1	0.195 8	0.170 6	0.158 3	0.142 6	0.133 8	0.120 4	0.115 7	0.105 7	0.115 4	0.101 7	0.106 4	0.136 5	−0.064 7	−4.23
	安徽	0.273 6	0.273 6	0.241 5	0.239 9	0.248 8	0.265 7	0.265 7	0.283 1	0.300 4	0.304 7	0.298 0	0.299 6	0.274 6	0.026 0	0.83
	江西	0.246 4	0.236 6	0.229 2	0.225 9	0.237 2	0.231 9	0.233 2	0.233 1	0.247 7	0.270 2	0.266 3	0.282 0	0.245 0	0.035 6	1.23
	河南	0.191 1	0.202 1	0.201 4	0.208 4	0.203 3	0.199 0	0.196 6	0.202 8	0.206 5	0.213 6	0.206 8	0.210 4	0.203 5	0.019 3	0.88
	湖北	0.308 4	0.313 7	0.305 4	0.302 4	0.314 0	0.318 1	0.310 8	0.344 4	0.343 7	0.282 7	0.308 0	0.325 8	0.314 8	0.017 4	0.50
	湖南	0.279 3	0.279 5	0.281 1	0.293 5	0.284 4	0.284 7	0.285 5	0.284 4	0.282 9	0.302 5	0.291 4	0.301 5	0.287 6	0.022 2	0.70

（续）

地区	省份	2011年	2012年	2013年	2014年	2015年	2016年	2017年	2018年	2019年	2020年	2021年	2022年	均值	增幅	年均增速（%）
西部	内蒙古	0.322 6	0.336 8	0.345 1	0.335 3	0.318 5	0.308 5	0.300 1	0.275 8	0.276 0	0.262 6	0.260 9	0.240 7	0.298 6	−0.081 9	−2.63
	广西	0.146 8	0.161 7	0.142 8	0.139 4	0.149 9	0.153 8	0.170 1	0.178 3	0.190 3	0.195 1	0.188 4	0.185 5	0.166 8	0.038 7	2.15
	重庆	0.209 5	0.205 4	0.216 8	0.226 4	0.238 0	0.248 2	0.256 6	0.253 1	0.252 1	0.274 2	0.266 8	0.265 6	0.242 7	0.056 1	2.18
	四川	0.207 9	0.215 2	0.233 6	0.236 9	0.243 9	0.248 1	0.263 0	0.267 1	0.270 4	0.289 2	0.266 2	0.266 2	0.250 6	0.058 3	2.27
	贵州	0.010 5	0.012 2	0.036 7	0.042 3	0.049 2	0.060 9	0.068 3	0.069 3	0.075 7	0.087 1	0.086 9	0.088 7	0.057 3	0.078 2	21.40
	云南	0.078 6	0.083 5	0.063 6	0.070 1	0.082 0	0.078 1	0.083 2	0.091 8	0.100 7	0.117 6	0.106 3	0.115 8	0.089 3	0.037 2	3.58
	陕西	0.137 4	0.142 0	0.141 9	0.142 6	0.140 8	0.136 3	0.139 1	0.132 7	0.129 4	0.135 7	0.135 1	0.143 6	0.138 1	0.006 2	0.40
	甘肃	0.028 4	0.031 4	0.044 9	0.038 2	0.043 9	0.042 0	0.039 0	0.045 1	0.036 7	0.036 1	0.028 5	0.023 5	0.035 5	−0.004 9	−1.73
	青海	0.142 1	0.162 8	0.173 2	0.168 2	0.147 1	0.142 0	0.140 7	0.123 1	0.124 3	0.138 5	0.118 5	0.085 6	0.138 8	−0.056 5	−4.51
	宁夏	0.145 3	0.147 4	0.173 1	0.177 7	0.175 3	0.170 7	0.175 2	0.167 3	0.156 1	0.156 8	0.154 8	0.125 5	0.160 4	−0.019 8	−1.32
	新疆	0.154 9	0.186 6	0.200 9	0.173 1	0.153 6	0.146 2	0.137 2	0.128 9	0.127 7	0.132 9	0.141 3	0.112 0	0.149 6	−0.042 9	−2.91
东北	辽宁	0.265 9	0.257 9	0.278 9	0.271 9	0.280 5	0.284 0	0.278 7	0.256 1	0.240 4	0.242 9	0.249 6	0.218 6	0.260 5	−0.047 3	−1.76
	吉林	0.255 5	0.269 7	0.291 4	0.274 8	0.255 4	0.246 8	0.240 7	0.215 0	0.199 1	0.203 2	0.192 3	0.151 5	0.233 0	−0.104 0	−4.64
	黑龙江	0.258 9	0.238 8	0.259 4	0.249 8	0.231 9	0.235 2	0.242 4	0.235 5	0.230 7	0.219 4	0.241 5	0.216 4	0.238 3	−0.042 5	−1.62

6. 群体协调维度指数分析

研究期内，有 10 个省份的群体协调维度指数总体呈下降趋势，其增幅和增速为负值，这与区域协调维度指数变化特征相似，但指数水平明显高于区域协调指数，表明群体协调对促进农民农村共同富裕具有更重要的作用，但呈下降趋势的省份的群体差异呈加大趋势，不利于农民农村共同富裕的发展。

从指数水平来看，对比 2022 年 30 个省份群体协调维度指数可以发现，高于全国指数水平（0.534 1）的省域共有 15 个，包括西部地区的重庆（0.770 8）、广西（0.729 8）、云南（0.716 1）、甘肃（0.679 6）、青海（0.628 1）、宁夏（0.594 5）和四川（0.579 7），东部地区的福建（0.732 8）、江苏（0.720 5）、上海（0.636 3）和北京（0.629 6），中部地区的山西（0.614 8）和河南（0.581 3），以及东北地区的吉林（0.547 2）和辽宁（0.544 2）。可以发现，东部和西部均有排在前列的省份，同样各地区中也有排在后面的省份，一定程度上表明群体协调指数在四大区域内部以及省域层面均存在较大差异。从研究期内均值来看，高于全国均值水平的省份有 15 个（东部地区 7 个、西部地区 7 个和中部地区 1 个），东北三省的群体协调指数均低于全国水平；均值高于全国水平的 15 个省份中有 8 个 2022 年群体协调指数高于全国指数水平，表明在研究期内，这 8 个省份的群体协调在推动其农民农村共同富裕进程中起了较大作用。

从增长速度上来看，高于全国增速（1.23%）的省份共有 16 个，其中东北地区的吉林最高，年均增速为 10.53%；其次是西部地区的宁夏、四川和重庆，增速分别为 8.58%、6.15%和 6.10%；有 11 个省份的 2022 年群体协调指数水平高于全国水平，9 个省份的年均增速高于全国增速。可以看出，群体协调指数水平较高的省份一般也具有较快的增速，使得全国群体协调在省份之间的差距存在“马太效应”，不利于全国农民农村共同富裕的均衡发展，这就要求群体协调指数低的省份要更加注重其发展速度，以求加快农民农村共同富裕的实现进程（表 7－11）。

7. 制度协调维度指数分析

研究期内，30 个省份的制度协调维度指数水平较低，且普遍呈现先上升后下降趋势，拐点大都出现在 2019 年和 2020 年，其中 9 个省份下降幅度超过了上升幅度，总体呈下降趋势，这表明政府扶持在不同省份对农民农村共同富裕的影响差距在不断增大，整体下降的省份政府的扶持力度对其农民农村共同富裕的影响呈下降趋势。

从指数水平来看，对比 2022 年 30 个省份制度协调维度指数可以发现，高于全国指数水平（0.130 9）的省份仅有 6 个，具体包括东部地区的北京（0.663 3）和上海（0.634 6）以及西部地区的青海（0.167 2）、宁夏（0.163 0）甘肃（0.146 4）和内蒙古（0.138 2）。由此可以看出，北京和上海的政府扶持

表 7－11　2011—2022 年我国省域群体协调维度指数得分

地区	省份	2011 年	2012 年	2013 年	2014 年	2015 年	2016 年	2017 年	2018 年	2019 年	2020 年	2021 年	2022 年	均值	增幅	年均增速（%）
东部	北京	0.706 9	0.589 1	0.378 2	0.584 9	0.830 9	0.559 5	0.617 9	0.718 1	0.457 7	0.650 5	0.644 7	0.629 6	0.614 0	−0.077 3	−1.05
	天津	0.370 8	0.761 3	0.562 3	0.810 1	0.777 6	0.982 5	0.779 5	0.565 4	0.755 3	0.553 0	0.528 9	0.490 1	0.661 4	0.119 3	2.57
	河北	0.226 7	0.215 0	0.449 7	0.452 3	0.241 1	0.534 9	0.245 4	0.704 4	0.285 1	0.422 4	0.378 0	0.375 1	0.377 5	0.148 4	4.68
	上海	0.492 2	0.726 3	0.452 4	0.789 3	0.525 0	0.614 0	0.863 1	0.807 0	0.754 7	0.669 3	0.653 7	0.636 3	0.665 3	0.144 1	2.36
	江苏	0.462 2	0.592 7	0.476 7	0.412 5	0.477 9	0.392 6	0.803 0	0.443 3	0.392 2	0.736 4	0.744 7	0.720 5	0.554 6	0.258 3	4.12
	浙江	0.661 4	0.310 6	0.699 6	0.729 0	0.536 9	0.500 4	0.739 6	0.408 7	0.391 1	0.351 5	0.301 8	0.322 4	0.496 1	−0.339 0	−6.32
	福建	0.466 7	0.425 2	0.361 0	0.174 1	0.625 5	0.648 5	0.559 5	0.743 0	0.752 4	0.710 5	0.708 4	0.732 8	0.575 6	0.266 1	4.19
	山东	0.350 4	0.218 8	0.473 1	0.294 3	0.495 8	0.522 0	0.435 1	0.661 2	0.536 0	0.481 7	0.496 9	0.514 2	0.456 6	0.163 8	3.55
	广东	0.254 4	0.576 3	0.566 1	0.652 1	0.774 3	0.723 2	0.432 1	0.811 7	0.471 4	0.499 0	0.475 3	0.454 4	0.557 5	0.200 0	5.41
	海南	0.881 4	0.690 6	0.617 8	0.565 8	0.499 3	0.830 8	0.600 9	0.493 4	0.693 3	0.336 5	0.352 9	0.369 5	0.577 7	−0.511 9	−7.60
中部	山西	0.600 1	0.517 8	0.564 7	0.269 6	0.577 8	0.441 0	0.356 4	0.504 7	0.500 6	0.593 5	0.606 7	0.614 8	0.512 3	0.014 7	0.22
	安徽	0.336 9	0.572 8	0.526 4	0.670 1	0.738 4	0.737 6	0.764 6	0.504 6	0.620 4	0.508 7	0.466 8	0.454 2	0.575 1	0.117 3	2.75
	江西	0.374 7	0.677 9	0.379 6	0.491 5	0.415 8	0.657 0	0.399 3	0.605 2	0.332 2	0.299 1	0.316 5	0.336 1	0.440 4	−0.038 6	−0.98
	河南	0.566 6	0.130 1	0.532 1	0.344 4	0.277 9	0.663 7	0.562 4	0.193 8	0.486 2	0.588 0	0.574 9	0.581 3	0.458 5	0.014 7	0.23
	湖北	0.512 0	0.419 2	0.528 4	0.469 3	0.386 6	0.323 4	0.405 8	0.698 6	0.264 7	0.401 8	0.364 6	0.364 1	0.428 2	−0.147 9	−3.05
	湖南	0.398 6	0.176 4	0.379 2	0.535 3	0.231 7	0.439 5	0.288 3	0.627 3	0.389 4	0.413 5	0.375 9	0.366 3	0.385 1	−0.032 3	−0.76

（续）

地区	省份	2011年	2012年	2013年	2014年	2015年	2016年	2017年	2018年	2019年	2020年	2021年	2022年	均值	增幅	年均增速（%）
西部	内蒙古	0.724 3	0.505 8	0.669 1	0.676 8	0.750 7	0.755 4	0.759 5	0.447 7	0.753 0	0.483 4	0.467 3	0.462 5	0.621 3	−0.261 8	−4.00
	广西	0.558 8	0.452 3	0.573 8	0.414 3	0.633 9	0.461 3	0.215 8	0.537 5	0.348 2	0.735 9	0.718 0	0.729 8	0.531 6	0.171 0	2.46
	重庆	0.401 9	0.613 6	0.781 9	0.438 1	0.714 2	0.684 2	0.425 0	0.474 7	0.339 3	0.778 5	0.763 4	0.770 8	0.598 8	0.368 9	6.10
	四川	0.300 6	0.336 9	0.228 8	0.341 6	0.192 2	0.626 8	0.654 1	0.248 5	0.654 3	0.572 9	0.560 8	0.579 7	0.441 4	0.279 1	6.15
	贵州	0.515 4	0.695 3	0.492 2	0.737 3	0.585 2	0.514 9	0.679 1	0.434 6	0.509 5	0.448 6	0.403 1	0.449 5	0.538 7	−0.065 9	−1.24
	云南	0.675 2	0.573 5	0.635 2	0.592 7	0.542 1	0.436 6	0.498 4	0.583 3	0.350 2	0.715 0	0.716 2	0.716 1	0.586 2	0.040 9	0.54
	陕西	0.537 9	0.735 6	0.671 2	0.329 8	0.601 7	0.759 7	0.522 1	0.606 8	0.419 2	0.438 0	0.419 0	0.389 5	0.535 9	−0.148 4	−2.89
	甘肃	0.417 2	0.548 3	0.681 6	0.329 4	0.319 5	0.756 6	0.488 4	0.735 2	0.709 5	0.656 4	0.676 4	0.679 6	0.583 2	0.262 4	4.54
	青海	0.362 1	0.437 6	0.673 9	0.735 9	0.503 3	0.446 4	0.303 5	0.369 9	0.390 3	0.629 6	0.613 5	0.628 1	0.507 8	0.266 0	5.13
	宁夏	0.240 3	0.532 9	0.520 7	0.447 2	0.246 3	0.276 0	0.639 9	0.285 7	0.531 6	0.534 2	0.573 7	0.594 5	0.451 9	0.354 2	8.58
	新疆	0.506 0	0.412 8	0.545 9	0.214 1	0.319 7	0.278 6	0.312 0	0.583 8	0.628 6	0.486 0	0.492 8	0.499 5	0.440 0	−0.006 5	−0.12
东北	辽宁	0.465 7	0.406 0	0.602 2	0.321 8	0.502 8	0.718 4	0.382 1	0.225 9	0.669 6	0.524 1	0.539 8	0.544 2	0.491 9	0.078 5	1.43
	吉林	0.181 9	0.366 2	0.413 9	0.596 7	0.581 2	0.554 7	0.499 7	0.253 1	0.342 1	0.498 3	0.569 9	0.547 2	0.450 4	0.365 3	10.53
	黑龙江	0.454 6	0.344 9	0.328 6	0.281 2	0.635 9	0.550 3	0.382 9	0.628 4	0.241 8	0.412 2	0.456 6	0.469 1	0.432 2	0.014 5	0.29

力度对其农民农村共同富裕的影响非常明显。从研究期内均值来看，高于全国均值（0.142 2）的省份共有 7 个，除了上述 6 个省份，增加了东部地区的天津，表明以上 7 个省份的制度协调维度指数在研究期内均处于较高水平，对其农民农村共同富裕的影响相对较大。

从增长速度上来看，高于全国增速（2.16%）的省份共有 13 个，其中东部地区 4 个（北京、上海、河北和海南），中部地区 6 个、西部地区 2 个（甘肃和青海）和东北地区的黑龙江。

综上所述，制度协调维度指数较高的省份大都具有相对较高的增速，而指数相对较低的省份的增速也较低，具有明显的“马太效应”，不利于全国农民农村共同富裕的实现，这一现象值得高度关注（表 7-12）。

8. 成果共享维度指数分析

研究期内，30 个省份的成果共享维度指数水平普遍呈上升趋势，但指数水平、增速上存在明显的省域差距，且四大区域内的差异亦较为明显。

从指数水平来看，对比 2022 年 30 个省份制度协调维度指数可以发现，高于全国指数水平（0.397 6）的省份共有 13 个，包括东部地区的上海（0.606 6）、北京（0.570 5）、江苏（0.481 7）、天津（0.451 8）和山东（0.408 1），中部地区的山西（0.487 6）和安徽（0.406 4），东北地区的吉林（0.443 1）和黑龙江（0.416 0）以及西部地区的内蒙古（0.436 9）、重庆（0.433 6）、甘肃（0.409 8）和青海（0.400 8）；排序靠后的 10 个省份中，西部地区有 5 个、东部地区有 4 个以及中部地区的湖北。可以看出，各省份之间和四大地区内部省份之间的成果共享均存在明显差距。

从研究期内均值来看，高于全国均值（0.313 3）的省份有 10 个，分别是上海、北京、山西、天津、江苏、内蒙古、安徽、山东、重庆和河南，表明这 10 个省份在研究期内成果共享水平均较高，对其农民农村共同富裕水平的提升发挥着较强作用。

从增长速度上来看，有 17 个省份的成果共享指数水平高于全国整体水平（5.54%），分别是西部地区的宁夏（7.95%）、广西（7.17%）、甘肃（6.91%）、重庆（6.58%）、四川（6.56%）、青海（5.92%）和陕西（5.79%），东部地区的浙江（7.86%）、天津（6.93%）和广东（6.90%），东北地区的辽宁（7.81%）、吉林（7.33%）和黑龙江（7.19%），以及中部地区的湖北（7.52%）、湖南（7.25%）、江西（5.95%）和安徽（5.66%）。可以看出，成果共享指数增速相对较快的省域多是成果共享指数水平相对较低，呈现“高水平—低增速”“低水平—高增速”的现象，这表明相对较弱的省域具有明显的追赶效应，有利于缩小省域层面上成果共享水平差距，推进全国农民农村共同富裕进程（表 7-13）。

表 7-12　2011—2022 年我国省域制度协调维度指数得分

地区	省份	2011 年	2012 年	2013 年	2014 年	2015 年	2016 年	2017 年	2018 年	2019 年	2020 年	2021 年	2022 年	均值	增幅	年均增速（%）
东部	北京	0.242 3	0.266 8	0.330 8	0.379 9	0.535 5	0.592 6	0.710 1	0.798 1	0.837 9	0.742 4	0.721 5	0.663 3	0.568 4	0.421 0	9.59
	天津	0.215 3	0.220 6	0.242 7	0.251 1	0.268 8	0.278 3	0.256 2	0.213 2	0.220 6	0.174 6	0.131 8	0.080 1	0.212 8	−0.135 2	−8.59
	河北	0.059 5	0.066 1	0.073 7	0.085 2	0.096 3	0.108 2	0.085 8	0.098 2	0.098 7	0.095 8	0.091 5	0.088 5	0.087 3	0.029 0	3.69
	上海	0.238 6	0.307 6	0.265 6	0.284 9	0.390 8	0.525 6	0.708 7	0.786 6	0.824 5	0.734 7	0.781 1	0.634 6	0.540 3	0.396 0	9.30
	江苏	0.102 4	0.105 6	0.114 7	0.119 3	0.126 7	0.114 2	0.102 8	0.102 2	0.098 9	0.096 4	0.086 5	0.080 4	0.104 2	−0.022 0	−2.18
	浙江	0.083 0	0.077 5	0.088 5	0.088 0	0.113 9	0.121 2	0.115 6	0.118 7	0.126 2	0.094 2	0.095 1	0.089 1	0.100 9	0.006 1	0.65
	福建	0.054 2	0.056 3	0.074 1	0.068 6	0.092 1	0.099 1	0.112 0	0.091 0	0.077 8	0.060 9	0.044 8	0.045 0	0.073 0	−0.009 2	−1.67
	山东	0.073 8	0.076 6	0.082 6	0.088 4	0.100 2	0.096 8	0.094 6	0.089 4	0.086 0	0.078 0	0.069 0	0.066 8	0.083 5	−0.007 0	−0.90
	广东	0.045 0	0.060 1	0.057 1	0.050 5	0.066 6	0.064 5	0.080 8	0.082 8	0.082 6	0.064 2	0.057 0	0.047 2	0.063 2	0.002 2	0.45
	海南	0.073 9	0.079 6	0.084 3	0.083 5	0.085 4	0.092 9	0.098 3	0.103 4	0.100 9	0.106 3	0.101 3	0.096 2	0.092 2	0.022 3	2.43
中部	山西	0.096 4	0.111 8	0.114 2	0.109 6	0.131 7	0.146 2	0.157 3	0.186 6	0.189 7	0.151 8	0.108 5	0.122 7	0.135 5	0.026 3	2.22
	安徽	0.078 6	0.085 1	0.096 5	0.102 6	0.105 9	0.111 3	0.134 1	0.126 9	0.122 6	0.120 2	0.117 9	0.103 3	0.108 8	0.024 7	2.52
	江西	0.068 1	0.088 5	0.090 2	0.095 3	0.105 5	0.108 9	0.116 0	0.116 3	0.132 4	0.115 5	0.110 3	0.107 2	0.104 5	0.039 1	4.21
	河南	0.054 1	0.055 4	0.062 7	0.069 9	0.091 0	0.098 8	0.114 3	0.107 9	0.110 7	0.094 1	0.083 8	0.076 1	0.084 9	0.022 0	3.14
	湖北	0.060 6	0.059 8	0.068 1	0.063 5	0.078 6	0.086 8	0.089 0	0.101 7	0.098 1	0.081 4	0.082 1	0.079 7	0.079 1	0.019 1	2.52
	湖南	0.074 4	0.071 5	0.081 1	0.088 3	0.100 1	0.101 6	0.104 2	0.116 4	0.117 6	0.096 3	0.098 6	0.099 7	0.095 8	0.025 3	2.70

（续）

地区	省份	2011年	2012年	2013年	2014年	2015年	2016年	2017年	2018年	2019年	2020年	2021年	2022年	均值	增幅	年均增速（%）
西部	内蒙古	0.118 2	0.123 0	0.130 7	0.142 8	0.168 6	0.174 0	0.160 9	0.175 9	0.170 5	0.152 9	0.137 2	0.138 2	0.149 4	0.020 0	1.44
	广西	0.063 3	0.069 9	0.070 0	0.074 0	0.085 0	0.092 8	0.111 2	0.113 0	0.126 9	0.101 8	0.079 8	0.069 8	0.088 1	0.006 5	0.90
	重庆	0.107 6	0.123 6	0.135 3	0.132 1	0.129 0	0.127 3	0.131 2	0.120 2	0.115 7	0.082 9	0.071 5	0.060 9	0.111 4	−0.046 7	−5.04
	四川	0.070 2	0.076 0	0.079 3	0.090 5	0.089 5	0.089 6	0.092 0	0.104 6	0.101 9	0.082 6	0.078 0	0.076 5	0.085 9	0.006 3	0.79
	贵州	0.090 3	0.102 0	0.097 7	0.084 1	0.088 1	0.096 3	0.088 4	0.092 4	0.146 4	0.127 2	0.084 0	0.071 2	0.097 3	−0.019 1	−2.14
	云南	0.090 9	0.097 3	0.085 4	0.087 3	0.089 3	0.096 9	0.098 5	0.113 1	0.138 3	0.108 6	0.087 8	0.074 2	0.097 3	−0.016 7	−1.83
	陕西	0.078 2	0.081 0	0.090 4	0.095 8	0.110 7	0.116 0	0.108 6	0.117 5	0.123 7	0.109 9	0.094 3	0.092 6	0.101 6	0.014 4	1.55
	甘肃	0.107 8	0.126 4	0.126 6	0.122 6	0.165 0	0.158 4	0.153 1	0.182 4	0.180 6	0.176 6	0.156 8	0.146 4	0.150 2	0.038 6	2.82
	青海	0.124 6	0.153 2	0.174 0	0.195 5	0.214 4	0.232 2	0.227 1	0.225 5	0.251 8	0.187 8	0.157 0	0.167 2	0.192 5	0.042 6	2.71
	宁夏	0.194 1	0.216 8	0.222 0	0.199 3	0.202 6	0.240 3	0.244 3	0.226 1	0.217 9	0.199 9	0.184 8	0.163 0	0.209 3	−0.031 1	−1.58
	新疆	0.094 2	0.102 8	0.102 7	0.124 1	0.145 8	0.159 6	0.117 2	0.131 4	0.164 1	0.176 1	0.124 7	0.115 8	0.129 9	0.021 6	1.89
东北	辽宁	0.081 6	0.096 9	0.113 7	0.116 5	0.092 4	0.089 1	0.078 7	0.073 7	0.079 2	0.074 4	0.056 5	0.056 4	0.084 1	−0.025 2	−3.30
	吉林	0.082 6	0.084 0	0.090 3	0.091 2	0.122 1	0.163 1	0.162 7	0.148 3	0.137 4	0.128 0	0.103 5	0.103 3	0.118 0	0.020 7	2.06
	黑龙江	0.083 0	0.087 1	0.097 8	0.104 6	0.126 2	0.146 5	0.139 4	0.136 4	0.146 7	0.124 4	0.110 8	0.110 8	0.117 8	0.027 8	2.67

表 7-13　2011—2022 年我国省域成果共享维度指数得分

地区	省份	2011 年	2012 年	2013 年	2014 年	2015 年	2016 年	2017 年	2018 年	2019 年	2020 年	2021 年	2022 年	均值	增幅	年均增速（%）
东部	北京	0.404 9	0.353 8	0.419 6	0.343 8	0.441 6	0.455 1	0.441 2	0.468 3	0.531 0	0.564 4	0.566 1	0.570 5	0.463 4	0.165 6	3.17
	天津	0.216 2	0.230 7	0.278 8	0.344 9	0.357 1	0.399 6	0.422 0	0.490 3	0.482 2	0.429 2	0.426 6	0.451 8	0.377 5	0.235 6	6.93
	河北	0.201 5	0.208 1	0.212 5	0.250 8	0.241 4	0.258 9	0.288 4	0.266 4	0.279 7	0.298 4	0.317 6	0.307 7	0.261 0	0.106 2	3.92
	上海	0.374 7	0.439 9	0.453 3	0.407 9	0.449 0	0.461 2	0.509 2	0.579 3	0.624 6	0.577 0	0.581 9	0.606 6	0.505 4	0.231 9	4.48
	江苏	0.283 0	0.283 4	0.288 7	0.329 0	0.345 7	0.359 6	0.381 5	0.402 7	0.430 2	0.463 1	0.471 1	0.481 7	0.376 6	0.198 7	4.95
	浙江	0.167 6	0.210 2	0.219 4	0.231 4	0.236 1	0.259 5	0.273 2	0.308 8	0.329 9	0.369 2	0.361 0	0.385 1	0.279 3	0.217 5	7.86
	福建	0.245 6	0.259 9	0.265 6	0.299 6	0.295 5	0.309 8	0.298 0	0.324 8	0.337 7	0.357 9	0.345 2	0.363 6	0.308 6	0.118 0	3.63
	山东	0.272 5	0.267 9	0.268 7	0.310 6	0.318 8	0.328 6	0.335 1	0.349 0	0.342 8	0.371 5	0.404 2	0.408 1	0.331 5	0.135 6	3.74
	广东	0.166 5	0.159 2	0.196 6	0.241 5	0.243 6	0.266 2	0.271 9	0.312 6	0.332 4	0.358 9	0.336 8	0.346 8	0.269 4	0.180 3	6.90
	海南	0.237 4	0.258 0	0.278 5	0.302 6	0.295 7	0.259 6	0.297 9	0.333 1	0.295 7	0.327 5	0.325 9	0.345 1	0.296 4	0.107 7	3.46
中部	山西	0.293 6	0.310 5	0.322 0	0.360 0	0.362 4	0.374 4	0.392 2	0.411 7	0.451 1	0.457 6	0.465 2	0.487 6	0.390 7	0.194 0	4.72
	安徽	0.221 7	0.264 7	0.249 2	0.316 1	0.322 4	0.340 0	0.344 9	0.358 1	0.374 9	0.391 3	0.403 9	0.406 4	0.332 8	0.184 7	5.66
	江西	0.196 8	0.194 4	0.197 1	0.255 6	0.268 1	0.279 4	0.294 2	0.299 1	0.316 0	0.332 8	0.341 5	0.371 8	0.278 9	0.175 0	5.95
	河南	0.266 1	0.247 4	0.243 8	0.323 6	0.329 7	0.333 3	0.320 6	0.348 9	0.358 5	0.358 1	0.351 7	0.372 6	0.321 2	0.106 5	3.11
	湖北	0.159 5	0.165 3	0.170 1	0.248 8	0.267 9	0.280 2	0.302 3	0.314 9	0.315 6	0.337 1	0.335 0	0.354 2	0.270 9	0.194 7	7.52
	湖南	0.168 6	0.152 7	0.174 4	0.250 4	0.273 2	0.285 0	0.311 0	0.312 2	0.321 7	0.359 4	0.357 5	0.364 2	0.277 5	0.195 6	7.25

（续）

地区	省份	2011年	2012年	2013年	2014年	2015年	2016年	2017年	2018年	2019年	2020年	2021年	2022年	均值	增幅	年均增速（%）
	内蒙古	0.260 6	0.279 4	0.283 2	0.307 9	0.325 1	0.352 7	0.371 9	0.350 0	0.361 8	0.382 2	0.403 0	0.436 9	0.342 9	0.176 3	4.81
	广西	0.140 9	0.156 9	0.158 2	0.230 7	0.231 9	0.232 6	0.266 9	0.285 6	0.295 5	0.324 6	0.310 5	0.301 8	0.244 7	0.160 9	7.17
	重庆	0.215 1	0.221 7	0.222 7	0.301 5	0.299 6	0.327 6	0.347 2	0.370 6	0.394 3	0.411 7	0.412 7	0.433 6	0.329 9	0.218 5	6.58
	四川	0.164 6	0.164 5	0.178 6	0.230 5	0.238 6	0.249 5	0.267 0	0.285 3	0.287 3	0.321 8	0.319 1	0.331 0	0.253 2	0.166 4	6.56
	贵州	0.219 2	0.222 5	0.213 4	0.275 0	0.280 7	0.287 2	0.299 5	0.315 3	0.337 3	0.358 1	0.353 1	0.351 6	0.292 7	0.132 4	4.39
西部	云南	0.172 3	0.162 3	0.197 1	0.200 0	0.201 3	0.204 3	0.224 7	0.252 7	0.245 6	0.273 9	0.269 5	0.290 8	0.224 5	0.118 5	4.87
	陕西	0.202 9	0.195 8	0.203 5	0.260 8	0.278 3	0.285 1	0.315 5	0.334 0	0.348 5	0.351 6	0.373 3	0.376 9	0.293 9	0.174 0	5.79
	甘肃	0.196 5	0.205 4	0.223 3	0.295 8	0.307 8	0.321 2	0.331 7	0.337 7	0.353 0	0.370 1	0.386 7	0.409 8	0.311 6	0.213 3	6.91
	青海	0.212 8	0.246 0	0.249 3	0.284 9	0.310 1	0.304 4	0.316 1	0.328 8	0.349 6	0.369 2	0.350 3	0.400 8	0.310 2	0.188 0	5.92
	宁夏	0.160 1	0.209 1	0.190 1	0.224 4	0.238 6	0.262 6	0.272 0	0.292 3	0.309 0	0.324 8	0.341 9	0.371 3	0.266 4	0.211 2	7.95
	新疆	0.204 9	0.211 2	0.234 2	0.245 6	0.251 8	0.257 4	0.263 4	0.277 0	0.316 0	0.336 2	0.320 8	0.349 6	0.272 3	0.144 7	4.98
	辽宁	0.170 9	0.181 1	0.205 6	0.260 1	0.287 9	0.310 4	0.331 8	0.335 1	0.339 3	0.347 3	0.345 1	0.391 1	0.292 1	0.220 2	7.81
东北	吉林	0.203 4	0.203 8	0.210 0	0.248 8	0.255 9	0.298 0	0.323 8	0.343 2	0.371 7	0.421 1	0.435 6	0.443 1	0.313 2	0.239 7	7.33
	黑龙江	0.193 8	0.189 3	0.235 9	0.250 3	0.270 8	0.314 4	0.323 9	0.356 1	0.379 1	0.398 1	0.398 3	0.416 0	0.310 5	0.222 2	7.19

四、区域层面农民农村共同富裕水平的测度结果分析

（一）区域层面总指数分析

从总指数水平来看，东、中、西和东北四大区域农民农村共同富裕水平整体呈上升态势，2011—2022年东、中、西和东北区域总指数均值分别为0.410 0、0.244 9、0.193 8和0.235 8，呈现出东部—中部—东北—西部的梯度发展格局，仅东部农民农村共同富裕水平高于全国平均水平（0.280 3），西部地区差距最大。可见，农民农村共同富裕进程中存在明显的区域间非均衡发展问题，农民农村共同富裕目标不可能也不应盲目追求同步性，而是要分阶段、分地区因地制宜地推进。从总指数增速来看，四大区域呈现出西部（14.07%）＞中部（11.47%）＞东北（9.39%）＞东部（5.46%）的态势，仅东部增速低于全国（8.71%）。这一结果表明四大区域农民农村共同富裕均朝着更高水平逐步推进，而且呈现出明显的低水平区域快速追赶高水平区域的良性发展态势，尤其是西部地区追赶速度明显，区域差距逐渐缩小，凸显出较为强劲的后发优势（图7-3）。

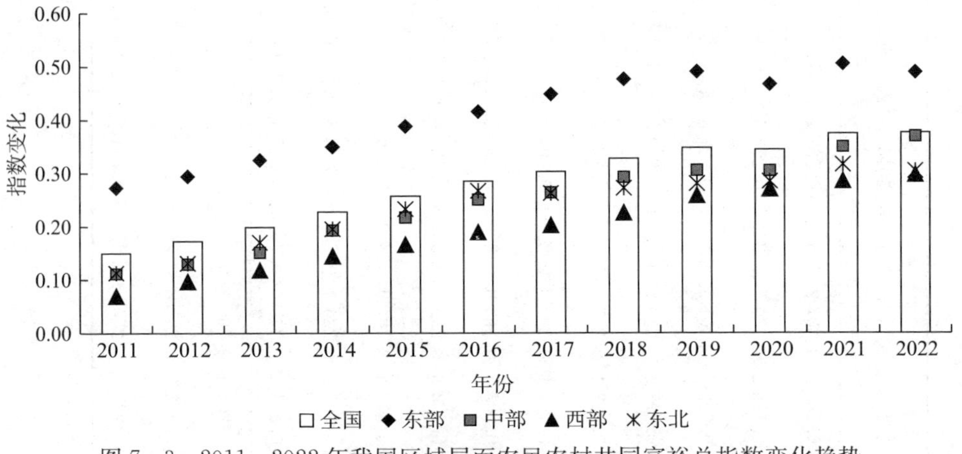

图7-3　2011—2022年我国区域层面农民农村共同富裕总指数变化趋势

（二）区域层面富裕与共同两个水平指数分析

富裕指数方面，四大区域中除东北之外，东部、中部和西部富裕指数均呈整体上升趋势，东北地区富裕指数在2011—2018年呈现上升趋势，而2019—2022年呈现出明显波动特征，且在2020年有明显下降（图7-4），其原因可能在于新冠疫情的暴发严重制约了农民的物质消费和精神文化生活的正常开展。从研究期间指数均值和增速来看，四大区域共同方面指数的变化特征与总

指数一致，同样呈现出均值上东部（0.473 0）＞中部（0.346 5）＞东北（0.317 1）＞西部（0.272 9）的格局，增速上西部（14.92%）＞中部（13.43%）＞东北（8.65%）＞东部（6.70%）的态势。不过，与全国相比的特征有所差异，增速上低于全国水平（10.17%）的除东部以外，又多了东北地区；另外，2021 年和 2022 年中部（0.530 1 和 0.562 4）的富裕指数超过了全国平均水平（0.514 0 和 0.522 1）。

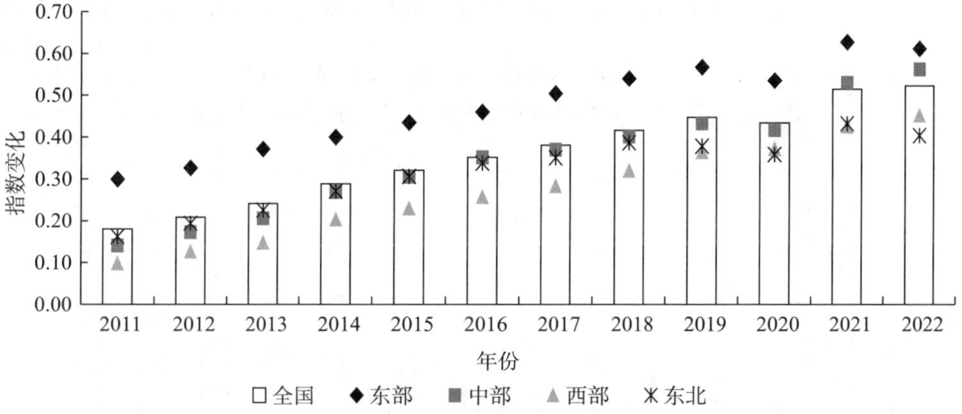

图 7-4 2011—2022 年我国区域层面富裕水平指数变化趋势

共同指数方面，四大区域指数均呈现出总体上升但期间波动的变化趋势，东部从 2011 年的 0.288 7 增至 2019 年的 0.423 7，后又回落到 2022 年的 0.399 9；中部从 2011 年的 0.169 2 先增至 2018 年的 0.261 3，后又小幅波动增至 2022 年的 0.275 5；西部地区从 2011 年的 0.138 6 增至 2020 年 0.248 8，后又缓慢回落至 2022 年的 0.241 9；东北地区从 2011 年的 0.160 0 先增至 2016 年的 0.277 4，后经过小幅波动后降至 2022 年的 0.273 3（图 7-5）。从研究期间共同指数的均值来看，四大区域呈现出东部（0.371 5）＞东北（0.233 7）＞中部（0.230 2）＞西部（0.203 9）的格局，仅东部地区高于全国水平（0.268 0）；从共同指数增速上来看，四大区域呈现出西部（5.19%）＞东北（5.04%）＞中部（4.54%）＞东部（3.01%）的态势，西部地区的追赶趋势明显。进一步来看，西部地区“富裕”水平的增速远超“共同”水平，表明西部地区的追赶效应主要来源于“富裕”水平。

（三）区域层面八个维度指数分析

四大区域物质富裕、精神富裕、产业协调、城乡协调、区域协调、群体协调、制度协调和成果共享维度指数计算结果如图 7-6a～h 所示。

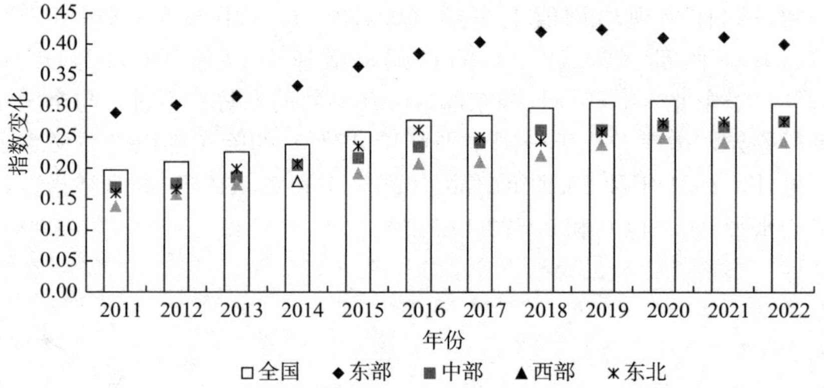

图 7-5　2011—2022 年我国区域层面共同水平指数变化趋势

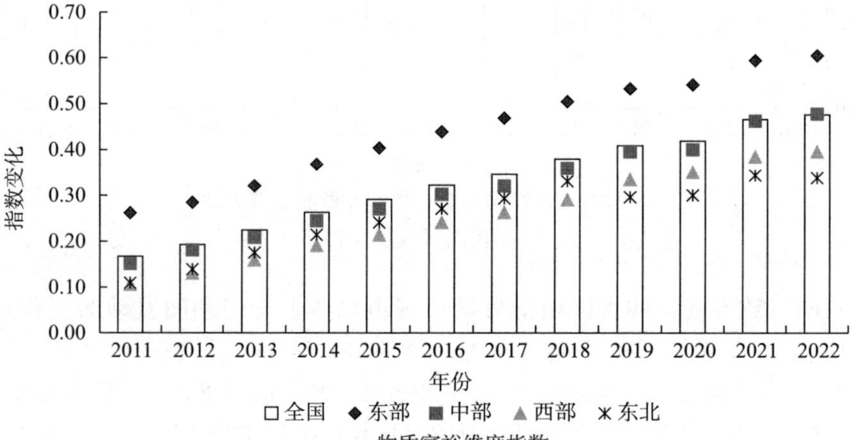

a.物质富裕维度指数

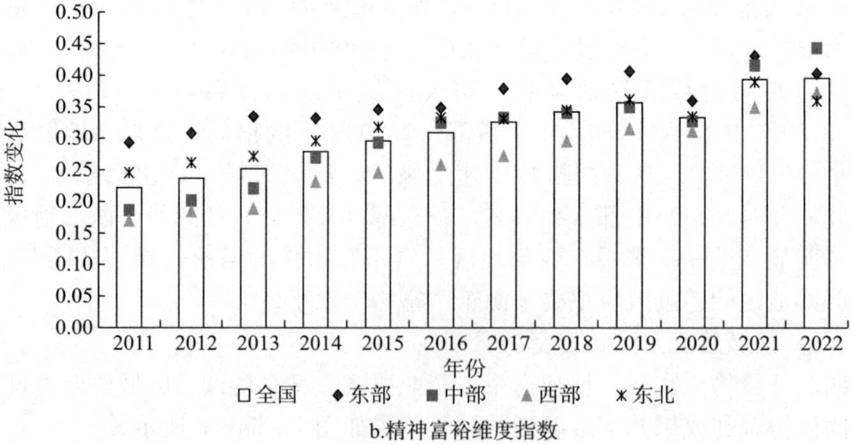

b.精神富裕维度指数

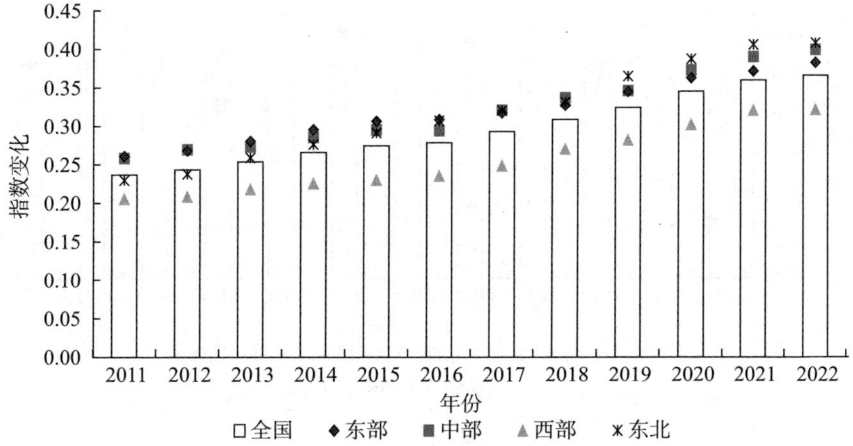

c.产业协调维度指数

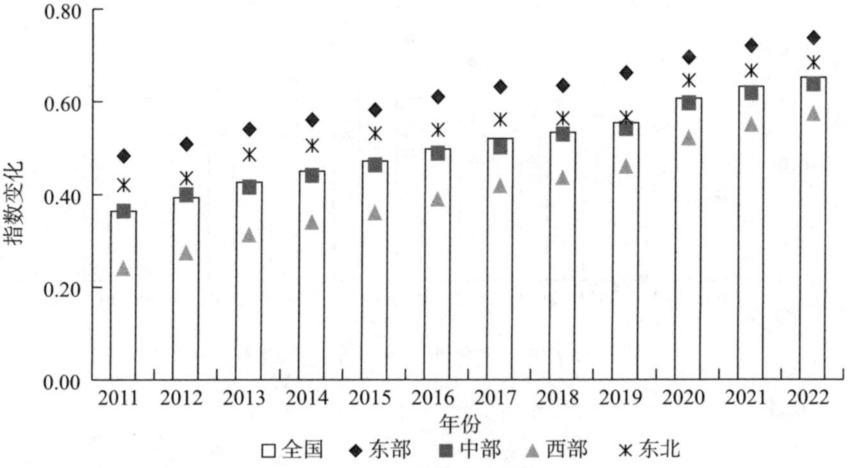

d.城乡协调维度指数

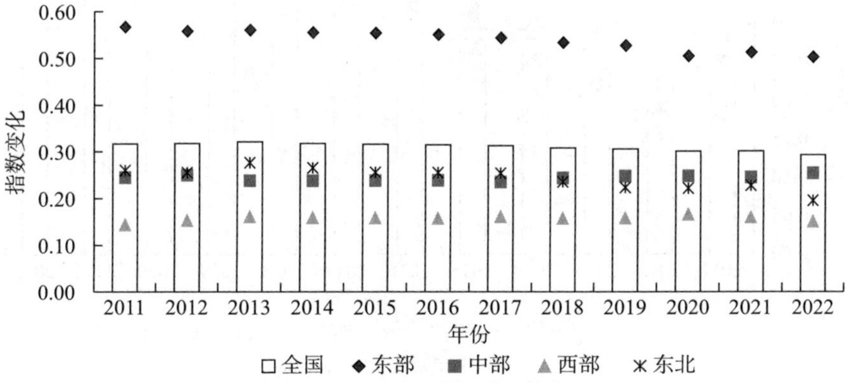

e.区域协调维度指数

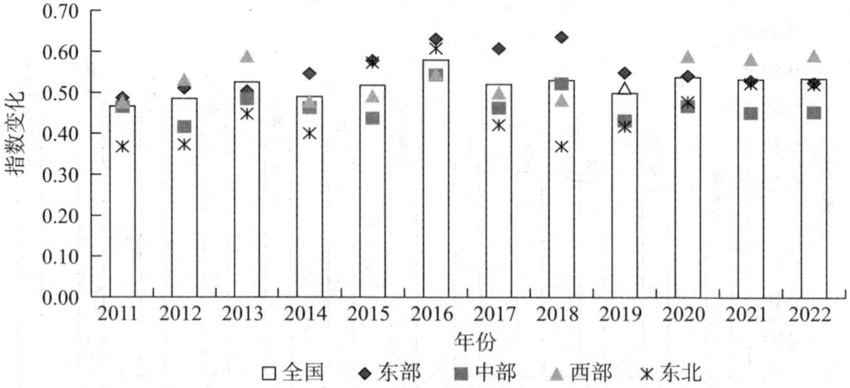

f.群体协调维度指数

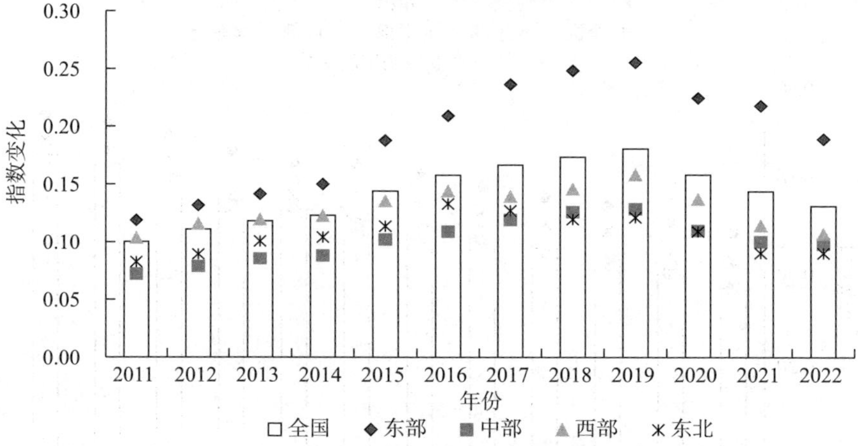

g.制度协调维度指数

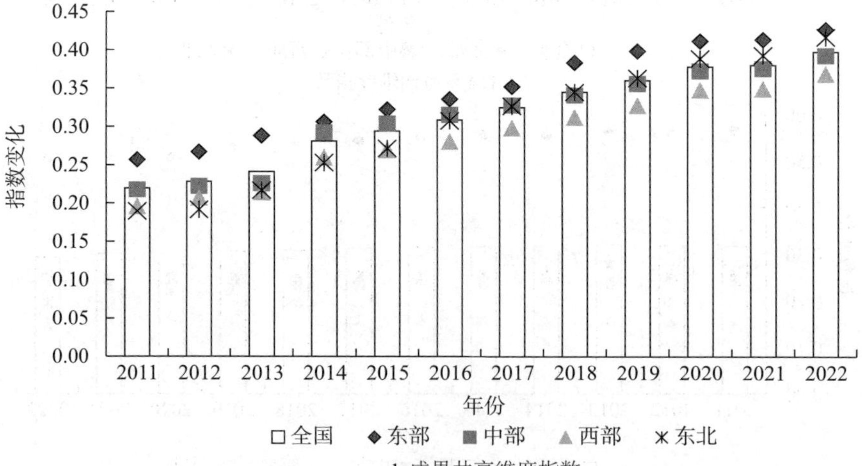

h.成果共享维度指数

图 7－6　2011—2022 年全国四大区域八个维度指数变化趋势

从八个维度指数水平变化趋势来看，四大区域的物质富裕、精神富裕、产业协调、城乡协调和成果共享五个维度指数呈现逐年上升趋势，而区域协调维度指数基本呈现水平波动趋势，群体协调维度指数呈现明显的波动趋势，制度协调维度指数呈现先上升后下降的趋势。进一步分析发现，精神富裕维度指数受 2020 年新冠疫情暴发的影响较大，有明显的下降趋势，而物质富裕受其影响则较小，在一定程度上表明物质富裕水平受不确定因素的影响较小，存在较强的韧性。

从发展水平来看，东部地区在物质富裕、城乡协调、区域协调、制度协调和成果共享五个维度上的指数均高于其他三个地区；西部地区在产业协调、城乡协调和区域协调三个维度上的指数均低于其他三个地区，精神富裕和成果共享维度上也大都落后于其他三个地区。可以看出，东部与西部差距仍然较大，需要进一步统筹区域之间的协调发展进程。

从研究期内平均值来看，东部地区城乡协调维度指数最高，均值为 0.613 5；其次是东部地区群体协调维度指数，均值为 0.553 6；第三位的是东北地区城乡协调维度指数，均值为 0.550 2。相对较低的是中部地区、东北地区和西部地区的制度协调维度指数，均值分别为 0.101 4、0.106 7 和 0.128 5。以上表明各区域应加强制度协调维度建设，以推进农民农村共同富裕进程。

从增速来看，西部地区物质富裕维度指数年均增长率最高，为 12.75%，进一步说明了西部地区的追赶效应主要来源于物质富裕方面，其次是中部地区和东北地区的物质富裕维度指数，年均增长率分别为 11.02%和 10.81%，表明物质富裕在推进农民农村共同富裕进程中起到了关键作用，尤其是西部地区；增速相对较小的是东北地区和东部地区的区域协调、中部地区的群体协调维度指数，年均增长率均为负值，分别为−2.56%、−1.09%和−0.24%，中部地区和西部地区的区域协调、群体协调和制度协调维度上的增速也相对落后，这表明四大区域之间的区域差距、群体差距和制度差距仍然较大，是遏制农民农村共同富裕进程的主要方面（表 7 - 14）。

第三节　农民农村共同富裕的区域差异分析

本节主要通过 Dagum 基尼系数分解法测算农民农村共同富裕水平的总体差异及其主要来源（包括区域内差异、区域间差异、区域间超变密度及其各自贡献率），以求发现我国农民农村共同富裕水平的相对差异。

表 7-14　2011—2022 年全国四大区域农民农村共同富裕及各维度发展水平

地区	得分	2011 年	2012 年	2013 年	2014 年	2015 年	2016 年	2017 年	2018 年	2019 年	2020 年	2021 年	2022 年	均值	增幅	年均增速（%）
东部	综合指数	0.272 7	0.294 0	0.324 5	0.349 3	0.388 2	0.415 7	0.448 3	0.476 3	0.490 4	0.466 7	0.505 1	0.489 3	0.410 0	0.216 6	5.46
	富裕指数	0.299 4	0.326 4	0.371 4	0.399 8	0.434 5	0.459 7	0.503 8	0.539 8	0.567 3	0.535 0	0.627 0	0.611 3	0.473 0	0.311 9	6.70
	共同指数	0.288 7	0.301 6	0.316 6	0.333 0	0.363 9	0.385 3	0.403 5	0.420 0	0.423 7	0.410 5	0.411 6	0.399 9	0.371 5	0.111 2	3.01
	物质富裕	0.261 8	0.284 6	0.320 6	0.368 2	0.404 1	0.439 3	0.469 2	0.505 1	0.533 1	0.541 7	0.594 5	0.605 1	0.443 9	0.343 3	7.91
	精神富裕	0.293 1	0.308 1	0.334 6	0.331 9	0.345 9	0.348 8	0.379 2	0.394 7	0.406 3	0.360 0	0.430 7	0.403 1	0.361 4	0.110 0	2.94
	产业协调	0.260 6	0.268 0	0.280 3	0.295 3	0.306 2	0.308 2	0.316 9	0.326 8	0.344 8	0.362 8	0.371 6	0.382 8	0.318 7	0.122 2	3.56
	城乡协调	0.483 3	0.508 5	0.540 4	0.560 5	0.581 9	0.610 0	0.631 3	0.634 0	0.661 2	0.694 6	0.719 6	0.736 5	0.613 5	0.253 2	3.90
	区域协调	0.567 1	0.558 1	0.560 4	0.555 3	0.554 0	0.550 6	0.543 7	0.533 5	0.527 2	0.504 8	0.512 8	0.502 7	0.539 2	−0.064 4	−1.09
	群体协调	0.487 3	0.510 6	0.503 7	0.546 5	0.578 4	0.630 8	0.607 6	0.635 6	0.548 9	0.541 1	0.528 5	0.524 5	0.553 6	0.037 2	0.67
	制度协调	0.118 8	0.131 7	0.141 4	0.150 0	0.187 6	0.209 3	0.236 5	0.248 4	0.255 4	0.224 7	0.218 0	0.189 1	0.192 6	0.070 3	4.32
	成果共享	0.257 0	0.267 1	0.288 2	0.306 2	0.322 4	0.335 8	0.351 8	0.383 5	0.398 6	0.411 7	0.413 7	0.426 7	0.346 9	0.169 7	4.72
中部	综合指数	0.111 8	0.129 8	0.151 7	0.193 1	0.217 3	0.250 5	0.263 6	0.292 3	0.305 2	0.304 4	0.349 5	0.369 4	0.244 9	0.257 6	11.47
	富裕指数	0.140 6	0.172 4	0.205 8	0.269 1	0.305 4	0.351 7	0.370 0	0.401 4	0.432 5	0.416 9	0.530 1	0.562 4	0.346 5	0.421 8	13.43
	共同指数	0.169 2	0.175 4	0.185 6	0.205 0	0.216 7	0.234 6	0.241 5	0.261 3	0.261 6	0.268 5	0.267 1	0.275 5	0.230 2	0.106 3	4.54
	物质富裕	0.151 5	0.181 1	0.208 6	0.244 9	0.270 8	0.302 5	0.320 6	0.359 7	0.395 6	0.400 5	0.462 9	0.478 4	0.314 8	0.326 9	11.02
	精神富裕	0.186 3	0.201 7	0.220 9	0.269 5	0.293 3	0.324 8	0.333 0	0.340 5	0.350 1	0.327 2	0.416 1	0.443 4	0.308 9	0.257 1	8.20
	产业协调	0.258 3	0.269 5	0.273 1	0.285 4	0.295 0	0.293 9	0.320 8	0.337 0	0.346 0	0.373 0	0.390 3	0.399 5	0.320 2	0.141 2	4.04
	城乡协调	0.364 5	0.399 6	0.416 0	0.441 2	0.463 7	0.488 7	0.502 1	0.529 6	0.541 5	0.596 3	0.617 9	0.637 0	0.499 8	0.272 5	5.20
	区域协调	0.245 0	0.250 2	0.238 2	0.238 1	0.238 4	0.238 9	0.235 4	0.243 9	0.247 8	0.248 2	0.245 4	0.254 3	0.243 7	0.009 3	0.34
	群体协调	0.464 8	0.415 7	0.485 1	0.463 4	0.438 0	0.543 7	0.462 8	0.522 4	0.432 2	0.467 4	0.450 9	0.452 8	0.466 6	−0.012 0	−0.24
	制度协调	0.072 0	0.078 7	0.085 5	0.088 2	0.102 1	0.108 9	0.119 1	0.126 0	0.128 5	0.109 9	0.100 2	0.098 1	0.101 4	0.026 1	2.85
	成果共享	0.217 7	0.222 5	0.226 1	0.292 4	0.304 0	0.315 4	0.327 5	0.340 8	0.356 3	0.372 7	0.375 8	0.392 8	0.312 0	0.175 1	5.51

（续）

地区	得分	2011年	2012年	2013年	2014年	2015年	2016年	2017年	2018年	2019年	2020年	2021年	2022年	均值	增幅	年均增速（%）
西部	综合指数	0.069 8	0.096 8	0.118 3	0.145 1	0.166 3	0.189 7	0.202 7	0.226 0	0.258 2	0.270 1	0.285 4	0.297 1	0.193 8	0.227 3	14.07
	富裕指数	0.097 8	0.125 7	0.147 3	0.202 8	0.229 9	0.257 0	0.282 8	0.319 8	0.364 2	0.371 5	0.425 0	0.451 4	0.272 9	0.353 6	14.92
	共同指数	0.138 6	0.158 0	0.173 8	0.178 9	0.191 6	0.206 9	0.210 0	0.220 2	0.237 7	0.248 8	0.240 8	0.241 9	0.203 9	0.103 3	5.19
	物质富裕	0.105 8	0.130 7	0.159 0	0.190 9	0.214 0	0.241 0	0.263 0	0.290 5	0.334 9	0.350 8	0.385 1	0.396 2	0.255 2	0.290 4	12.75
	精神富裕	0.169 9	0.184 5	0.188 5	0.231 2	0.246 0	0.257 9	0.271 9	0.295 5	0.314 6	0.311 0	0.349 2	0.372 8	0.266 1	0.202 9	7.40
	产业协调	0.205 4	0.208 2	0.217 7	0.225 5	0.229 9	0.235 2	0.248 5	0.270 0	0.281 8	0.301 8	0.320 1	0.321 3	0.255 5	0.115 9	4.15
	城乡协调	0.240 7	0.273 9	0.312 4	0.339 8	0.360 0	0.389 2	0.418 0	0.435 4	0.460 1	0.521 2	0.550 7	0.573 6	0.406 3	0.332 9	8.21
	区域协调	0.144 0	0.153 2	0.161 2	0.159 1	0.158 4	0.157 7	0.161 1	0.157 5	0.158 1	0.166 0	0.159 4	0.150 2	0.157 2	0.006 2	0.39
	群体协调	0.476 3	0.531 3	0.588 6	0.477 9	0.491 7	0.545 1	0.499 8	0.482 5	0.512 2	0.589 0	0.582 2	0.590 9	0.530 6	0.114 6	1.98
	制度协调	0.103 6	0.115 6	0.119 5	0.122 6	0.135 3	0.143 9	0.139 3	0.145 7	0.158 0	0.136 9	0.114 2	0.106 9	0.128 5	0.003 3	0.29
	成果共享	0.195 5	0.206 8	0.214 0	0.259 7	0.269 4	0.280 4	0.297 8	0.311 8	0.327 1	0.347 7	0.349 2	0.368 5	0.285 7	0.173 0	5.93
东北	综合指数	0.113 2	0.131 5	0.170 4	0.195 6	0.233 0	0.266 9	0.262 3	0.271 9	0.280 3	0.284 4	0.315 8	0.304 0	0.235 8	0.190 8	9.39
	富裕指数	0.162 0	0.194 1	0.225 8	0.271 0	0.306 1	0.337 9	0.350 6	0.386 3	0.378 2	0.358 4	0.431 7	0.403 4	0.317 1	0.241 4	8.65
	共同指数	0.160 0	0.166 4	0.198 8	0.207 2	0.235 8	0.261 9	0.249 7	0.243 5	0.258 1	0.273 3	0.275 2	0.274 8	0.233 7	0.114 8	5.04
	物质富裕	0.109 4	0.139 0	0.175 4	0.214 1	0.241 2	0.271 0	0.293 4	0.331 0	0.296 3	0.300 4	0.344 1	0.338 4	0.254 5	0.229 0	10.81
	精神富裕	0.245 7	0.261 5	0.271 5	0.296 1	0.317 6	0.333 0	0.330 8	0.344 7	0.362 2	0.334 8	0.389 9	0.359 8	0.320 6	0.114 1	3.53
	产业协调	0.229 6	0.237 7	0.258 9	0.276 2	0.291 0	0.306 7	0.319 8	0.331 4	0.365 0	0.387 4	0.406 0	0.408 2	0.318 2	0.178 6	5.37
	城乡协调	0.420 9	0.435 6	0.486 4	0.505 2	0.531 2	0.538 8	0.561 1	0.563 6	0.565 1	0.644 8	0.665 7	0.683 5	0.550 2	0.262 6	4.51
	区域协调	0.260 1	0.255 4	0.276 6	0.265 5	0.255 9	0.255 3	0.254 0	0.235 5	0.223 4	0.221 8	0.227 8	0.195 5	0.243 9	−0.064 6	−2.56
	群体协调	0.367 4	0.372 4	0.448 2	0.399 9	0.573 3	0.607 8	0.421 6	0.369 1	0.417 8	0.478 2	0.522 1	0.520 2	0.458 2	0.152 8	3.21
	制度协调	0.082 4	0.089 3	0.100 6	0.104 1	0.113 6	0.132 9	0.127 0	0.119 5	0.121 1	0.109 0	0.090 3	0.090 2	0.106 7	0.007 8	0.83
	成果共享	0.189 4	0.191 4	0.217 1	0.253 0	0.271 6	0.307 6	0.326 5	0.344 8	0.363 4	0.388 9	0.393 0	0.416 7	0.305 3	0.227 3	7.43

一、全国总体差异

图7－7显示了全国农民农村共同富裕水平的总体基尼系数。全国总体差异由2011年的0.409下降至2022年的0.172，年均值为0.260 2，总降幅达到57.95%。这一结果表明全国农民农村共同富裕的总体差异显著下降。具体来看，2011—2016年总体基尼系数出现明显下降趋势，2017年相对于2016年有小幅回升，2017—2022年总体基尼系数呈现缓慢下降趋势。其中2016年之前的急剧下降态势可能与我国加快推进扶贫开发工作以及2013年精准扶贫战略、2014年全面深化改革以及共建“一带一路”倡议、京津冀协同发展等实施存在一定关联，而2017年回升的原因可能是由东部地区的总体差距有所加大导致。

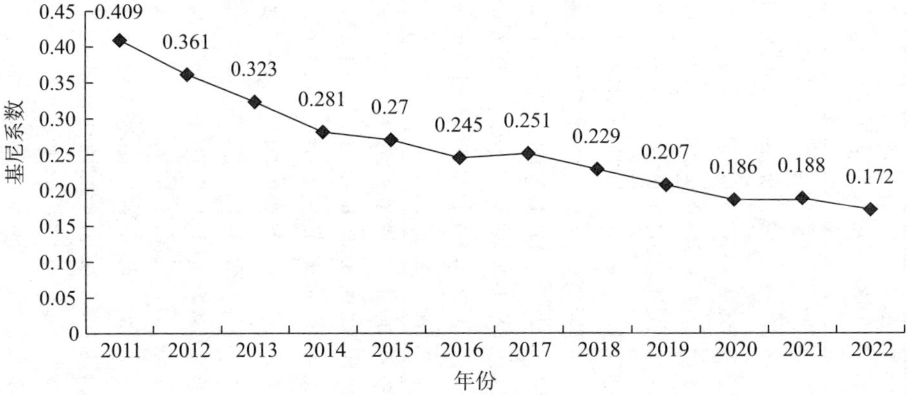

图7－7　2011—2022年全国农民农村共同富裕水平的总体基尼系数

二、区域内差异

图7－8显示了东部地区、中部地区、西部地区和东北地区的基尼系数。从区域内基尼系数的演变趋势来看，呈现“东部地区＞西部地区＞中部地区＞东北地区”的分布格局。具体来说，东部地区的区域内差异整体呈下降趋势，从2011年的0.301下降至2022年的0.203，平均值为0.243，总降幅为32.56%，但整体高于其他三个地区，这与东部地区内部各省份之间差距较大有关；西部地区的区域内差异呈现剧烈下降态势，基尼系数从2011年的0.353下降至2022年的0.078，总降幅达到77.9%，平均值为0.168，明显低于东部地区；中部地区的区域内差异呈现震荡下降趋势，整体上由2011年的0.105下降至2022年的0.043，平均值为0.064，总降幅为59.05%；东北地

区的区域内差异变化与中部地区相似，呈现震荡下降趋势，从 2011 年的 0.042 下降至 2022 年的 0.018，总降幅达 57.14%，均值为 0.023，明显低于其他三个区域。综上可知，东部地区和西部地区的农民农村共同富裕水平之间的非均衡问题得到了改善，两个区域的基尼系数差额由 2011 年的－0.052（东部与西部的差值）缩小至 2022 年的 0.114，特别是西部地区尤为明显。从变化趋势后段来看，中部地区和东部地区的基尼系数有所增长，表明两个区域农民农村共同富裕水平的非均衡程度有上升趋势，这与两个区域内不同省份农民农村共同富裕差距增大有关。

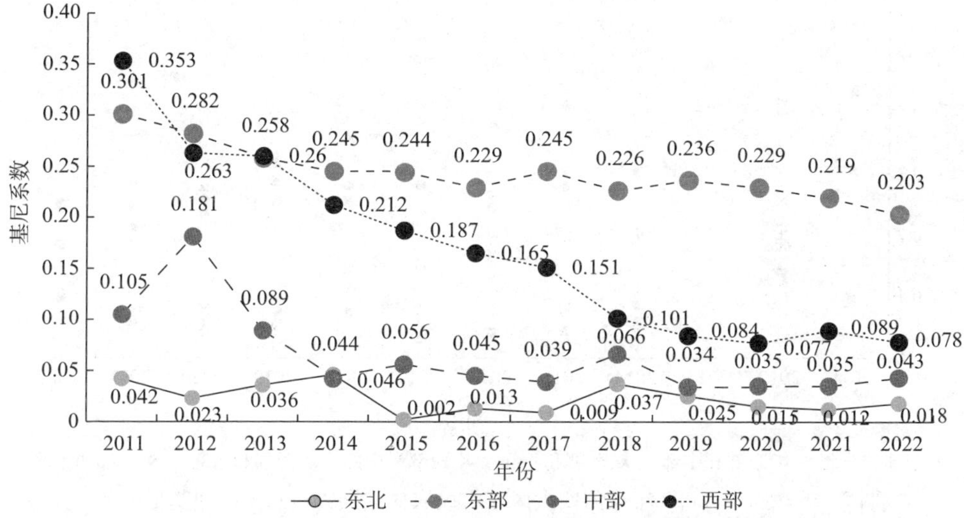

图 7－8　2011—2022 年全国四大区域农民农村共同富裕水平组内基尼系数分解

三、区域间差异

图 7－9 显示四大区域的区域间农民农村共同富裕区域间基尼系数。可以看出，四大区域间基尼系数总体呈现下降趋势，表明区域间差异逐步缩小。其中，“东部和西部、东部和东北、东部和中部”之间的差异最为显著，基尼系数均分别为 0.392 3、0.297 8 和 0.293 7。“中部和东北、西部和东北、中部和西部”之间的差异相对较小，基尼系数均值分别为 0.067 6、0.152 3 和 0.167 3。具体来看，东部和西部之间的差异最为显著，但西部地区具有强劲的“追赶效应”，两个区域的区域间基尼系数的年均降速（7.49%）相对明显。虽然西部和东北之间的差距不明显，但其年均降幅最大，为 13.9%，这表明西部地区和东北地区农民农村共同富裕差距缩小较快，共同富裕均衡程度较强。从演变

态势看，“东部和西部、东部和中部”之间的基尼系数（除2017年外）呈现逐年下降态势；“东部和东北”之间的基尼系数从2011—2016年呈逐年下降趋势，但2017年回升之后下降趋势变缓；“西部和中部、西部和东北、中部和东北”的基尼系数2011—2020年呈现震荡下降趋势，2020年之后又呈现出缓慢上升趋势。综合图7-6发现，区域间差异主要来源于物质富裕和区域协调两个维度，在这两个维度上，东部地区明显高于其他三个地区。

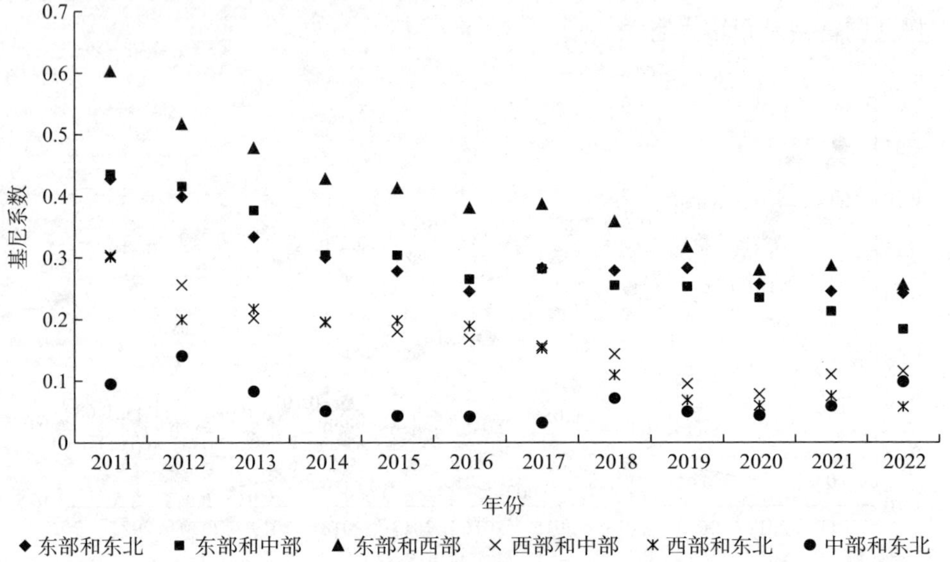

图7-9 2011—2022年全国四大区域农民农村共同富裕水平组间基尼系数

四、区域差异来源及贡献度

图7-10显示了农民农村共同富裕区域内差异、区域间差异、超变密度三个方面的贡献率情况。可以看出，虽然三者存在一定程度波动，但区域间差异始终是造成农民农村共同富裕总体差异的主要来源，它对总体差异的平均贡献率高达72.10%，最高为2011年74.16%，最低为2022年为68.87%；其次为区域内差异，对农民农村共同富裕总体差异的平均贡献率为22.17%，而超变密度贡献率的平均贡献率仅为5.73%。综上所述，促进农民农村共同富裕均衡发展要着重从解决区域间差异入手，特别是应该重点从物质富裕和区域协调两个维度出发，鼓励生产要素的跨区域流动，促进区域经济、社会协同发展，唯有如此才能有效促进农民农村共同富裕均衡发展。进一步从演变态势来看，区域间差异的贡献度从2018年开始呈现震荡下降趋势，而区域内差异和超变

密度的贡献度，尤其是超变密度的贡献率，呈现出小幅上涨趋势。

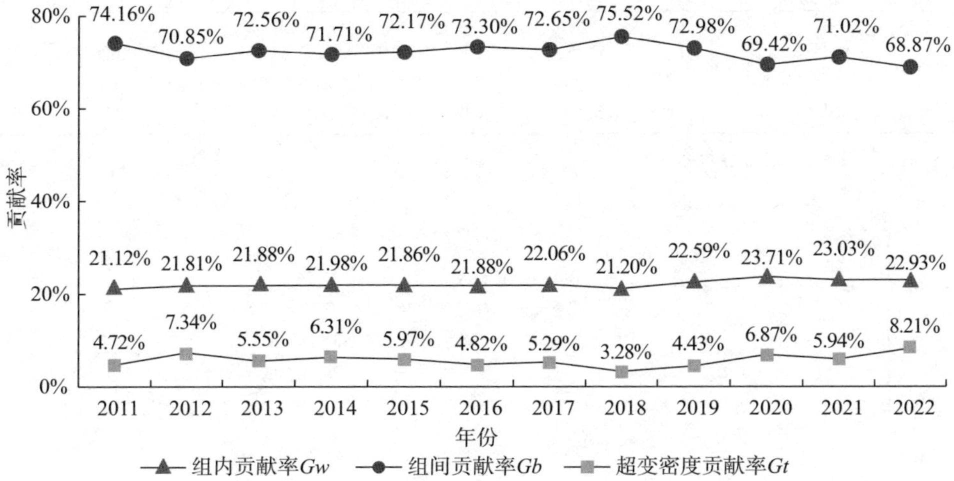

图 7-10　2011—2022 年我国农民农村共同富裕水平区域差异贡献率

第四节　农民农村共同富裕水平的空间集聚特征分析

本节将采用 Moran's I 指数方法分析农民农村共同富裕水平的空间集聚特征，首先采用全局 Moran's I 指数探讨农民农村共同富裕水平的空间相关性，随后采用局部 Moran's I 指数进一步分析农民农村共同富裕水平的局部集聚模式。

一、农民农村共同富裕水平的全局集聚特征分析

本书首先采用全局 Moran's I 指数分析农民农村共同富裕水平的空间相关性，结果如表 7-15 和图 7-11 所示。结果表明，2011—2022 年农民农村共同富裕水平的全局 Moran's I 指数均显著为正，表明农民农村共同富裕水平呈现显著的空间正相关，存在“先富带动后富”的空间辐射效应。在研究期内，全局 Moran's I 指数总体呈下降趋势，年均下降速度为 3.88%，但整体演变过程可以分为两个阶段：2011—2020 年整体呈波动下降趋势，2020—2022 年又有所上升，表明 2020 年之后我国农民农村共同富裕水平的正向集聚效应有增强趋势，通过加强区域之间的交流合作，能够强化“先富带动后富”效应，正向集聚有利于促进良性循环的形成。

表 7-15 2011—2022 年我国农民农村共同富裕水平的全局 Moran's I 指数

指数	2011 年	2012 年	2013 年	2014 年	2015 年	2016 年	2017 年	2018 年	2019 年	2020 年	2021 年	2022 年
Moran's I 指数	0.496***	0.509***	0.499***	0.513***	0.467***	0.465***	0.429***	0.360***	0.323***	0.283***	0.328***	0.321***
z 值	4.327	4.436	4.351	4.463	4.091	4.073	3.783	3.220	2.915	2.588	2.957	2.902

注：***表示 1%的显著性水平。

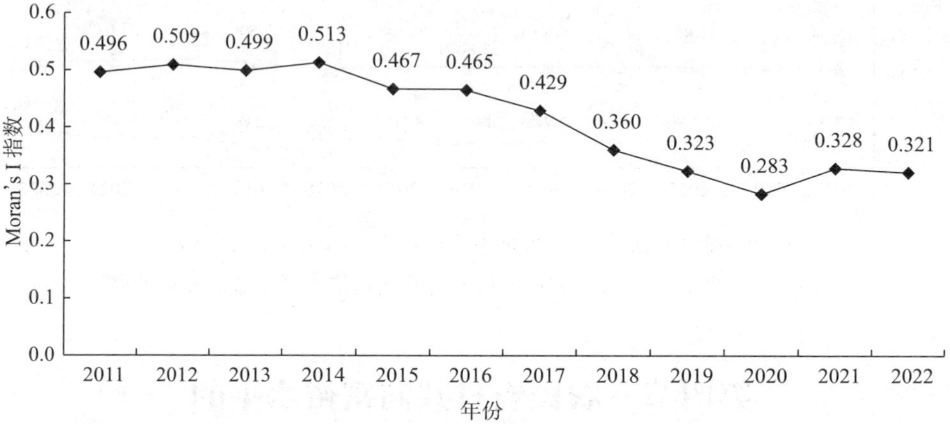

图 7-11 2011—2022 年我国农民农村共同富裕水平的全局 Moran's I 指数

二、农民农村共同富裕水平局部集聚特征分析

结合 Moran's I 指数结果，本部分仅绘制出农民农村共同富裕水平的局部 Moran's I 指数的 2011 年和 2022 年散点图，结果如图 7-12 所示。由该图可知，我国大部分省域位于第Ⅰ象限和第Ⅲ象限，即"高—高"集聚区和"低—低"集聚区，表明省域农民农村共同富裕水平具有显著的正向空间集聚效应。其中，"高—高"集聚区内多以东部地区省份为主，西部地区、中部地区和东北地区中大部分省份主要落在"低—低"集聚区，省域差异和区位优势在其中显得尤为重要。通过对比 2011 年和 2022 年 Moran's I 指数散点图演进趋势发现，我国农民农村共同富裕水平的空间集聚特征相对稳定，仅有北京、山东、江西、重庆、湖北、山西和内蒙古 7 个省份发生了象限转移，其中北京从第Ⅳ象限转移到第Ⅰ象限，山东从第Ⅲ象限转移到第Ⅰ象限，江西从第Ⅰ象限转移到第Ⅱ象限，重庆、湖北和山西从第Ⅳ象限转移到第Ⅲ象限，内蒙古从第Ⅲ象限转移到第Ⅳ象限。综上所述，中国大部分省份长期处于"低—低"集聚区（2011 年 18 个，2022 年 19 个），进一步说明我国农民农村共同富裕水平普遍

较低，面临着长期而艰巨的挑战。因此，目前可以通过加大对低值集聚区省份的倾斜性支持，进一步缩小省份之间农民农村共同富裕发展差距。

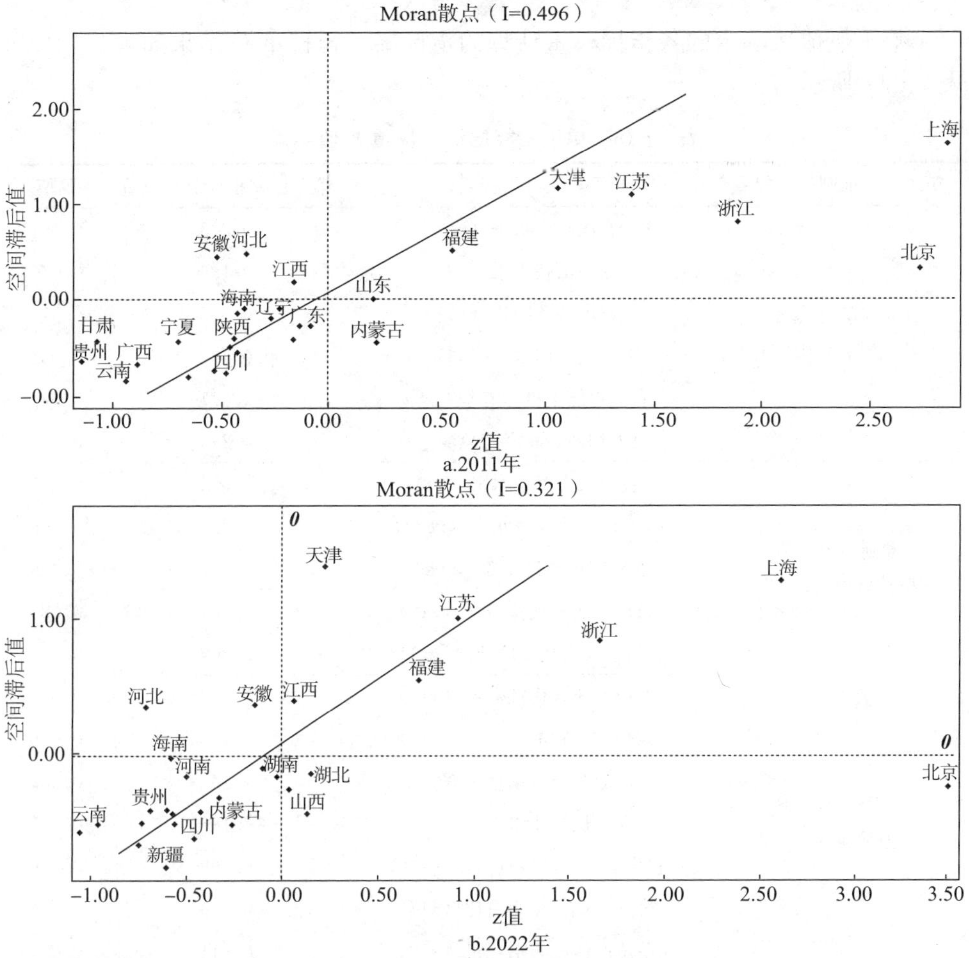

图 7-12　2011 年和 2022 年我国农民农村共同富裕水平的局部 Moran's I 指数散点图

注：第Ⅰ和第Ⅲ象限为正向空间相关，第Ⅱ和第Ⅳ象限为负向空间相关；第Ⅰ象限为“高—高”，第Ⅱ象限为“低—高”，第Ⅲ象限为“低—低”，第Ⅳ象限为“高—低”。

第五节　农民农村共同富裕水平的障碍因素识别

本节首先借助熵值法中确定的权重，确定指标层、准则层的权重，然后采用障碍度模型分析两个水平和八个维度以及指标层影响农民农村共同富裕的

"主要障碍因子"。

一、农民农村共同富裕水平的各指标层权重

基于熵值法确定的各指标权重计算的指标层综合权重 F 结果如表 7-16 和表 7-17 所示。

表 7-16　单项指标层综合权重 F 值结果

第 1 层（准则层）权重	第 2 层（指标层）	第 2 层（指标层）权重	F 值
准则层第 1 项（物质富裕，0.271）	农民收入水平（x1）	0.203	0.055
	农民消费水平（x2）	0.186	0.050
	农民消费结构（x3）	0.057	0.015
	农民住房水平（x4）	0.189	0.051
	农民智能手机拥有量（x5）	0.077	0.021
	农民人均消费品零售总额（x6）	0.289	0.078
准则层第 2 项（精神富裕，0.229）	农民人力资本水平（x7）	0.076	0.017
	农民文化消费水平（x8）	0.221	0.050
	农村广播节目覆盖率（x9）	0.037	0.008
	农村有线电视覆盖率（x10）	0.364	0.083
	农村公共文化设施建设（x11）	0.302	0.069
准则层第 3 项（产业协调，0.053）	农业专业合作社数量（x12）	0.297	0.016
	人均农林牧渔总产值（x13）	0.158	0.008
	第一产业全员劳动生产率（x14）	0.167	0.009
	农业机械化水平（x15）	0.136	0.007
	农户固定资产投资占比（x16）	0.165	0.009
	第一产业劳动力占比（x17）	0.066	0.004
	单位产值电力消耗量（x18）	0.011	0.001
准则层第 4 项（城乡协调，0.029）	城镇化率（x19）	0.524	0.015
	城乡收入差距（x20）	0.192	0.005
	城乡消费差距（x21）	0.285	0.008
准则层第 5 项（区域协调，0.106）	地区农民收入共享水平（x22）	0.516	0.055
	地区农民消费共享水平（x23）	0.484	0.051
准则层第 6 项（群体协调，0.040）	农民内部收入差距（x24）	0.493	0.020
	农民收入包容水平（x25）	0.363	0.015
	低保人群占比（x26）	0.143	0.006

（续）

第1层（准则层）权重	第2层（指标层）	第2层（指标层）权重	*F* 值
准则层第7项（制度协调，0.215）	单位产值的农林水事务支出（x27）	0.753	0.162
	农林水事务支出占比（x28）	0.096	0.021
	城乡社区事务支出占比（x29）	0.151	0.033
准则层第8项（成果共享，0.057）	农村卫生技术人员占比（x30）	0.120	0.007
	农村小学教师资源水平（x31）	0.081	0.005
	农村小学师生比（x32）	0.134	0.008
	农村居民转移净收入占比（x33）	0.111	0.006
	农村最低生活保障平均支出（x34）	0.216	0.012
	集中供水的行政村比例（x35）	0.037	0.002
	农村公共设施投入占比（x36）	0.107	0.006
	绿化覆盖率（x37）	0.159	0.009
	单位面积化肥施用量（x38）	0.035	0.002

表 7-17　八个维度综合权重 *F* 值结果

第1层（准则层）权重	第2层（指标层）	第2层（指标层）权重	*F* 值
准则层第1项（富裕水平，0.388）	物质富裕	0.543	0.210
	精神富裕	0.457	0.177
准则层第2项（共同水平，0.612）	产业协调	0.106	0.065
	城乡协调	0.057	0.035
	区域协调	0.212	0.130
	群体协调	0.080	0.049
	制度协调	0.431	0.264
	成果共享	0.113	0.069

二、全国层面障碍度因素识别

（一）准则层障碍因素识别

研究期内，共同水平的障碍度呈震荡递减趋势，富裕水平的障碍度总体呈增长趋势，但共同水平的障碍度在2020年及之前大于富裕水平，整体来看共同水平的障碍度均值高达55.19%，富裕水平的障碍度均值为44.81%。可见，农民农村共同富裕的主要障碍由共同水平转变为了富裕水平，但从2022年共同水平（47.48%）和富裕水平（52.52%）障碍度大小的比较来看，二者对推进农民农村共同富裕都很重要，这就意味着不但要“分好蛋糕”，还要继续把“蛋糕做大”。

从各维度来看，物质富裕对农民农村共同富裕的阻力最大，其障碍度均值为22.96%，研究期内物质富裕出现逐年增长趋势，这表明提升农民消费水平、改善农民生活质量是推进农民农村共同富裕的关键方向；精神富裕是第二大阻力，其障碍度均值为21.85%，研究期内呈现震荡上升趋势，意味着提升农民受教育水平和文化娱乐水平也是推进农民农村共同富裕的主要方向；区域协调是第三大阻力，其障碍度均值为13.35%，研究期内呈现逐年下降趋势，这表明我国在缩小区域差距方面取得了一定成效，但进一步加强区域交流和联动仍是推进农民农村共同富裕的主要方面；制度协调是第四大阻力，其障碍度均值为10.05%，且研究期内呈现震荡下行趋势，表明进一步加强对农民农村发展的政策支持有利于推进农民农村共同富裕的实现；群体协调、产业协调、成果共享和城乡协调的障碍度均值分别为8.55%、8.47%、8.20%和6.57%。从其变化趋势来看，群体协调整体呈现下降趋势，产业协调呈现先下降后上升趋势，成果共享呈现逐年上升趋势，城乡协调呈现震荡水平波动趋势。从2022年的障碍度来看，群体协调、产业协调、成果共享和城乡协调的障碍度分别为6.36%、9.01%、9.68%和6.71%，可以看出，产业协调和成果共享已经超越制度协调（6.34%）。总之，进一步促进发展成果充分惠及到广大农民农村，积极发展农业产业，吸引广大农户，特别是低收入群体的广泛参与，能够有效加速农民农村共同富裕进程（图7-13）。

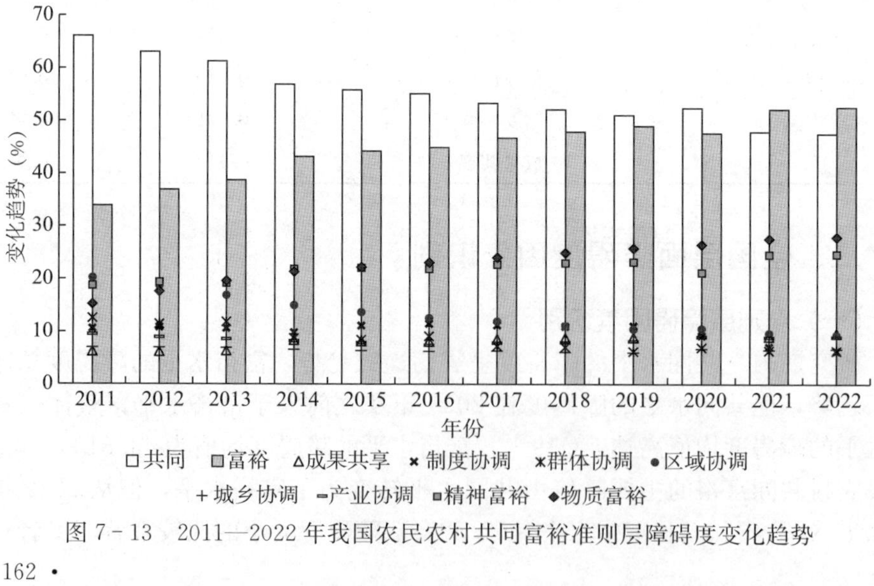

图7-13　2011—2022年我国农民农村共同富裕准则层障碍度变化趋势

（二）指标层障碍因素识别

表 7－18 汇总了农民农村共同富裕水平指标层的主要障碍因素（障碍度排名前五位的指标）。从时间序列来看，各障碍因素出现的频率并不一致。其中，农村有线电视覆盖率出现频率为 100％，且障碍度均值不断减小；其次是农民文化消费水平，出现了 9 次，其障碍度均值呈现震荡上升趋势；随后依次是农民人均消费品零售总额（8 次），地区农民消费共享水平、农民住房水平与农民消费水平（均为 6 次），农民收入水平与地区农民收入共享水平（均为 5 次）；而农民内部收入差距和农村公共文化设施建设仅在 2011—2013 年出现，频率分别为 2 次和 1 次。以上表明加快推进农村有线电视全覆盖，提升农民文化消费水平、农民人均消费水平、农民收入水平和住房条件，缩小区域之间收入和消费差距等构成了进一步推进农民农村共同富裕的关键。

表 7－18　2011—2022 年我国农民农村共同富裕水平的主要障碍因素

年份	指标障碍度顺序				
	1	2	3	4	5
2011	x10（9.97％）	x23（7.31％）	x22（7.21％）	x4（6.53％）	x24（5.74％）
2012	x10（9.79％）	x23（6.94％）	x22（6.82％）	x4（6.42％）	x11（5.36％）
2013	x10（9.44％）	x23（6.54％）	x22（6.30％）	x4（6.24％）	x24（5.34％）
2014	x10（8.00％）	x8（6.34％）	x23（5.92％）	x4（5.91％）	x22（5.84％）
2015	x10（7.72％）	x8（6.91％）	x6（6.15％）	x4（5.59％）	x23（5.51％）
2016	x8（7.35％）	x10（7.18％）	x6（6.69％）	x4（5.25％）	x23（5.12％）
2017	x8（7.79％）	x6（7.33％）	x10（7.01％）	x2（5.20％）	x22（4.92％）
2018	x8（8.23％）	x6（7.81％）	x10（6.82％）	x2（5.67％）	x1（5.13％）
2019	x8（9.03％）	x6（8.22％）	x2（6.18％）	x10（6.18％）	x1（5.59％）
2020	x6（8.27％）	x8（7.65％）	x2（6.44％）	x10（6.22％）	x1（6.17％）
2021	x8（9.18％）	x6（8.84％）	x2（7.34％）	x10（6.97％）	x1（6.54％）
2022	x8（8.91％）	x6（8.77％）	x2（7.53％）	x1（7.00％）	x10（6.77％）

从顺序变化角度看，每年的主要障碍因素并不完全一致。2011—2015 年农村有线电视覆盖率是首要障碍因素，但随着时间推移其位次持续下降，2016 年降为第二位，2017 年和 2018 年降为第三位，2019—2021 年又降为第四位，到 2022 年时其位次下降到了第五位。2011—2013 年，地区农民消费共享水平排在第二位，但随后一直下降，到 2016 年下降到第五位，之后没有再出现在

前五位；地区农民收入共享水平在此期间排在第三位，2014 年降到第五位，退出两年后，在 2017 年又出现了一次，排在第五位；农民住房水平在此期间一直排在第四位，直至 2016 年；农民内部收入差距和农村公共文化设施建设排在第五位，最后退出前五位。综上所述，我国在扩大农村有线电视覆盖率、缩小省域农民消费和收入水平差距、改善农村文化设施和住房条件等方面已经取得了显著进展。

农民文化消费水平在 2014—2015 年排在第二位，2016—2019 年上升到第一位，2020 年又变为第二位，2021—2022 年再次变回第一位；农民人均消费品零售总额在 2015 年和 2016 年排在第三位，2017—2019 年上升到第二位，2020 年又上升到第一位，2021—2022 年退回第二位；农民消费水平在 2017—2018 年排在第四位，2019—2022 年持续排在第三位；农民收入水平 2018 年才进入前五位，2018—2021 年一直排在第五位，2022 年又上升到第四位。综上所述，农民文化消费水平、农民人均消费品零售总额、农民消费水平、农民收入水平分别在 2014 年、2015 年、2017 年和 2018 年首次出现在排名前五的障碍因素中，并在后面的年份中持续出现，且排名不变或有所上升，表明农民消费和农民收入方面正成为制约农民农村共同富裕的关键性问题。

三、区域层面障碍因素识别

表 7－19 显示了研究期内影响四大区域农民农村共同富裕水平的障碍因素识别结果。可以看出，共同水平是制约东部、中部、西部和东北四大区域的主要障碍，其障碍度均值分别为 55.18%、53.17%、56.51%和 54.38%；而从维度来看，共同水平中区域协调维度是制约东部地区、中部地区和东北地区农民农村共同富裕的关键障碍因素，制度协调是制约西部地区农民农村共同富裕的关键障碍因素。富裕水平中，物质富裕是制约东部、中部和西部地区农民农村共同富裕的主要障碍因素；精神富裕是制约东北地区农民农村共同富裕的主要障碍因素。

表 7－19　全国四大区域农民农村共同富裕准则层障碍度

	共同水平	富裕水平	成果共享	制度协调	群体协调	区域协调	城乡协调	产业协调	精神富裕	物质富裕
东部	55.18%	44.82%	7.20%	9.31%	6.59%	18.17%	6.14%	7.77%	20.38%	24.43%
中部	53.17%	46.83%	8.77%	6.87%	7.52%	13.00%	7.04%	9.98%	22.71%	24.12%
西部	56.51%	43.49%	8.75%	13.06%	11.25%	9.20%	6.31%	7.96%	21.52%	21.97%
东北	54.38%	45.62%	8.34%	7.87%	7.19%	13.25%	8.03%	9.69%	26.29%	19.33%

表 7-20 显示了 2022 年影响四大区域农民农村共同富裕水平的障碍因素识别结果。从富裕和共同两个水平来看，富裕水平是制约东部、中部和西部地区农民农村共同富裕的主要障碍，其障碍度分别为 50.24%、56.03% 和 53.85%；共同水平是制约东北地区农民农村共同富裕的主要障碍，其障碍度为 51.79%。从维度方面来看，在制约东部、中部和西部地区的富裕水平中，物质富裕维度是制约三个区域的主要障碍因素，其障碍度分别为 29.58%、28.44%和 27.35%；制约东北地区的共同方面中，成果共享维度是制约东北地区农民农村共同富裕的主要障碍因素，其次是产业协调维度。

表 7-20　2022 年全国四大区域农民农村共同富裕准则层障碍度

	共同水平	富裕水平	成果共享	制度协调	群体协调	区域协调	城乡协调	产业协调	精神富裕	物质富裕
东部	49.76%	50.24%	8.59%	7.59%	4.86%	13.93%	6.35%	8.44%	20.67%	29.58%
中部	43.97%	56.03%	9.37%	4.55%	4.89%	8.92%	6.41%	9.83%	27.59%	28.44%
西部	46.15%	53.85%	10.14%	6.64%	8.38%	5.88%	6.79%	8.32%	26.50%	27.35%
东北	51.79%	48.21%	12.20%	4.63%	6.93%	8.01%	8.20%	11.81%	25.28%	22.93%

综上所述，富裕和共同两个水平随着时间的推移，对我国农民农村共同富裕发展的影响处于波动变化之中。虽然从整个研究期平均水平来看，共同水平是主要障碍，但近年富裕水平逐渐超过共同水平，成为制约东部、中部和西部地区农民农村共同富裕的主要障碍，进一步提高农民物质富裕水平和精神富裕水平是推进三个区域农民农村共同富裕的主要方向；而共同水平仍然是制约东北地区农民农村共同富裕的主要障碍，促进发展成果在农村、农民中的共享水平是其主攻方向。从共同水平看，无论从研究期整体还是从 2022 年的障碍度水平观察，区域协调一直是制约东部地区农民农村共同富裕的首要障碍因素，表明进一步加强省域合作、缩小区域内差异是推进东部地区农民农村共同富裕的破题关键；随着时间推移，产业协调成为制约中部地区农民农村共同富裕的首要因素，同样也是制约东北地区的第二位障碍因素，表明促进中部地区产业发展、东北地区产业转型升级是推进两个区域农民农村共同富裕的主要动力；成果共享从整个研究期来看不是制约四大区域的主要障碍，但从 2022 年来看，已经变成了制约西部地区的首要障碍因素，而且也是制约东部和中部地区的第二位障碍因素，这主要是因为各地区的城市对优质教育、医疗、卫生、公共设施等资源具有虹吸效应，进而导致发展成果不能充分普及到农村、农民，导致成果共享障碍度偏高。

第六节　本章小结

本章在结合相关理论和研究成果的基础上，构建了包含“富裕—共同”两个水平、“物质富裕—精神富裕—产业协调—城乡协调—区域协调—群体协调—制度协调—成果共享”八个维度的农民农村共同富裕评价指标体系，借以研究我国的农民农村共同富裕问题，主要结论如下。

首先，通过熵值法获取指标权重及农民农村共同富裕水平的总指数和分项指数，结果发现我国农民农村共同富裕水平整体呈增长趋势，但存在区域之间和群体之间的非均衡问题，需要进一步缩小城乡差距、地区差距、群体差距。

其次，运用Dagum基尼系数分解法探究农民农村共同富裕水平的总体差异及其主要来源（包括区域内差异、区域间差异和区域间超变密度三方面及其贡献率），结果发现全国农民农村共同富裕的总体差异显著下降，区域间差异是造成总体差异的主要来源，需要着重解决区域之间的差异问题。

再次，采用Moran’s I指数方法考察农民农村共同富裕水平的空间集聚特征（包括全局集聚特征和局部集聚特征），结果发现农民农村共同富裕水平呈现显著的空间正相关，存在“先富带动后富”的空间辐射效应，但空间集聚特征相对稳定，需要加大对低值集聚区省份的支持。

最后，采用障碍度模型分析两个水平和八个维度以及指标层影响农民农村共同富裕的“主要障碍因子”，结果发现，准则层上共同水平是农民农村共同富裕的主要障碍，尤其是其中的区域协调、制度协调两个维度的障碍度较大；指标层农村有线电视覆盖率研究期内均出现在障碍度排名前五位上，但其影响程度逐年递减，而农民文化消费水平的制约性越来越大；另外，四大区域农民农村共同富裕的主要障碍因素存在差异性，“因地制宜”推进农民农村共同富裕进程具有显著的实践价值。

第八章 CHAPTER 8

农民农村共同富裕的国内经验借鉴

农民农村共同富裕是共同富裕研究领域中的特有概念，也是世界范围内独一无二的宏大社会实践，并无成熟的国际经验可供借鉴。因此本章主要梳理国内农民农村共同富裕的典型经验，包括以全域全方位统筹推进为特色的浙江经验、以产业组织重点突破为特色的烟台经验以及以多模式并举为特色的潍坊经验，旨在为我国农业农村共同富裕实践提供借鉴与启示。

第一节　农民农村共同富裕的浙江经验：全域全方位统筹推进

2021年《中共中央、国务院关于支持浙江高质量发展建设共同富裕示范区的意见》中，浙江省被确定为全国首个共同富裕示范区，文件中要求浙江省要“以改革创新为根本动力，以解决地区差距、城乡差距、收入差距问题为主攻方向，更加注重向农村、基层、相对欠发达地区倾斜，向困难群众倾斜，支持浙江创造性贯彻‘八八战略’[①]，在高质量发展中扎实推动共同富裕，着力

① “八八战略”是指：一是进一步发挥浙江的体制机制优势，大力推动以公有制为主体的多种所有制经济共同发展，不断完善社会主义市场经济体制。二是进一步发挥浙江的区位优势，主动接轨上海，积极参与长江三角洲地区合作与交流，不断提高对内对外开放水平。三是进一步发挥浙江的块状特色产业优势，加快先进制造业基地建设，走新型工业化道路。四是进一步发挥浙江的城乡协调发展优势，推进城乡一体化。五是进一步发挥浙江的生态优势，创建生态省，打造“绿色浙江”。六是进一步发挥浙江的山海资源优势，大力发展海洋经济，推动欠发达地区跨越式发展，努力使海洋经济和欠发达地区的发展成为浙江经济新的增长点。七是进一步发挥浙江的环境优势，积极推进以“五大百亿”工程为主要内容的重点建设，切实加强法治建设、信用建设和机关效能建设。八是进一步发挥浙江的人文优势，积极推进科教兴省、人才强省，加快建设文化大省。

在完善收入分配制度、统筹城乡区域发展、发展社会主义先进文化、促进人与自然和谐共生、创新社会治理等方面先行示范，构建推动共同富裕的体制机制，着力激发人民群众积极性、主动性、创造性，促进社会公平，增进民生福祉，不断增强人民群众的获得感、幸福感、安全感和认同感，为实现共同富裕提供浙江示范”。这并不是浙江省推进共同富裕进程的起点，而是推进全域共同富裕落地的转折点，该省推进共同富裕的实践要追溯到 2003 年启动的“千村示范、万村整治”工程，通过农村环境整治、基础设施升级、推动城乡公共服务均等化等举措率先开启了农民农村共同富裕的进程，发展至今成为全国首个高质量发展建设共同富裕示范区，城乡居民收入比也从 2003 年的 2.33∶1 缩小至 2024 年的 1.83∶1，其经验值得总结与借鉴（图 8－1）。

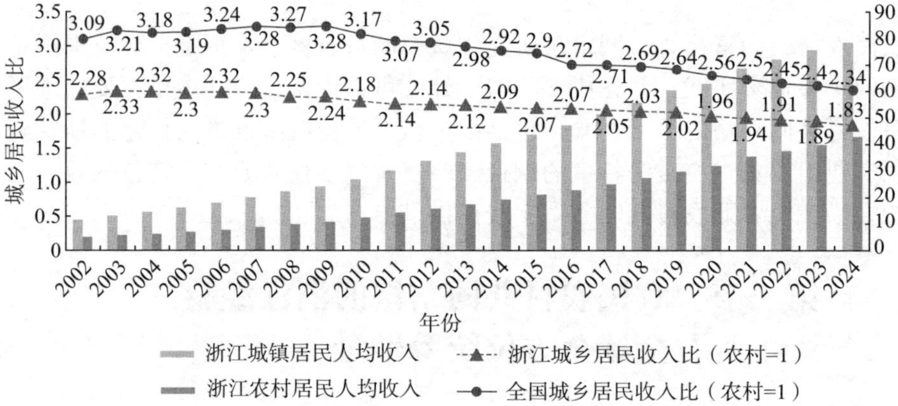

图 8－1　2002—2024 年浙江城乡居民人均收入及其比

一、农民农村共同富裕的浙江实践与经验

（一）农民农村共同富裕的浙江实践

农民农村共同富裕的浙江实践在于以省域统筹为核心，缩小“三大差距”为靶向，系统性制度创新和精准施策为把手，形成了以乡村振兴、新型城镇化、城乡融合为主轴的多层次、全领域的政策框架与实践路径，为全国共同富裕提供了“省域范例”，具体过程可以分为以下三个阶段。

1. 2003—2012 年为城乡二元结构加速转型阶段

2003 年，浙江省经济社会发展虽走在全国前列，但也面临城乡差距加大、生态环境压力增加、经济结构有待优化等问题。为解决这些问题，时任浙江省委书记习近平在亲自调研的基础上谋划推动实施了“千村示范、万村整治”工程[①]，从农村环境整治入手，通过差异化整治与建设策略改善农村生产、生活、生态三大环境来提高农民生活质量，夯实农村发展基础，缩小了城乡差距，成就了如今的万千美丽乡村。同年，在浙江省委十一届四次全体（扩大）会议，习近平全面系统阐释了浙江发展的“八个优势”，提出了指向未来的“八项举措”，即“八八战略”，为统筹浙江省全域经济社会生态等各方面发展指明了方向、提供了强大动力。2004年浙江又率先实施《浙江省统筹城乡发展推进城乡一体化纲要》，明确了城乡统筹发展的总体目标、主要任务和政策措施，开启了浙江省全域城乡空间一体规划、一体建设、一体治理的进程，这一纲要为全国提供了首个城乡融合发展的政策框架，纲要提出要以“六个城乡统筹发展”[②]为核心，通过实施“七大政策举措”[③]以构建“以工促农、以城带乡、工农互惠、城乡一体”的发展格局，推动了城乡一体化、显著缩小了城乡收入差距，为浙江省城乡融合发展、实现共同富裕目标奠定了坚实基础。2006年《浙江省国民经济和社会发展第十一个五年规划纲要》中进一步明确了要加快城乡一体化进程，把统筹城乡发展、推进城乡一体化作为全面建设小康社会、构建社会主义和谐社会的重大任务。历经十年的持续努力，浙江省城乡居民收入比由2003年的2.43∶1（全国3.23∶1）缩小至2012年的2.37∶1（全国3.10∶1），明显优于全国平均水平，为城乡协调发展、实现共同富裕目标奠定了基础。

2. 2013—2020年为以新型城镇化引领全域融合阶段

2012年党的十八大明确提出“新型城镇化建设”，成为我国城镇化发展的重要转折点，也为浙江省共同富裕发展提供了新的发展思路，在持续执行前期规划和举措的同时促进新型城镇化发展，以新型城镇化牵引全域融合，推动农业转移人口市民化，提升“以人为本”的城镇化水平、缩小城乡差距。2016年6月浙江省发展和改革委员会出台《浙江省新型城市化发展“十三五”规划》，构建“一核两极、两带三区”空间格局，实施差别化落户政策，推动农

① 2003年6月，中共浙江省委办公厅、浙江省人民政府办公厅印发《关于实施“千村示范、万村整治”工程的通知》中指出，从浙江省全域近4万个村庄中，选择1万个左右的行政村进行全面整治，把其中1 000个左右的中心村建成全面小康示范村。“千村示范、万村整治”工程也简称为“千万工程”。

② 《浙江省统筹城乡发展推进城乡一体化纲要》中的主要任务为“六个城乡统筹发展”，即统筹城乡产业发展、统筹城乡社会事业发展、统筹城乡基础设施建设、统筹城乡劳动就业和社会保障、统筹城乡生态环境建设和统筹区域经济社会发展。

③ 《浙江省统筹城乡发展推进城乡一体化纲要》中的政策举措包括：建立健全城乡一体化规划体系、深化城乡配套改革、加快推进产业升级、大力推进城市化发展、加快转移农村劳动力、加快农村新社区建设和加大统筹城乡发展的投入。

业转移人口市民化。2017年浙江省人民政府印发《关于支持农业转移人口市民化若干财政政策的实施意见》，加大农业转移人口市民化支持力度、推进以人为本的新型城镇化建设。2018年《中共浙江省委、浙江省人民政府关于深入实施山海协作工程促进区域协调发展的若干意见》中强调，要深入实施山海协作工程[①]，通过“飞地经济”、产业转移等方式促进浙西南山区（欠发达地区）与东部沿海地区（发达地区）的全面交流与合作，加快推进全省区域平衡协调发展、缩小区域差异，实现共同繁荣。在这一时期，浙江依托阿里巴巴等头部企业，率先探索“互联网＋”模式驱动了数字经济发展，为后续城乡融合、共同富裕提供了技术支撑。经过这一时期的发展，浙江省城乡居民人均收入比持续下降到2020年的1.96∶1，明显优于全国平均水平的2.56∶1。

3. 2021年至今为示范攻坚阶段

《中共中央、国务院关于支持浙江高质量发展建设共同富裕示范区的意见》中明确提出，浙江高质量发展建设共同富裕示范区的“两步走”目标：2025年取得实质性进展，2035年基本实现共同富裕。同年7月，浙江省人民政府印发《浙江高质量发展建设共同富裕示范区实施方案（2021—2025年）》，提出“四梁八柱”架构[②]，聚焦缩小“三大差距”。2025年浙江省委、省政府印发《关于以“千万工程”牵引城乡融合发展缩小“三大差距”推进共同富裕先行示范的实施方案》，围绕“富民”统筹推进“强城、兴村、融合”三大行动，分阶段实现全省域共同富裕。其中，“强城”是指推进以县城为重要载体的新型城镇化；“兴村”是指全域建设诗画浙江和美乡村，推进乡村全面振兴；“融合”是指推进城乡区域高质量融合发展。该方案对浙江省全域实现高质量共同富裕做了全面部署和规划，即以“千万工程”为牵引、城乡融合高质量发展为根本路径、缩小“三大差距”为主攻方向，推进共同富裕先行示范。2024年，浙江省城镇居民人均可支配收入为78 251元，农村居民人均可支配收入为42 786元，城乡居民收入比进一步缩小为1.83∶1。

---

① “山海协作工程”开始于2002年，旨在发挥沿海发达地区（“海”）和山区、海岛等欠发达地区（“山”）的比较优势，通过优势互补，实现互利共赢，促进区域协调发展，缩小区域之间的发展差距。历经20多年的实施，浙江山区26县通过“山海协作”累计获得结对市县援助、土地指标外调等渠道资金近1 000亿元；完成“山海协作”产业合作项目投资7 305亿元，使得浙江成为全国区域发展最均衡的省份之一。

② “四梁八柱”架构是浙江共同富裕示范区建设的总体框架，“四梁”涵盖目标体系、工作体系、政策体系和评价体系。“八柱”是“四梁”下设项目，包括目标体系中的共同富裕目标明确（2025年取得实质性进展）、具体指标设定（56个具体指标）、工作体系中的重点工作跑道（“1＋7＋N”）和重大改革跑道（“1＋5＋N”）、政策体系中的政策工具箱（64个专项政策意见＋“共性＋个性”的工具箱）和评价体系中的绩效考核和指标检测。

（二）农民农村共同富裕的浙江经验

浙江实践体现了“顶层设计—政策落地—基层创新—经验迭代”的省域统筹逻辑，即通过省级政府统筹资源调配和制度供给（如“山海协作”“千万工程”）、打破行政壁垒（如“飞地经济”、要素流动）、强化考核激励（如典型经验推广机制），实现了区域、城乡、群体之间的协同发展。其核心经验在于将共同富裕从理念转化为可操作的政策工具和考核机制，形成“发展高质量、分配公平性、服务均衡性”的省域共同富裕模式，在改革创新、高质量发展、城乡统筹、文化引领、生态优先、基层治理、开放合作和党建引领等成功经验为全国提供了“看得见、摸得着”的实践样本。

二、农民农村共同富裕的浙江启示

浙江省域共富经验将共同富裕嵌入了省域治理全过程，避免了“单点突破”导致的政策碎片化，为全国提供了可复制、可推广的省域示范路径，其核心启示在于共同富裕的实现要以缩小“三大差距”为核心目标、以省域统筹为实施路径、以制度创新为保障，构建多层次、全领域的政策框架与实践路径，实现全域居民物质和精神共富。

（一）以缩小“三大差距”为核心目标，锚定共富攻坚方向

浙江省域共富模式聚焦发展不平衡的关键矛盾，将缩小城乡、地区、收入差距作为主攻方向，通过顶层制度设计、动态实施“八八战略”“千万工程”“山海协作”“共富工坊”“扩中提低”等政策创新举措，实现资源精准滴灌以攻坚共同富裕关键点。这启示各地在实现农民农村共同富裕时需精准识别本地发展短板，建立“问题导向—政策聚焦—效果评估”的动态调整机制，避免“一刀切”式帮扶。

浙江省域共同富裕模式坚持“做大蛋糕”与“分好蛋糕”并重，将城乡、地区之间产业融合升级、协同发展作为重点，在基础设施条件改善的基础上通过一体化、结对帮扶、政策迭代优化等方式激发要素流动，实现发展效率与公平的有机结合，破解城乡二元结构、地区之间差距较大等难题，在促进浙江省经济整体增长的同时让发展成果更多惠及基层。这表明共同富裕需以高质量发展为前提，通过效率提升扩大财富总量，再以制度创新促进公平分配，避免“平均主义”和“两极分化”。

（二）以“省域统筹”为实施路径，破解要素流动壁垒

浙江省域共同富裕模式通过构建全域跨区域协同发展机制，打破行政分割，在发达地区与欠发达地区之间搭起合作交流的桥梁，激发多元主体参与、实现要素资源在全域范围内的精准调配，为实现省域共同富裕赋能。这启示各

地需打破行政分割，通过“飞地经济”“结对帮扶”等模式破解要素流动壁垒、推动发达地区与欠发达地区在产业、人才、技术等资源上的深度联动；需破除户籍、土地等制度障碍，让城市资源“下沉”与农村活力“上涌”相结合，构建起城乡要素双向流动通道破解城乡要素流动壁垒；还需依赖市场化路径，通过优化营商环境、支持中小微企业和“专精特新”企业，通过稳就业、扩中提低夯实“橄榄型”社会结构基础，激发共同富裕内生动力。

（三）以“制度创新”为保障，构建共同富裕长效机制

浙江省域共同富裕模式中制度创新是根本动力，实践中在法律法规、政策支持、工作机制、公共服务、社会保障、收入分配以及数字化改革等全领域开展了系统性的制度改革和创新，构建起了共同富裕的长效建设机制；依托《浙江省共同富裕建设实施评估与改革建议》建立起了共同富裕动态评估与监测机制，为共同富裕政策迭代优化提供依据。这一做法的启示在于，各地区共同富裕建设过程中，要建立“精准识别问题—基层探索破题—评估效果—提炼升级—复制推广”实践循环，注重制度创新，通过机制设计保证政策连续性与执行力、协调与激发各方主体力量，以聚合力攻坚共同富裕难题。

（四）以“精神共富”为深层支撑，兼顾物质与文化同步提升

浙江省在推进经济富裕的同时重视促进精神共同富裕可行路径的探索，认为精神共同富裕离不开“三大文化”① 凝聚的精神力量、离不开完善的公共文化服务体系的基础保障、离不开高质量文化产品的有效供给、更离不开全域人民群众共享共创价值的实现。浙江省共同富裕监测评估体系中包含精神富有测量指标，实现了“精神富有”和“精神生活共同富裕”可量化、可评价，形成“找准短板—掌握需求—精准供给—考核评价”工作闭环链条，为有效评估“精神共富”实施效果提供了支撑。各地区共同富裕不仅要实现物质层面的增收，更需关注人的全面发展，通过文化服务均等化、教育医疗普惠化，保障不同群体发展机会公平，从“口袋富”迈向“精神富”。

第二节　农民农村共同富裕的烟台经验：产业组织重点突破

山东是全国重要的农业大省，农村人口和农业生产始终位列全国前列。进

① 这里的“三大文化”是指中华优秀传统文化、革命文化和社会主义先进文化。中华优秀传统文化的守正创新、革命文化在铸牢中华民族精神凝聚力的重要作用以及社会主义先进文化的价值引领在浙江省精神共同富裕实践中具有重要地位。

入21世纪以来，山东省各地高度重视农民农村共同富裕，探索了大量成效显著的实践模式，积累了丰富的先发经验。本节详细阐述烟台经验及其启示。

一、农民农村共同富裕的烟台实践与经验

农民农村共同富裕的烟台实践在于通过创新推行党支部领办合作社从根本上破解“三农”发展难题。党支部领办合作社能够将村党支部的政治组织优势、合作社的经济优势和农民的能动性有机结合，把分散的资源（农户、要素）有效整合起来，产生规模效应，激活了农村内生发展动力，实现了村集体和农户的双赢，走出了一条以党支部为核心驱动力的乡村振兴和农民农村共同富裕的“烟台路径”。

（一）农民农村共同富裕的烟台实践

2017年以来，烟台市各村党支部领办合作社不断发展壮大，实现了村集体经济和农民收入的双增加，增强了农村基层党组织的凝聚力和战斗力，走出了一条强村富民的“烟台模式”，为乡村振兴和共同富裕奠定了坚实基础，具体实践历程可以划分为以下三个阶段。

1. 2017—2018年为试点探索与示范引领阶段

2017年烟台市印发《关于试点推进党支部领办合作社的指导意见》，由烟台市委组织部牵头在全市范围内选取牟平区龙泉镇龙泉村等11个试点村开展党支部领办合作社试验，通过土地股份、旅游股份等形式探索党支部领办合作社运营模式，初步形成了一套涵盖组建方法、入股方式、经营模式、收益分配、民主决策、内外监督等方面的合作社有效管理机制，为后续发展积累了经验。2018年烟台市委常委会通过《关于在全市开展党支部领办合作社发展集体经济百村示范行动的实施方案》，明确了村党支部领办合作社作为发展村级集体经济的主路径，将其纳入市委“三重”工作①，同时决定开展百村示范活动，推动党支部领办合作社在更多村庄落地生根。

2. 2019—2020年为千村覆盖到全域推进阶段

2019年党支部领办合作社在全市范围内得到广泛推广，涉及的村庄数量大幅增加至千个，涵盖了不同类型、不同基础的村庄，推动了农村经济的规模化发展，使这一模式逐渐成为基层干部群众的共识，为实现共同富裕奠定了坚实基础。2009年底出台的《关于促进村党支部领办合作社高质量发展的实施意见》中对合作社的内部构架、股权设置、品牌建设、发展内涵等方面提出了22条规范意见，建立了“六统一”机制，以确保党支部领办合作社能够健康

① “三重”工作是指重点工程、重大项目、重要事项。

快速平稳发展（于涛，2020）。2020 年烟台市决定在全域推进党支部领办合作社模式，并出台了全国首个党支部领办合作社地方标准《村党支部领办合作社建设和管理规范》，合作社模式得到了进一步优化，形成了“支部有作为、群众得实惠、集体有收益”的良性循环，并成为全国范围内农村集体经济发展的典范。同时，累计出台 30 余条扶持政策以确保合作社高质量发展。截至 2020 年 12 月，烟台市已经有 3 045 个村庄实行了党支部领办合作社，占全市村庄总数的 47%。自成立以来，领办合作社带动集体增收 3.91 亿元、农户增收 5.01 亿元（于涛，2020）。

3. 2021 年至今为巩固与提升阶段

近年，在取得显著成效的基础上，烟台市继续巩固党支部领办合作社的成果，通过加强党支部书记培训提升领办能力、发展多种经营推动产业升级、打造地方特色品牌拓展市场等不断拓展其内涵和外延。为此，烟台市不断完善相关政策体系和保障机制①，从选优育强带头人、强化资金支持、优化跟踪服务、细化闭环管理等方面入手，推动党支部领办合作社高质量发展。同时，注重探索与旅游、电商、生产基地等多种形式结合，形成“党支部＋合作社＋生产基地＋农户”“党支部＋合作社＋龙头企业＋农户”等十多种发展模式，促进农村产业融合发展的同时进一步提升农村集体创富能力和带动农民持续增收。2024 年 3 月烟台市农业农村局印发《烟台市推动农民专业合作社高质量发展实施意见》，该意见指出烟台市要继续促进农民专业合作社在新的起点上进一步快速健康发展，更好地发挥农民专业合作社带动农户增收、发展现代农业的积极作用，到 2028 年底要实现农民专业合作社蓬勃发展，让党支部领办合作社模式为实现乡村振兴和共同富裕持续发力。

（二）农民农村共同富裕的烟台经验

烟台市党支部领办合作社模式被视为“新时代农业合作化的突破”，通过“党建引领、利益捆绑、政策赋能”，解决了小农户与大市场矛盾的同时强化了基层治理，有效激发了乡村内生动力，实现了集体经济与农民共同富裕的双赢目标，为农民农村共同富裕提供了可复制的微观组织化路径。

1. 党建引领筑牢发展根基

烟台市党支部领办合作社模式成功的核心经验在于以党建为引领，通过党支部的领导和组织，整合村集体和村民资源，形成规模化的农业合作经营组织，筑牢乡村振兴与共同富裕的发展根基。烟台市委将党支部领办合作社纳入

① 2021 年的《关于推进“村社合一”发展的若干措施》；2023 年的《烟台市“千村共富”行动实施方案》。

“三重”工作体系，建立“市统筹—县主导—镇落实—村实施”四级联动机制，从2017年起以试点、示范、覆盖、提升的步骤逐步推进。在推行过程中，借助承担全省村两委换届试点任务的契机，推行“选人在先、领办在后”原则，设置村“两委”成员候选人正负面清单，经县乡村三级联审，将讲政治、敢担当、能带富、会服务的“头雁”选入村级班子组建成领办合作社的“党支部”。同时，推进过程中注重示范带动，通过培育典型、树立典范，让事实说话，采取循序渐进、以点带面的方法进行推广。除此之外，为促进合作社高质量发展和提升防范风险能力，各级政府还制定相应的法律法规和考核激励机制，指导村党支部依章办社、依章办事，确保村党支部在引领合作社发展过程中既能干成事又不出事，同时将合作社发展质量作为考核标准，为党支部领办合作社发展提供制度保障。

2. 利益捆绑激发发展活力

烟台市党支部领办合作社推行“集体控股＋农户参股＋社会资本跟投”模式，动员农户以土地、资金、劳动力等多元化形式入股实现抱团发展、规模经营；通过合理设置股权比例有效防止“大户垄断”形成“精英社”；同时，通过集体赠股、土地置换等方式优先吸纳贫困户入社，解决“以地养老、永久脱贫”问题，保障农民参与合作社全产业链增值收益，确保“小康路上不落一人”。除此之外，党支部领办合作社确保了合作社“姓公不姓私”，由党支部把牢分红主动权，根据农户入股方式实行多元化的分红方式，确保农户利益最大化的同时惠及全民。可见，党支部领办合作社通过多种方式将集体利益与农民利益实现捆绑，让集体更多地分担合作社经营风险，激发农户参与性、提高农户收益的同时增强农户的获得感，进而激发农村经济发展活力。

3. 政策赋能优化发展环境

烟台市党支部领办合作社模式的成功亦离不开政策赋能。烟台市先后出台40余项扶持政策、22条指导意见，列支专项扶持资金以及给予财政贴息支持，为党支部领办合作社的发展提供了有力的政策支持，同时创新推动“强村贷”“智慧畜牧贷”等金融产品，解决了合作社融资难、融资贵问题。烟台市依托乡村振兴学院及乡村振兴实训基地搭建了人才培训实践平台，并发挥农科院校及驻烟高校力量组建了庞大的专家顾问团，强化了对党支部领办合作社的人才与智力支撑（于涛，2020）。烟台市推动党支部领办合作社积极探索“党支部＋合作社＋生产基地＋农户”“党支部＋合作社＋龙头企业＋农户”等十多种发展模式，建成农村产权交易平台，举办村党支部领办合作社线上招商推介会，推动产业和服务升级。可见，政策支持为党支部领办合作社发展构建起了“资金＋人才＋服务”支撑体系。

二、农民农村共同富裕的烟台启示

烟台市党支部领办合作社模式为我国乡村振兴和农民农村共同富裕提供了“烟台经验”，其核心启示在于党组织的政治优势与市场机制结合，通过制度设计保障公平与效率，具体体现在以下四个方面。

（一）强化党建引领是关键

烟台经验证明，充分发挥党组织的政治优势能够有效地将分散的资源和农户组织起来，实现组织优势向发展优势的转化，为农村发展注入强大动能。基层党组织在农村发展中扮演着核心领导角色，通过党支部领办合作社能够凝聚起广大农民的力量，将党的组织优势转化为经济发展优势，主要体现在两个方面：一是党支部可以整合农村的土地、劳动力、资金等分散资源，实现资源的优化配置和高效利用；二是党支部能够引导农户参与到合作社的经营管理中，充分调动农户的积极性和主动性，实现“支部有作为、集体有收益、农户得实惠”的共赢局面。这种党建引领的模式，不仅能增强党组织在农村的凝聚力和战斗力，也为农村经济发展和农民农村共同富裕提供坚实的组织保障。

（二）利益共享是核心

烟台经验证明，建立健全利益共享机制是推动共同富裕的核心所在。通过合理的股权设计、分红制度以及风险共担机制构建多方利益共同体，能够有效避免“精英垄断”，确保发展成果由全体参与农户共享。股权设计也应充分考虑农户的实际情况，让广大农户能够以土地、劳动力、资金等多种形式入股合作社，成为合作社的股东享有合作社的收益分配权。分红制度的制定要公平合理，根据农户的入股比例和贡献大小进行分红，确保每个农户都能从合作社的发展中获得实实在在的利益。同时，建立风险共担机制，当合作社面临市场风险、自然风险等挑战时，全体成员共同承担风险，增强了合作社的抗风险能力。这种利益共享机制能够有效激发农户的参与热情，促进合作社的可持续发展，夯实农民农村共同富裕的根基。

（三）政策创新是前置条件

烟台经验证明，政策创新是农村发展的前置条件。财政、金融、科技、人才等政策协同发力，有助于破解农村发展中面临的资金短缺、技术落后、市场受限等瓶颈问题，为农村经济社会发展营造良好政策环境。财政方面，政府要加大对合作社资金扶持力度，采取设立专项扶持资金、给予财政贴息、减免税收等多种财政工具组合支撑其发展。金融方面，鼓励金融机构创新金融产品和服务，为合作社提供便捷的融资渠道，解决合作社发展中的资金难题。科技方面，与科研院所合作开展农业科技创新或技术指导和交流，推动农业技术升级迭代以提高农业生产效率和农产品质量，进一步提升市场竞争力。人才方面，吸引各类人才投身农村发展，为合作社提供专业的技术和管理支持。通过政策创新形成政策合力，为农村发展、农民富裕提供有力的政策保障。

（四）产业振兴是关键路径

烟台经验证明，品牌化与产业融合是当下实现农村产业升级、农民增收的关键路径。通过全产业链整合和品牌建设提升农产品附加值，实现从单纯“卖产品”到“卖品牌”的跨越，增强农村产业的市场竞争力和可持续发展能力，为农民农村共同富裕打牢基础。全产业链整合方面，合作社可以将农产品的生产、加工、销售等环节有机结合起来，实现产业的纵向一体化拓展。品牌建设方面，农业产业发展要开展农产品品牌的培育和推广，通过提高农产品的品质和特色来打造具有市场竞争力的农产品品牌。同时，推动农业与旅游、文化、康养等产业相结合，发展休闲农业、乡村旅游等新业态，实现农村一二三产业融合发展的同时拓宽农民增收渠道。通过品牌化与产业融合实现农村产业升级和转型，为农民农村共同富裕筑牢经济基础。

第三节　农民农村共同富裕的潍坊经验：多模式并举

本书作者曾以涌现了农业农村现代化三大发展模式①的山东省潍坊市为考察对象，对其农民农村共同富裕的典型实践进行了系统而深入的调研。本节将以该地区的典型案例剖析为基础，探究其对农民农村共同富裕行动的经验启示。

一、村“两委”引领致富模式

这一模式的突出特点是，村“两委”发挥“领头雁”作用，以其为主导力量，通过整合村庄内部资源，打造集体和农户双增收、村民物质和精神共富裕格局。寿光市稻田镇崔岭西村、寿光市洛城街道东斟灌村和安丘市金冢子镇北南戈庄村的做法具有典型性和代表性。

（一）崔岭西村农民农村共同富裕之路

崔岭西村是一个纯农业村庄，现有常住人口 775 人（226 户），耕地面积 1 536 亩，建有 360 个高标准冬暖式蔬菜大棚和占地 200 亩的标准化农业园区。

① 2018 年全国两会期间，习近平总书记在参加十三届全国人大山东代表团审议时指出，改革开放以来山东创造了不少农村改革发展经验，形成了诸城、潍坊以及寿光等典型经验。

2014年，崔岭西村由村集体以200余亩复垦土地和资金入股、农户以土地承包经营权和资金入股的方式，由村“两委”牵头领办了众旺果蔬专业合作社[①]。合作社成立以来，以着力破解农户增收所面临的“三大难题”为抓手，主动为村民共同富裕赋能。一是通过实施“六统一”的管理体系，包括统一农资供应（集中管理农资供应）、统一技术服务（提供技术服务）、统一生产标准（制定生产规范）、统一质量检测（执行质量检验）、统一果蔬标识和统一注册品牌等，主动扮演种植户合作商、运营商和服务商的三重角色，彻底解决了农户无组织依靠、无生产经营保障的难题；二是在合作社内部推行订单化生产，变“先生产、后销售”为“产销挂钩、以销定产”，为菜农构筑技术、品质、标准三道“安全防线”，彻底解决了农户产品销路狭窄、议价能力弱的难题；三是采用“土地入股+保底分红”模式，流转土地1 500亩，建设高标准大棚360个（建设园区期间，资金互助合作社为菜农发放贷款1 000多万元），使得全体农户实现了由村民向股民的转变，彻底解决了种植户和非种植户之间的潜在利益冲突难题，实现了“土地资本化”、种植“规模化”的双赢互促。近年，通过引入先进科技动力和品牌动力，合作社成功获评全球和中国良好农业规范体系“双认证”，品牌蔬菜打入北京、上海及粤港澳大湾区，并远销俄罗斯新西伯利亚州、伊尔库茨克州、莫斯科市、叶卡捷琳堡市等地和共建“一带一路”国家，出口蔬菜销售额超1亿元/年（接近2万吨），社员每年每户增收2万~3万元，每年为村集体增加收入60万元[②]。目前，村集体领办合作社带领村民走农业产业化道路，已经使崔岭西村发生了翻天覆地的变化，从一个无区位、无资源优势的落后村一跃成为远近闻名的富裕村，先后获评山东省文明单位、山东省乡村振兴示范村、山东省农村信用社联合社金融服务乡村振兴战略样板村等荣誉，2021年村民人均年收入达到4.6万元（户均存款超过30万元），比同年潍坊市和寿光市农村人均可支配收入分别高出2.2万元和2万元，

① 合作社入股方式如下：农民入股——土地承包权入股，每亩为1股，参与年底分红，每人年分红1 000以上，共有133户入股；资金入股，每股300元，每户最少3股，最多100股，2020年资金入股社员165户，3 635股，入股资金109万元作为合作社运营资金。村集体入股——土地入股，村集体以复垦的200多亩土地入股（含360个蔬菜大棚）；资金入股，以旧村复垦后建设的200亩标准化园区出租收入（1 500元/亩）入股，租金收入全部归村集体。

② 具体做法是：第一，以科技强动力。新建大棚全部施用豆粕有机肥、生物菌肥，全面普及熊蜂授粉、绿色防控等先进技术，实现了标准化、规模化生产，节约劳动力40%，亩产效益提高30%。第二，用品牌闯市场。注册并主打“崔西一品”商标（寿光市众旺果蔬专业合作社于2020年7月注册）；2021年3月，获得粤港澳大湾区“菜篮子”生产基地认定证书；第三，向市场要效益。依托寿光大市场、大物流优势，主动融入全球供应链体系，蔬菜采摘36小时就能直达满洲里边贸口岸，12天送达莫斯科大型商超。

基本与潍坊市城镇居民人均可支配收入持平。

在注重村民物质层面共同富裕的同时，崔岭西村“两委”高度重视村民精神富裕的普遍诉求。2014年，崔岭西村“两委”先后15次召开党员、村民代表及全体村民会议讨论，最终决定建设新型农村社区。此后，先后投资7 000万元建设公寓楼16栋，并配套建设了小学、幼儿园、文化广场、卫生室以及各种活动中心（包括党群活动中心、老年活动中心）等一系列公共基础设施，实现了农户冬季供暖、集中供气、垃圾清运、污水处理、无线网络“五个全覆盖”以及社区硬化、亮化、绿化、美化的“四化”社区全覆盖，彻底改变了过去破旧不堪的村庄面貌。与此同时，该村扎实推进群众文化活动场所建设，投资100万元打造了党建文化主题公园，投资400万元建设文化礼堂，配套建设了老年活动中心、老年幸福餐厅、四点半学校、健身中心、电子阅览室、图书室、文化书屋、村史馆、声乐室等。另外，该村多年如一日地开展了“好媳妇”“好婆婆”评选活动，连续举办“孝老饺子宴”，成立了文艺演出队，推进红白喜事移风易俗，倡导风清气正的文明风尚。以上举措显著提高了村民生活品质和幸福感，实现了村民精神富裕，也因此先后获得全省和谐示范社区、全省乡村振兴示范村、省妇女联合会幸福进家活动先进单位、潍坊市农村工作先进单位等荣誉。

（二）东斟灌村农民农村共同富裕之路

东斟灌村位于寿光市最东北端，位于城区35千米外的这个村庄，是一个以农业为主的典型村落，缺乏地理位置、交通和自然资源的优势，曾经普遍面临贫困、村民士气低落和环境恶化的问题。然而，通过“三社”集体经济和“三自”乡村建设的实践，该村构建了新型集体经济与乡村治理体系的相互融合结构，有效地激发了农业、农村和农民的内在发展潜力。

具体来说，该村由村“两委”领办的“三社”实践表现如下。

首先，该村在2008年成立了果蔬合作社，采用“村集体＋合作社＋农户”的组织架构和“五统一”的管理模式，专注于发展特色彩椒产业。目前，该村已成为市级农产品质量安全示范基地，拥有注册商标和绿色食品认证，其产品不仅在国内市场占有率高，价格优于其他彩椒，还出口至韩国、新加坡、俄罗斯等多个国家。

其次，2012年该村成立了土地合作社，采用“村集体＋种植户＋非种植户”的土地股份合作制，以及“保底收益＋按股分红”的分配方式，有效推动了村内4 486亩土地的流转，实现了100%的农户参与率。在合作社的助力下，村内已发展出30亩以上的家庭农场20余家和6个大型农业园区，农业技术和设备的更新速度也显著提升。

最后，2013 年该村成立了资金互助合作社，以“村集体＋合作社＋农户”的模式运作，满足农户在扩大生产或创业时的一次性、短期融资需求。目前，参与农户比例达到 76%，年均资金募集和借贷额从最初的 100 万元增长至 300 余万元。

随着“三社”实践的深入，东斟灌村的集体经济收入实现了从无到有的增长，并持续攀升，2016 年已超过 100 万元；与此同时，人均年纯收入已经达到 3 万元左右，比寿光全市平均水平高出 20%。

在发展壮大集体经济的同时，东斟灌村以发展农民为突破口，利用村集体收入的支持，坚持开展了已被广泛认同的农民“三自”实践。具体来说，首先，村里的事务提议权向村民开放，通过实施“自主议事”制度，将村级重大决策等村务提议权直接交给了普通村民。其次，村级重大事项的决策、监督和管理过程公开透明，通过“自治管理”制度，明确了包括集体资金使用、土地流转与出让、涉农补贴和公益事业等 30 多项重大事项；同时，村“两委”与村民的自我追求相结合，通过“自我服务”制度，促进农民全面发展，鼓励农民自发组织红白理事会、道德评议会、调解委员会、治安互助会、庄户剧团和文体队等自我服务组织，并依托这些组织开展“四在农家”（富裕在农家、学习在农家、快乐在农家、美丽在农家）的创建活动。在“三自”实践的强力驱动下，东斟灌村农民综合素质快速提升，村庄也先后获得山东省民主法制示范村、山东省文明单位等称号，2015 年入选全国创新社会治理最佳案例和全国基层党建创新典型案例，2018 年更是入选全国民主法治示范村（社区）。

（三）北南戈庄村农民农村共同富裕之路

北南戈庄村相较于潍坊市多数农村而言，人口和土地规模都比较小，现有人口不足 500 人，耕地仅有 1 098 亩，农民增收致富的组织条件和资源禀赋非常薄弱。但是该村却在村党支部的正确引导下，通过探索实践全新集体经济发展模式，并以乡村社会发展为突破口，实现了乡村振兴时代背景下的历史性跨越。

2014 年，新任村党支部书记到任后不久就建构了新的村级发展和服务原则，领办了安丘市泊洋果蔬种植专业合作社，采用“村集体出资、合作社经营、农户管理”的运作模式，全面发展黄金蜜桃、大樱桃、甜瓜、葡萄等特色农业。合作社、村集体和农户按照 2∶3∶5 的“倒三角”比例分配盈余。这一模式由于具有无须村民个人投资却可以同时获得土地流转收入、种植管理工资和合作社分成三重收益的特点，因此极大调动了村民的参与积极性，并因此步入了村民和村集体共同增收的良性循环。2018 年以来，村集体年收入逐年增加，已经达到 50 万元左右，村民年人均可支配收入则更是跨过 3 万元关口。

在此基础上，通过积极争取政府扶持资金和努力自筹资金，该村新建设了占地 10 余亩的现代农业服务中心，下设电商云仓、农资配送中心、农村信用社服务网点等功能部门，为当地农民提供农资供应、技术培训、交易中介、合作金融等多样化便捷服务，而仅电商云仓一个项目每年就可为村集体增收 50 万元以上。

伴随着村集体收入的稳定增长，北南戈庄村开始在村庄发展方面全领域发力，免除了全体村民的自来水费、卫生费和“惠民保”投保费用，村庄宜居宜业特征日趋显著，彻底摆脱了贫困落后“陷阱”，并因此该村荣获山东省首批乡村振兴“十百千”工程示范村和山东省乡村振兴示范村等多项殊荣。

（四）傅家李召村农民农村共同富裕之路

傅家李召村距离临朐县城 5 千米，具有良好的区位优势。借助这一优势，近年村“两委”经过全盘谋划，在流转了村内全部 2 000 多亩地的基础上，统筹兼顾农民生产和发展需求，除村民集中生活区外，将村庄划定为种植区、养殖区、工业区、商贸区四个经济功能区，通过走集体经济发展道路，实现了一二三产业在村庄内部的统筹发展，2022 年村集体收入高达 500 余万元。一是以建设 350 亩农业示范区和 140 亩全自动化奶牛养殖区为依托，采用合作社经营模式筑牢农业本色，“杨善牌”西瓜畅销全国 15 个省（自治区、直辖市），牛奶直供伊利集团，村集体土地承包收入达到每年 210 万元左右，人均增收近 2 000 元。二是以筹资建设 400 余亩的工业园区为依托，先后吸引 42 家企业进驻，每年村集体增收 80 万元。三是以发展物业经济和商贸经济为依托，投资建设 32 栋住宅和 3 条商业街区，建成了集餐饮、住宿、商贸于一体的综合性服务产业带，带动本村及周边村民 3 500 余人实现了就地就业，每年村集体可增收 120 余万元。

村集体经济壮大后，傅家李召村利用集体经济收入持续在美丽村庄建设、乡村治理、公共服务和乡村社会发展等领域发力，极大提高了村民的凝聚力和幸福感，显著促进了村庄的全面振兴，并因此获得省级文明村、全国民主法治示范村等荣誉，在推动农民农村共同富裕的道路上走在前列。一是投资 500 万元建设了文化广场、图书室、书画室等系列化的公共文化设施，并广泛组织村民文化娱乐活动。二是投资 40 余万元建设了电子阅览室和多媒体教室，坚持开展农民实用技术培训。三是投资 100 余万元打造村史馆，以其为载体开展了大量集历史文化教育和法治教育于一体的系列活动。四是每年出资 80 余万元，为村民统一办理了基本养老保险和新农合保险，并为中小学生和 60 岁以上老人发放固定生活补贴。五是组建村干部“民事代办员”队伍，义务为村民开展生产资料代购、农事托管、家事托管、法律咨询、矛盾调处等一系列服务。

二、产业精英带动模式

这一模式是在乡村人才振兴总体背景下所形成的一种农村居民共同富裕模式，是农村内部或返（入）乡人才利用自身产业经营专长开展涉农产业项目，并以产业发展所形成的辐射效应与集聚效应为“引擎”，吸引农村居民广泛参与，显著提升农户收入水平的一种共同富裕模式。高密市大牟家镇王前（化名）退伍后返乡创业带领身边农户共同致富的历程具有突出的代表性。

王前于2015年退伍后返乡创业，在大牟家镇创立了“万亩良田”家庭生态农场，以先进农业、高效农业和绿色农业为标准，以对参与农户的全面支持为动力，建成了亚洲第二大羽衣甘蓝生产基地和亚洲最大大田菠菜生产基地，对接了每日生鲜等国内电商（截至2022年调研时，双方已经完成11个蔬菜品类的签约事宜），2021年成功入选粤港澳大湾区“菜篮子”生产基地，目前拥有自有育苗基地，蔬菜经营范围也达到了60余种。最为可贵的是，“万亩良田”家庭生态农场不仅已经成为王前自身的财富来源，更已成为周边农户共同致富的载体。该农场先后流转土地6 700余亩，通过农产品合作社、土地合作社和农机合作社“三社合一”模式，将自身利益与农民利益进行主动联结，邻近镇街13个村庄的1 300多户农民具有了农场土地要素供给者、合作社社员、农场劳动者三重身份。与上述三重身份相对应，相关农户每年可以获得土地流转收入（流转费标准为1 000余元/亩）、合作社分红收入（每年两次分红）以及农场务工收入（月收入可达5 000余元）三项收入，人均年增收达到4万元左右。

三、村—企—农联动致富模式

这一模式是村庄外部企业，以村庄利益相关者的身份，深入参与村庄经济建设并惠及农村居民增收致富的实践模式。山东得利斯集团全面带动诸城市昌城镇原西老庄村（1996年改称“得利斯村”）村民共同富裕、潍坊强源化工有限公司通过“村企联建”模式带动潍坊市滨海区大家洼街道周疃四村共同富裕、寿光市洛城街道屯西村的农民农村共同富裕实践均具有突出的代表性。

（一）得利斯村农民农村共同富裕之路

时称“西老庄”的诸城市昌城镇得利斯村早在1989年就创立了得利斯公司，作为“诸城典型”的重要参与主体，快速迈上了村企一体化的集体经济发展和村庄繁荣兴旺的同步推进之路。

得利斯公司从面粉厂起步，经过一系列转型升级，已经成为集农业、畜牧、食品、生物四大产业平台于一体的大型集团公司，于2010年在深交所上市，目前被授予首批农业产业化国家重点龙头企业、中国肉类十强企业、中国食品行业百强企业、中国最具市场竞争力品牌、山东省省长质量奖等超过800项荣誉，现有员工6 500余人，总资产96亿元。

得利斯村现有耕地3 058亩，人口近3 000人（650户）。受益于得利斯公司的快速成长，目前得利斯村约有90%的劳动力在本村就地就业，其中近50%的劳动力就职于得利斯公司，完成了由农民向产业工人的转变，人均年收入达到6万元以上，全村2 600多人在公司持股，人均可支配收入也已接近4万元，甚至公司还培养输出了20名自主创业的企业家和50余个电商专业户。在为村庄持续贡献大量集体收入和促进农民增收的同时，得利斯公司也高度重视村中社会、文化、环境建设，以满足村民的多元化、高层次需求：一是在村庄现代化社区改造过程中已经投资了2亿多元，建设了村民同乐宫、花园景区、游泳池、图书馆、医院、灯光球场等文体娱乐设施；二是设立了200万元的爱心助学奖学金并投资2 000余万元建设了高标准现代化幼儿园和小学；三是大力发展村庄福利事业，村民全部享有得利斯公司提供的食品和节日福利，60岁以上老人还可获得额外生活补贴，得利斯公司更是统一出资供养全部村养老院老人。

正是因为该村在企业和村庄"两手抓、两手硬"的强力推动下，村民在离土不离乡的情况下获得了堪比甚至超越城市居民的优越基础设施与公共服务，先行过上了村美业兴、和谐富裕的生活，该村因此荣获全国十佳小康村、全国文明村镇、第二届中国美丽乡村百佳范例、国家首批森林乡村、乡村振兴"齐鲁样板"典型村等众多殊荣。

（二）周疃四村农民农村共同富裕之路

周疃四村"村企联建"行动，是潍坊市农村居民共同富裕道路上"村—企—农联动模式"的另一个典型案例。2018年，滨海县为了全面助力辖区村庄实现快速振兴，开始探索实施"村企联建"行动，潍坊强源化工有限公司积极响应，"村企联建"行动就发生于这一背景之下。2018年，村集体与企业共同出资超过1 000万元，合作开发了景海高端水果种植示范项目，在盐碱地上培育了600亩"滨海红"苹果园。目前预计年产量可达30万千克，而进入盛果期后年产量将达到180万千克。这一村企联建行动不但为该村村民打开了未来共同富裕之门，果园不但已经吸纳了较多当地劳动力，其平均月工资可达6 000余元，而且还产生了显著的示范和引领效应，有部分村民和外出务工人员返乡创业，从事葡萄、火龙果、洋葱、马铃薯等果蔬种植工作，村庄也日渐成为本村居民就地致富的理想之地。

（三）屯西村农民农村共同富裕之路

屯西村现有人口963户3 479人，其中60岁以上的700多人，劳动力占比为40%，每年技术输出人口为65人；全村拥有土地2 700多亩，除600亩左右用于村民住宅和道路建设，600亩用于政府储备用地外，其余土地自2002年开始就已实行集体经营，集体经营土地占比为67%，通过租金收入确保了村集体收入的稳定增长和居民福利的同步提高。

该村1999—2002年实行土地结构调整后，村民以大棚蔬菜种植为主。2012年，村集体抓住寿光市城中村改造机遇，利用政府补偿款建设公寓楼26栋的同时，主动权衡居民当期收入增长和未来长期发展的关系，利用集体资金建设学校2所、商业街1条、成立公司6个，借助这些设施，每年该村可通过商铺、学校的租金、土地有偿使用和土地补偿款，获取2 700多万元的集体经济收入。除此之外，为了满足村民种植蔬菜的需求，由村委出面和其他街道共建飞地农业园区，转移本村种植棚户继续发展大棚蔬菜产业，承租化龙镇430亩，建设38个200米高标准大棚，分包给村里32户菜农，并出资20万元，为菜农配备水电井路等基础设施。屯西村村“两委”还成立专门的蔬菜合作社，与寿光菜农之家联合社合作，帮助菜农提升蔬菜品质，让菜农抱团大品牌，提升市场知名度。菜农以丝瓜种植为主，收购价格为4～7元/千克，一季产量3.5万千克，可得利润20万元。每年屯西村村民人均可支配收入3万元以上，经营性收入平均每户5万～8万元，工资性收入每户2万～3万元，来自集体经济分配的收入每人每年7 000元。村民拥有轿车1 400辆，平均每户1.5辆。

屯西村利用村集体经济所得收入，一部分直接回馈给村民，另一部分通过服务中心的运作来丰富村民的文化生活水平，村民的生活幸福指数普遍较高。一是每年为村民发放福利支出为700多万元，如水电暖补贴每人800元，福利每人平均6 000元。另外，免除物业、水电、电梯等的费用，合作医疗和养老保险费也由村集体承担一部分，农村合作医疗和养老保险实现全覆盖。二是建设公共服务项目，满足村民多样化、多元化需求。屯西村已设立了3 100米^{2}的党群服务中心，包含1个大厅、2个办公室和4个功能区，1 200米^{2}的老年活动中心，2 000米^{2}的地下文化活动中心，以及物业服务、青少年培训和调解等多个服务中心。三是投资2.2亿元建设学校。目前，该村建有幼儿园2所、小学1所、中学1所，不但能满足本村孩子入学需求，还吸纳附近村和社区的孩子入学。

目前，该村已然成为一个集商业、办公、教育、文化等多功能于一体的综合社区，是寿光市东城新区城中村改造的样板。屯西村村“两委”通过村集体收益积累机制和回报反馈机制，确保了资产收益的应有功能，同村民福利的增进和综合素质的提升保持了同向关系，使得全村农民对村务公开、基础设施、公共服务、社会治安等的满意度达到100%，还避免了大多数同类村庄在土地城市化进程和村民市民化进程中村民福利和发展能力未获同步提升现象的发生，同样需要类似村庄学习和借鉴。

四、政府统筹城乡融合模式

所谓政府统筹城乡融合模式，就是地方政府主动形成“有效市场＋有为政府”合力，在推进城镇与乡村产业融合、市场融合、制度融合、文化融合和生态融合的过程中，为农村居民打造共同致富环境、创造共同富裕机会、提升共同富裕能力的区域共同富裕模式。寿光市全域城乡融合的长期做法具有鲜明的典型性和代表性。

从《山东省统计年鉴》《潍坊市统计年鉴》和《寿光市统计年鉴》中有关数据来看，2022年，寿光市居民人均可支配收入为44 411元，同比增长5.3%；其中，城镇居民人均可支配收入53 322元，同比增长4.5%，农村居民可支配收入为30 303元，同比增长7.1%，城乡居民收入比为1.76∶1。同期，潍坊市居民人均可支配收入为39 365元，同比增长6.1%。其中，城镇居民人均可支配收入48 989元，同比增长5.1%；农村居民人均可支配收入25 639元，增长6.8%，城乡居民收入比为1.91∶1。山东省居民人均可支配收入39 890元，同比增长6.2%。其中，城镇居民人均可支配收入51 571元，增长5.1%；农村居民人均可支配收入23 776元，增长7.5%，城乡居民收入比为2.17∶1。可见，寿光市农民收入水平和城乡差距优于潍坊市和山东省的平均水平。

重视农业发展在寿光市具有悠久的历史传统，而重视和助力农民富裕，自改革开放以来就构成了寿光市委、市政府孜孜以求的目标。其长期具体做法可概括为以下四点：一是注重装备富农、制度富农、技术富农。1989年寿光市三元朱村冬暖式大棚试种成功后，寿光市委、市政府迅速面向全市农民推广普及这一先进技术，并且在稳定农村双层经营体制的背景下积极探索农地流转模式，引导建设了大批蔬菜生产专业基地，规模化生产显著提高了本地蔬菜产业的专业化水平。经过30余年发展，全市蔬菜大棚已经完成了五代技术升级，面积也已发展至60余万亩，年产蔬菜更是达到450万吨。与此同时，寿光市自从将蔬菜产业作为富农突破口以来，就高度重视通过技术服务、技术培训等渠道提升农民技术素质，目前拥有农民技术资格证书

（绿色证书）的农民已经达到10万人，全市80%的菜农掌握了全面的标准化种植技能。二是注重流通富农、标准富农和品牌富农。解决好流通问题，是稳步提高菜农收入的重要保障。自1984年以来，寿光市就开始高度重视蔬菜流通体系建设，在不断加大城乡路网建设的同时，更是以九巷蔬菜批发市场的建设为起点，建成了完善的由市级蔬菜批发市场（蔬菜物流园）、乡镇蔬菜批发市场和村级蔬菜批发市场所构成的蔬菜就近就地批发体系；为了拓宽市场渠道，寿光市构建了多条对外连接通道，包括直通北京、哈尔滨、上海等城市的绿色通道，直达粤港澳大湾区的绿色直通列车，连接韩国、日本的海上蓝色通道，以及通往美国、委内瑞拉等国家的空中走廊，有效确保了农民收入的持续增长。近年，随着全国蔬菜市场竞争的加剧，寿光市利用先发优势，开始在蔬菜标准化和品牌化建设方面发力。凭借本地成立的全国蔬菜质量标准中心，寿光市汇总了2 369条蔬菜产业相关标准，创建了包含14个大类和182个子类的蔬菜标准数据库。“寿光蔬菜”于2019年成功注册为地理标志集体商标，寿光蔬菜产业集群也于2020年被认定为全国首批50个特色农产品优势产业集群之一，“孙家集苦瓜”“斟灌彩椒”“稻田甜瓜”“纪台长茄”“侯镇葡萄”“桂河芹菜”“化龙胡萝卜”也先后注册村镇一级特色农产品注册商标，为寿光蔬菜拓展市场、寿光农民享受品牌红利提供了重要支撑。三是注重产业融合富农。寿光市始终高度重视在产业融合过程中做大做强农业，借此为农民增收提供内源动力。早在蔬菜产业兴起之初，寿光市就开始在产业链上、中、下游引导和鼓励相关行业的快速发展。从蔬菜种植业上游角度看，寿光市已经先后启动了种质资源保护与开发利用、种业科技创新、现代种业人才培养等重大工程，通过政策扶持已经培育了300余家蔬菜种苗繁育单位，从事蔬菜大棚材料供应、设计建造、农资供应、科技服务的企业近年更是如雨后春笋般快速涌现。有数据显示，寿光市当前国产蔬菜品种占有率已经超过70%，每年种苗繁育能力也达到了惊人的17亿株，有效降低了菜农种苗的采购成本，并切实保障了种苗安全。从蔬菜种植的下游角度看，目前从事蔬菜分级与包装、物流运输、分销、深加工的企业数量正在与日俱增，并建立了12个集蔬菜储藏、加工、销售、电商操作和物流配送等多种服务功能的综合性服务平台，使寿光市在2018年被商务部等8个部门认定为供应链创新与应用的试点城市。四是注重在城乡基本公共服务均等化过程中精神富农。有数据显示，仅近五年寿光市就在城乡教育资源、医疗资源的城乡均等、城乡共享方面投入资金累计高达342.7亿元，除新时代文明实践站外，村级图书阅览室已经实现了975个行政村的全覆盖，并且连续三年荣获“新时代乡村阅读季”活动县级全国榜首。

五、农民农村共同富裕的潍坊启示

（一）坚持以共同富裕价值观为行动引领

早在改革开放初期共同富裕观念就开始在潍坊落地生根。对于潍坊这样的农业和农村双重意义上的大市而言，农村居民的共同富裕程度，决定了全域共同富裕的整体进程。正因如此，潍坊市本级、下辖县市区、乡镇街乃至更为微观的村庄，在重农、亲农历史传统的影响下，自党的十八大以来更是将农民的共同富裕理念上升至价值观层面，在制定和落实富农举措方面不遗余力，因而涌现了“诸城典型”和“寿光典型”两大县区层面的富农典型，也造就了“潍坊典型”这一全域农业农村现代化和农民共同富裕的实践模式。

从典型村的实践来看，潍坊市将共同富裕作为农村发展的核心目标，通过村“两委”的领导和村民的广泛参与，形成了以共同富裕为导向的集体行动。这种价值观的引领体现在对农民的物质和精神双重富裕的重视上，不仅追求村集体经济增长和农民增收，还注重提高农民的生活质量和幸福感。例如，崔岭西村在提高村民人均年收入的同时，还投资建设了文化广场、党群服务中心等公共设施，丰富了村民的精神文化生活。这种以共同富裕为导向的发展模式，为其他地区提供了重要的启示：在推动农村发展时，应将共同富裕作为核心价值，引导农民形成共同的目标和行动，实现物质和精神的双重提升。

（二）坚持以优化制度供给先行为基本保障

农村居民在共同富裕道路上普遍面临产业选择空间有限、收入积累水平低下、致富资源活化困难、现代产业技术技能储备不足、公共产品（服务）需求难以满足等一系列难题，需要各级政府部门和村“两委”通过优化外生制度供给机制予以破解。所幸的是，潍坊市各级政府部门和村“两委”在长期的“三农”实践工作中能够不断发现农村居民所面临上述问题的“堵点”和“痛点”，及时在自身行动边界范围内持续增加相关制度供给的总量、提升相关制度供给的可及性，从而为辖区内农村居民的共同富裕提供了优越的“软环境”保障。

通过典型村的实践可以看出，制度保障发挥了前提作用。例如，通过创新土地流转模式、建立农民专业合作社、发展集体经济等制度创新，为农民提供了稳定的收入来源和发展平台。例如，东斟灌村通过“村集体＋合作社＋农户”的组织形式，实现了土地的顺畅流转，农户参与率达到100%，显著提高了农民的收入。这些制度创新不仅解决了农民增收的难题，还促进了农业的现代化和规模化。对其他地区而言，潍坊市的实践表明，通过制度创新优化资源配置，可以有效促进农民增收和农村发展，实现共同富裕。

（三）完善组织农民和发展农民的目标机制

20 世纪 90 年代以来，在广泛的市场化冲击下，分散经营、兼业经营或是进城务工已经成为众多农村居民的选择，农村地区在基本公共产品与服务、一二三产业发展所需投资环境等方面的相对不足现象日趋显化。受此影响，农村居民立足乡村实现共同富裕面临越来越多的挑战，其中组织农民和发展农民的挑战首当其冲。近年，潍坊市各级各类“三农”相关部门在优化农村基础设施、引导城镇资本、技术、人才等产业要素入乡返乡方面发挥了巨大作用。以这些要素为媒介，各类涉农产业项目、公共服务项目加速进入农村，使村居农民就地致富的希望转化为现实，为农村居民收入的持续增长和人力资本水平的持续提高创造了更加优越的条件，因此在组织农民和发展农民方面发挥了更加显著的作用。

实践证明，潍坊市在推动农民农村共同富裕的过程中，农民的组织程度及发展的内生动力起到了关键作用。通过村“两委”的引领、合作社的组织和企业的参与，形成了多元化的行动机制，组织、激励农民积极自我参与共同富裕进程中。例如，北南戈庄村集中全村土地，全面发展特色农业，通过“党支部＋合作社＋农户”的模式，实现了村民和村集体的共同增收。这种行动机制的建立，增强了农民的自我发展能力。对其他地区而言，潍坊市的经验表明，通过建立有效的组织机制，可以激发农民的内生动力，促进农民的自我发展和共同富裕。

（四）深化高质量发展的驱动机制

进入 21 世纪以来，潍坊市现代化步伐明显加快，城乡均衡发展、一二三产业融合发展日益成为全域高质量发展的内在驱动机制。在这一驱动机制作用下，潍坊农村产业组织发展获得了前所未有的高速发展机遇，当地农村居民就地致富的机会也开始明显增加，因此从事（主动融入乃至自主创业）高标准农业项目和涉农产业项目的主动性由弱转强并日趋强烈，这一过程中其致富能力也得到了显著提升。

实践证明，潍坊市在推动农民农村共同富裕的过程中，高质量发展的驱动机制发挥了重要推动作用。通过引入先进科技、品牌建设和市场拓展，提高了农业的附加值和竞争力。例如，崔岭西村通过引入先进科技和品牌建设，成功将品牌蔬菜打入国内外市场。这种高质量发展的驱动机制，不仅提高了农民的收入，还增强了农业的可持续发展能力。对其他地区而言，潍坊市的实践表明，通过科技创新和品牌建设，可以有效提升农业的质量和效益，实现农民的持续增收和农村的高质量发展。

第四节　本章小结

本章深入剖析了国内农民农村共同富裕的浙江经验、烟台经验和潍坊经验，并系统梳理了其实践启示。其中，浙江经验的特色在于全域全方位统筹，其核心启示在于共同富裕的实现需要以缩小“三大差距”为核心目标，以制度创新为保障构建多层次、全领域的政策框架，统筹推进包括农民农村在内的全域和全体居民的物质共富与精神共富。烟台经验的特色在于以农村产业组织（即党支部领办型合作社）为载体谋求重点突破，其核心启示在于全面发挥农村基层党组织的引领效能，在政策创新的前置激励条件下，通过党支部领办型合作社推进农村产业振兴并全面发挥利益共享机制的长效作用。潍坊经验的特色在于多模式并举，其核心启示在于以共同富裕价值观为引领、以优化制度供给先行为基本保障、以组织农民和发展农民为目标机制、以深化高质量发展为驱动机制，因地制宜与统筹协调相结合地为各地农民农村共同富裕实践提供全方位的支持与激励。

第九章 CHAPTER 9

农民农村共同富裕实践进路的总体优化策略

本章以农民农村共同富裕实践进路的优化为核心主题，深入探讨农业农村共同富裕实践进路优化的基本思路、基本原则、总体策略以及保障措施，旨在为全面推进农民农村共同富裕提供具有一定理论深度和较强可操作性的总体建议。

第一节 农民农村共同富裕实践进路总体优化的基本思路与原则

一、基本思路

根据前述各章的论证结果，本书认为农民农村共同富裕实践进路的优化应长期坚持党的核心领导地位，以新发展理念为指引，以乡村振兴战略与现代化强国战略为契机，以乡村产业振兴为起点，以逐渐缩小城乡差距、区域差距、群体差距为关键抓手，以农业农村实现高质量发展并形成强大内生动力为特征和评价标准，尽一切努力将中国式现代化发展成果更多更公平地惠及农村农民。

（一）坚持党的领导核心地位

农民农村共同富裕是中国特色社会主义制度优越性在农业农村领域的集中体现。作为中国特色社会主义制度的最大优势和最本质的特征，中国共产党的领导既决定着农民农村共同富裕的性质和方向，更决定着农民农村共同富裕进程中社会资源的配置和利用质量，进而影响着农民农村共同富裕的最终命运。

只有在农民农村共同富裕进程中坚定对党的领导核心地位的认同、坚持党在统揽全局中的关键作用，才能确保科学合理地推进相关制度创新、有力有序地开展各项行动，才能确保在每一个环节都朝着共同富裕的目标稳步迈进。

（二）以新发展理念为指引

新发展理念涵盖“创新、协调、绿色、开放、共享”五个重要方面，其在农民农村共同富裕的进程中发挥着关键的引领作用。

其一，创新发展将为农民农村共同富裕注入内生动力。在生产领域，通过科技创新、经营模式创新、产业组织创新、产业融合创新、生产性服务创新，可以彻底改变农业发展弱势地位，为农民增收提供持久动能。在社区治理领域，通过创新和优化乡村治理体系，推动自治、法治、德治的有机结合，有助于激发本地区各参与主体的积极性和主动性，将为农业农村发展营造良好环境，助力农民农村共同富裕目标顺利实现。

其二，协调发展有利于增强农民农村共同富裕的均衡性。从城乡协调角度看，逐步实现城乡基础设施统一化、居民收入均值化、公共服务均等化、要素配置合理化、产业协调发展以及成果共享程度同等化，将成为农民农村弥补发展短板、消除发展“鸿沟”的高效赋能动力。从区域协调角度看，通过提升东中西部之间、发达地区和欠发达地区之间的联动水平、培育和壮大欠发达地区的后发优势与特色优势，将成为逐步缩小不同区域之间贫富差距的重要途径，有利于保障全体农民和不同农村在共同富裕道路上协同稳步向前迈进。

其三，厚植绿色发展理念是农民农村共同富裕的底色。良好的生态环境既是农村发展的基础，又是农民农村追求共同富裕可以利用的宝贵资源。厚植绿色发展理念，在秉持尊重自然、顺应自然、保护自然的基础上，探索生态优势转化为经济社会发展优势、生态资源转化为生态资本的有效路径，是农村经济社会发展和农民农村共同富裕过程中可利用资源数量不减、质量不降、效益不滑坡的根本前提。不但如此，培养农民绿色生活方式和生活习惯，加强农村突出环境问题综合治理，建立市场化、多元化生态补偿机制等举措，更是助力农民农村在共同富裕过程中享受更多生态红利、获得更高生活品质的重要体现。

其四，开放发展是构建共同富裕行动内外动力联动的基础。农民农村共同富裕以农民农村可利用资源增量稳定提升、各类潜在参与主体协同行动为“加速器”。只有在开放发展过程中充分利用好国际与国内、城镇与乡村的资源和市场，将各类潜在参与主体整合为具有共同愿景与共进动力的“实践共同体”，才能充分保障农民农村共同富裕过程的活力和效能。

其五，共享发展是彰显农民农村共同富裕价值的根本要求。农民农村共同富裕的内涵，既包含“富裕”，又注重“共同”；只有打破城乡发展成果分享壁垒、全面建立各类参与主体的紧密型利益联结机制，才能实实在在地将农民农村共同富裕过程形塑为“共融、共进、共享”的过程，才能充分体现农民农村共同富裕之于中国式现代化的重要意义和深远价值。

（三）立足国情地情农情

我国作为一个农业大国，有着独特的国情农情，各地区之间也具有不同的地情。这一特点决定了需要因时因地确立和制定适合农民农村长期且高质量发展的行动策略。

一方面，我国和各地区农村人口基数庞大，意味着实现农民农村共同富裕面临着巨大的任务量。另一方面，我国各地农民在收入水平、受教育程度、生产技能等各方面存在较大差异，各地农村在资源禀赋、产业初始状态、基础设施条件和公共服务水平等方面也各不相同。鉴于此，只有将其作为基本出发点，才能制定贴合实际、行之有效的农民农村共同富裕发展策略，也才能实现向农民农村共同富裕目标的扎实前进和稳步迈近。

二、基本原则

（一）农业农村优先发展原则

全体人民共同富裕的短板和最繁重的任务均集中体现在农民农村共同富裕领域，因而只有坚持农业农村优先发展，才能从根本上改变城乡发展资源的偏向性配置格局，彻底改变农民农村共同富裕的起步状态，消除农民人力资本短缺、农业技术水平低下、农村公共物品供给薄弱可能产生的“锁定”效应。

具体来说，农业农村优先发展原则至少应该体现为以下四个方面：第一，优先考虑农民农村发展的利益诉求，在制定和执行各级各类政策时优先预测对“三农”发展的影响，使农民农村共同富裕实践获得优越的制度环境支持。第二，优先配备农村干部队伍和实用人才，将农村人才队伍打造成为具有知农爱农意愿和强农富农本领的“浓乡型”团队。第三，优先投入财政资金，以农林水支出的优先供给为杠杆，撬动社会资金加速投向农业生产和农村发展领域，借此改善农村基础设施、优化农村基本公共服务。第四，优先配置生产要素，通过政策创新，引导城乡各类生产要素和先进理念入乡入村形成集聚效应，推动农业农村农民实现跃迁式发展。

（二）坚持农民农村主体地位原则

农民农村共同富裕目标的实现，是内因和外因共同作用的结果，其中内因是决定农民农村共同富裕成效的根本动力，决定着共同富裕实践的基本趋势。从这一角度看，作为农民农村共同富裕的核心主体，农民农村在共同富裕实践中的主体意愿和主体动力决定着共同富裕行动的最终成效。

当然，农民农村参与共同富裕实践的意愿和动力，首先取决于其对自身地位的认知与自身收益的判断。因而充分关注农民农村利益诉求、全面尊重和保障农民农村合法权益，对于调动其积极性、主动性和创造性起着关键作用；只有坚持农民农村在共同富裕实践中的主体地位，才能确保农民农村共同富裕的阶段性目标和终极目标得以如期实现。

具体实践中，云南省昆明市宜良县耿家营彝族苗族乡开展的“人才回引计划”① 及其藏方村村委会河湾村开展的“稻田画”项目②充分证明，只有坚持农民主体地位，让农民真正参与到乡村发展的各项重大决策之中，才能充分激发其内生动力，才能确保乡村在共同富裕道路上稳步迈进。

（三）人与自然和谐共生原则

如前所述，秉持人与自然和谐共生原则，着力推动绿色发展，不仅能够保护农村生态风貌，还有利于将生态优势转化为经济社会发展优势，将生态资源变为生态资本，进而助力农民农村增收致富。

这一原则要求农民农村在共同富裕实践中，无论是出于提升产业效率的考虑，还是出于提高生活质量的考虑，各类主体的行为均不能以损害生态环境质量、破坏自然生态循环基本特征为前提。当然，这一原则并不排斥农民农村对自然资源的有效开发和利用，如果自然资源利用得当，其中还蕴藏着巨大的创富价值。例如，浙江省湖州市安吉县天荒坪镇余村在打造出以“绿水青山”为主要特征的总体风貌的同时，探索出了一条生态美、产业兴、百姓富的可持续发展路径，成功地将美丽乡村建设的设想变为现实，实现了生

① 耿家营彝族苗族乡于2021年7月启动“万名人才兴万村”行动，推动人才与乡村发展需求对接。主要措施包括：一是建立青年人才党支部，明确“农村优秀人才→青年党员→后备干部→村（社区）干部”的培养路径，重点吸纳致富能手、返乡务工人员、退役军人等群体；二是动态调整村干部队伍，通过分析研判村“两委”班子的履职能力，不断调整优化村党组织书记及主任人选，确保队伍活力与专业性；三是强化人才引进与本土培养。耿家营彝族苗族乡的“人才回引计划”以党建引领为核心，通过引进、培养、激励三管齐下，有效优化了乡村人才结构，带动了产业发展与基层治理能力提升，为乡村振兴提供了持续动能（资料来源：作者根据网络资料整理）。

② 耿家营彝族苗族乡藏方村村委会河湾村依托河湾、马蹄湾独特的马蹄形地势，结合自然山水，2017年与浙江大学农学院开展技术合作，引进彩色稻种并采用GPS定位种植技术，首次尝试种植彩色水稻，在稻田上绘制出彝族文化元素“阿诗玛侧影”，成为云南省内首个彩色水稻种植原创地。随后，每年根据国家发展主题更新图案，如2022年“民族团结、和谐发展”，2023年“中国式现代化”和“大地母子”、2024年“彝乡欢歌”和“乡村振兴”。“稻田画”项目使得耿家营彝族苗族乡实现了从传统农业到创意农业的跨越，成为农文旅融合发展带动乡村振兴的典型模式，在云南省得到了广泛推广，实现了当地农民农村的共同富裕。耿家营彝族苗族乡计划在“稻田画”的基础上进一步整合红色文化资源（如宜路陆游击大队遗址）、扩建荷花田和花海景观，形成“彩色水稻＋红色旅游＋生态农业”的立体发展模式（资料来源：作者根据网络资料整理）。

态与经济的双赢[①]；黑龙江省佳木斯市同江市八岔赫哲族乡八岔村的退耕还林还湿以及在黑龙江畔进行收网禁渔等举措，同样让村民依靠乡村旅游和特色种养发现了新的致富路径，生活水平不但没有下降，反而得到了显著提升[②]。

（四）坚持改革创新原则

改革开放以来，改革创新始终是我国经济社会发展各领域实现突破性进展的重要“法宝”，农民农村共同富裕是事关中国式现代化成败的崭新行动，同样需要以改革创新作为核心保障和关键动力。

总体而言，农民农村共同富裕实践中坚持改革创新原则，核心理念在于坚持为市场赋能、坚决打造有为政府。第一，坚持为市场赋能。充分尊重市场在资源配置中的决定性作用，为城乡要素流动自由创造市场化交易条件，为农民农村有效对接市场提供硬件基础设施、知识和技术、技能支持，使其能够在遵循市场规律的过程中实现增收致富。第二，打造有为政府。明确政府在消除市场失灵环节的地位与作用机制，在农村基础设施和公共服务供给、农民素质提升等领域，创新政府主导手段和方法，确保政府投资效率不断提升的同时，撬动民间资源广泛参与农民农村共同富裕进程。

（五）坚持因地制宜原则

因地制宜是实事求是理念在农民农村共同富裕领域的客观要求。一方面，我国乡村数量众多且各具特色，不同乡村在历史文化、发展现状、区位条件、资源禀赋以及产业基础等方面都存在着显著差异，因此只有分类推进才能契合乡村实际，更为高效地为共同富裕赋能。另一方面，我国不同地区、各级各类地方政府在财政资金、人才储备、产业结构与规模等方面存在巨大差异，各自主导农民农村共同富裕实践的能力也各不相同。因此盲目追求区域之间农民农村共同富裕进程的整齐划一，盲目推进千篇一律式的农民农村共同富裕道路，既不现实又不可能。

---

① 余村作为浙江省“千村示范、万村整治”工程的首批试点村于2003年开启了它的生态转型之路，2004年全面关停当地矿山和水泥厂，从“卖石头”转变为“卖风景”。随后，经历了2004—2010年生态修复与基础设施重建、2011—2020年生态旅游与产业升级、2021年至今的深化创新与人才引进等阶段，通过20年的生态修复与创新实践，成功将“绿水青山”转化为“金山银山”，实现了从污染严重的矿业村到全国乡村振兴典范的蝶变，为全球乡村可持续发展提供了宝贵经验（资料来源：作者根据网络资料整理）。

② 八岔村的生态保护举措始于21世纪10年代，2016年后在“兴边富民行动”“党旗固边工程”等政策支持下加速推进，通过退耕还湿、禁渔等行动修复环境，产业也从单一渔业转向多元化经济，包括有机农业、旅游开发等。经过十几年的努力，八岔村依托政策支持和产业转型，实现了生态保护与经济发展的双赢（资料来源：作者根据网络资料整理）。

第二节 农民农村共同富裕实践的进路优化策略

一、产业协同进路的优化策略

（一）加强农业科技创新，促进农业现代化转型

第一，通过服务采购或直接资助模式，引导科研机构、高校与涉农企业紧密合作，培育高产、优质、抗逆性强的农作物新品种，并加大其推广普及力度。

第二，适度提高财政奖补、税收优惠、贷款贴息等政策支持水平，发展壮大现代农业装备制造和专业化服务主体，助力农业通过装备现代化和服务现代化提升产出效率。

第三，通过政府、农村和企业联动途径，开展现代化农业园区建设，扩大智慧农业、农业电商的应用场景，全面提升农产品附加值。

第四，优先培育高素质农民、家庭农场主、农民专业合作社骨干成员，以其为中介推广现代农业技术、市场化经营管理理念和技术，助力传统农业向现代农业全面转型升级。

（二）推动农村产业融合发展，发展农村现代产业体系

第一，立足各地农业资源优势，培育特色和品牌农产品，通过绿色认证、有机认证等途径提升品质辨识度，拓展农产品高端市场。

第二，积极促进农村一二三产业深度融合，拓展农业产业链条，鼓励发展农产品加工业，建设农产品加工园区，引进先进加工技术和设备，将初级农产品转化为高附加值的加工产品，提升农产品市场竞争力和利润空间。

第三，以“农业+”为引领，跨界整合文旅、康养、电商、创意等资源，发展壮大观光农业、休闲农业、电商农业、认养农业等农业新业态。

第四，配合农业新业态发展，加快发展农村生活服务业，打造农村“宜居”特色，实现农村生产功能和消费功能的同步完善。

二、城乡协调进路的优化策略

（一）加强城乡基础设施互联互通

第一，加大农村公路建设力度、改善农村公路质量的同时，提高农村公路通达深度和通畅水平，加强农村公路与国省干线公路、城市道路的连接，打造城乡一体的交通网络体系。以此为基础，推动城乡客运和货运体系一体化发展，提高农村居民出行便利性和农产品仓储、运输的便捷性。

第二，加速城乡供水、供气、供热一体化进程，提高农村生活质量的同

时，提升农村对外来投资的吸引力。

第三，加快农村能源基础设施建设步伐，推动农村广泛利用太阳能、风能等清洁能源，提高农村能源供应的稳定性和清洁化水平。

第四，加强农村信息基础设施建设，提升农村网络覆盖率和通信质量，推进农村信息化进程，为电商、远程教育、远程医疗等新兴业态嵌入农村生产生活提供有力支撑，缩小城乡数字鸿沟。

（二）促进城乡基本公共服务均等化

第一，显著提升教育资源配置的均衡配置水平，尽快补齐农村公办学前教育短板，改善农村学校办学条件，通过教师轮岗交流、定向培养、提高农村教师待遇等措施，吸引优秀教师赴农村任教等途径提高农村教育质量。与此同时，推进城乡教育一体化发展，建立城乡学校结对帮扶和城乡优质教育资源一体化配置机制，打造城乡教育公平格局，阻断农村贫困代际传承的根源。

第二，加强农村医疗卫生基础设施建设，完善乡镇卫生院和村卫生室标准化建设，采取适度倾斜策略向农村配备先进医疗设备和药物，提高农民就医的便利性。与此同时，加强农村医疗卫生人才队伍建设，通过定向培养、全科医生特岗计划等方式，充实农村医疗卫生人员力量，提高农村医疗服务水平。另外，建立城乡医疗卫生机构合作机制，推动城市优质医疗资源下沉农村，开展远程医疗、专家坐诊、双向转诊等服务，实现城乡医疗卫生服务一体化，提高农民健康保障水平。

第三，促进城乡社会保障体系协同发展。一方面，完善农村社会保障制度，动态提高农村居民养老保险和医疗保险的支付水平，逐步缩小与城市居民的待遇差距。另一方面，完善城乡社会保障制度的衔接机制，显著提高城乡居民在养老保险、医疗保险等方面的自由转移接续，保障农民在城乡之间流动时的社会保障权益。此外，进一步建立健全农村社会救助体系，加强对农村低保对象、特困人员、残疾人等困难群体的救助和帮扶，兜底坚守农村民生底线，杜绝农民农村共同富裕中的各类返贫现象。

三、区域协调进路的优化策略

（一）完善区域协调发展政策体系

第一，加强中央层面对区域协调发展的宏观调控和政策引导，提高对中西部地区和东北地区农业农村发展财政转移支付的倾斜力度，重点投向农村基础设施建设、生态环境保护、农业产业发展等领域。

第二，设立区域协调发展专项资金，用于支持跨区域农村产业合作项目、农村基础设施互联互通项目等。

第三，完善区域协调发展的考核评价机制，将区域之间农民农村共同富裕差距的变化结果纳入各级地方政府绩效考核指标体系，强化地方政府在农民农村共同富裕领域中协调发展的责任意识，推动地方政府主动扮演好农民农村共同富裕主导者角色。

（二）实施区域差异化、特色化发展战略

第一，根据不同地区的资源禀赋、产业基础、生态环境等初始条件，制定差异化的农业农村发展政策与发展规划，通过打造区域之间差异化、特色化的发展格局，强化各区域的专业化优势，避免农村产业发展的同质化竞争，为全国范围内的农民农村共同富裕实践创造优越的总体环境。

第二，在强调区域之间专业化分工的同时，在生态环保、人口流动等领域建立跨地区的收益共享、成本共摊机制，在农业农村发展领域引导各地实现区域之间的优势互补和行动协同。

（三）加强区域之间合作与对口帮扶

第一，建立区域之间农村合作发展机制。鼓励发达地区与欠发达地区开展农村产业合作、人才交流、技术帮扶等实践活动。具体可考虑通过共建产业园区、产业梯度转移、发展飞地经济等模式，引导发达地区的资金、技术、产业、人才等优质资源向欠发达地区转移，带动欠发达地区农村产业发展。

第二，实施对口帮扶政策。组织经济发达地区的城市、工商企业、社会组织等主体与欠发达地区落后乡村组建帮扶对子，前者在基础设施建设、基本公共服务提升、产业发展、人才培养等方面给予全方位的支持和援助，增强欠发达地区农村的自我发展能力，逐步缩小区域之间农村发展差距。

四、群体协调进路的优化策略

（一）精准识别与帮扶低收入群体

第一，建立健全农村低收入群体精准识别机制。完善各级各类大数据平台信息收集功能，开展基层政府部门与村“两委”实地走访调查等活动，全面掌握农村低收入家庭的人口状况、收入状况、低收入成因等信息，精准确定帮扶对象，确保应扶尽扶。

第二，针对不同类型的低收入群体，根据其低收入成因的差异，制定个性化的帮扶方案，提高帮扶措施的针对性和实效性。

（二）促进农村低收入群体就业创业

第一，面向低收入群体提供就业扶持。首先，加快农村劳动力就业服务平台建设，整合低收入家庭和用工企业劳动力供需信息的匹配信息，为农村低收入劳动力提供精准岗位推荐与就业指导服务。其次，根据低收入劳动力的就业

技能培训需求，广泛开展有针对性的公益培训服务，为其顺利就业提供技能储备。最后，积极开发农村公益性岗位，通过政府购买服务等方式，优先安置低收入劳动力就业，稳定增加其工资性收入。

第二，面向低收入群体提供创业支持。首先，充分调动社会组织的能动性，以农村低收入创业者为服务对象，广泛开展创业咨询和创业知识技能培训，提高其创业成功率和创业收益能力。其次，整合财政资金和社会公益资金设立低收入群体创业扶持专项基金，为有创业意愿和创业能力的农村低收入劳动者提供创业支持（如创业补贴、小额担保贷款、场地租赁补贴、设备采购补贴等）。最后，因地制宜建设农民创业园区，在这一过程中根据园区特点和低收入农村劳动力的创业能力，为后者提供优惠入驻条件，并开展全程经营管理技术的指导和帮扶。

（三）完善农村低收入群体利益联结机制

第一，深化各类农业农村产业主体带动机制。鼓励农业龙头企业、农民专业合作社、家庭农场等新型农业经营主体与农村低收入家庭建立紧密的利益联结机制，通过订单农业、保底收购、股份合作、利润返还等方式，带动农村低收入农户积极参与农业产业发展，分享产业增值收益。

第二，建立资产收益分配带动机制。在利用农村集体资产、资源、资金，通过入股、出租、合作等方式组建新型农村集体经济组织的过程中，优先考虑低收入家庭红利分配和盈余分配，增加其财产性收入，拓宽其收入来源。

第三节　农民农村共同富裕实践进路优化的保障措施

一、完善法律法规保障

一方面，根据农民农村共同富裕实践中所面临的土地等生产要素利用障碍问题、产业项目经营障碍问题、基础设施建设与公共服务审批障碍问题等，及时论证和加快制定专门法律法规，全面维护和保障农民农村合法权益。另一方面，根据农民农村发展的形势变化，及时对涉农法律法规进行梳理研判，合理修订涉农法律法规，彻底消除法律法规之间的矛盾和冲突，构建协调统一的共同富裕支持保护法律法规体系。

二、组织建设保障

一方面，加强基层党组织建设。构筑乡村基层党组织共同富裕工作体系，使其在农民农村共同富裕实践中充分发挥精神引领、制度引领、行动引领作用，实现其对农民农村共同富裕实践的动力凝聚与动能放大目标。另一方面，全面提升乡村治理效能。通过开发农村经济社会发展的“网格”管理体系、打造社会管理综合数字化平台、普及智能化终端等途径，将民主管理和法治管理融为一体，为优化各类治理流程、充实各类服务内容提供基础保障。

三、人才队伍保障

第一，注重吸引外部人才返乡入乡创业兴业，优化其创业兴业与农民农村共同富裕的联动机制，放大其创业兴业的产业联动、就业联动、资源联动和治理联动效应，为农民农村共同富裕提供物质贡献与精神贡献。

第二，加大本土人才的培育力度，特别是充分挖掘农民自组织骨干力量的潜能，引导和鼓励其主动参与乡村经济建设和村庄治理工作，以其为中介凝聚村庄内部共同富裕实践的共识和动力。

第三，加大村“两委”人才队伍在引领共同富裕实践过程中的知识、技术和经验的学习培训力度，与此同时，加大相关人才储备力度，借此促进村“两委”自身工作知识的更新与工作能力的提升。

第四，根据农民农村共同富裕的具体需求，通过提升经济奖补水平、赋予较高社会地位、颁发较高规格荣誉等途径，提高社会组织及其成员开展乡村服务的政策引导力度，使其能够为农民农村自身发展能力的不断提升提供多元化、高水平和持续的指导与服务。

四、监督评估保障

第一，完善农民农村共同富裕工作的组织与领导机制。明确各部门之间的职责分工与协同配合方式，确保各项共同富裕策略得以顺利落实和高效推进。

第二，构建监督评估体系。征询农民农村代表、专家学者和政府各部门意见建议，制定农民农村共同富裕的评价指标体系，确定阶段性目标或项目推进的节点目标，对农民农村共同富裕进程和效果开展全过程监督和评估，以期及时发现共同富裕实践过程中的“痛点”“卡点”和“突破口”，确保共同富裕的各类预期目标能够顺利达成。

第三，完善监督机制。农民农村共同富裕进程涉及的乡村建设项目众多、资金和政策投入密集，极易产生贪腐问题和执法偏误问题。因此有必要进一步优化涉农监督机制，全面强化农民农村共同富裕实践中的各类内部监督和外部监督，通过丰富监督手段、改革监督方式等途径，切实降低贪腐发生概率、杜绝执法不公现象。

第四节　本章小结

农民农村共同富裕事关中国式现代化建设全局，是一项时间跨度长、空间地域全覆盖、参与主体众多的宏大工程，其实践进路高度复杂，需要以系统思维应对各类待解难题。本章系统整理了农民农村共同富裕实践进路的优化思路、基本原则、总体策略和保障措施，旨在为农民农村共同富裕实践的稳步推进提供理论参考。

农民农村共同富裕实践进路优化的基本思路在于长期坚持党的核心领导地位，以新发展理念为指引，以乡村振兴战略与现代化强国战略为契机、以乡村产业振兴为起点，以逐渐缩小城乡差距、区域差距、群体差距为过程，以农业农村实现高质量发展并形成强大内生动力为特征和评价标准，尽一切努力将中国式现代化发展成果更多更公平地惠及农村农民。

农民农村共同富裕实践进路优化过程中应坚持的基本原则包括农业农村优先发展原则、维护农民农村主体地位原则、人与自然和谐共生原则、改革创新原则和因地制宜原则。面对农民农村共同富裕的共性难题，关键性的进路优化策略主要包括产业协同进路优化策略、城乡协调进路优化策略、区域协调进路优化策略以及群体协调进路优化策略。为了确保农民农村共同富裕的稳定有序推进，重要的进路优化保障措施主要包括完善法律法规保障、组织建设保障、人才队伍保障和监督评估保障等。

参考文献

REFERENCES

本书编写组，2021. 改革开放简史 [M]. 北京：人民出版社，中国社会科学出版社.

毕国华，杨庆媛，张晶渝，等，2018. 改革开放 40 年：中国农村土地制度改革变迁与未来重点方向思考 [J]. 中国土地科学 (10)：1-7.

卜凡，2024. 中国式农民农村共同富裕发展水平测度及驱动因素分析 [J]. 统计与决策 (12)：52-56.

蔡旺，2024. 促进农民农村共同富裕：重点、难点及对策 [J]. 社会科学家 (1)：117-123.

曹原，2023. 撬动社会资本赋能乡村产业振兴：深层内涵和日本经验 [J]. 现代日本经济 (1)：43-55.

陈锡文，2005. 中国农村公共财政制度 [M]. 北京：中国发展出版社.

陈秀红，2023. 从“外源”到“内生”：新时代中国共产党推进乡村振兴的实践逻辑 [J]. 中共中央党校（国家行政学院）学报 (2)：44-54.

陈业宏，2020，朱培源. 从韩国“新村运动”解锁乡村振兴新思路 [J]. 人民论坛 (2)：72-73.

陈志钢，茅锐，张云飞，2022. 城乡融合发展与共同富裕：内涵、国际经验与实现路径 [J]. 浙江大学学报（人文社会科学版）(7)：68-78.

程慧，贾广宇，2024. 社会组织协同参与乡村振兴路径研究：以 F 基金会参与南峪村实践为例 [J]. 河北师范大学学报（哲学社会科学版）(1)：129-138.

程开明，2008. 从城市偏向到城乡统筹发展：城市偏向政策影响城乡差距的 Panel Data 证据 [J]. 经济学家 (3)：28-36.

迟诚，2015. 城市偏向型经济政策对城乡收入差距的影响 [J]. 城市问题 (8)：61-66.

邓小平，1993. 邓小平文选. 第 3 卷 [M]. 北京：人民出版社.

杜志雄，2022. 共同富裕思想索源及农民农村实现共同富裕的路径研究 [J]. 经济纵横 (9)：21-29.

冯海发，2013. 对十八届三中全会《中共中央关于全面深化改革若干重大问题的决定》有关农村改革几个重大问题的解读 [J]. 农业展望 (11)：4-12.

高帆，2019. 从割裂到融合：中国城乡经济关系演变的政治经济学 [M]. 上海：复旦大学出版社.

高鸣，江帆，2024. 新型农村集体经济促进农民共同富裕：理论机理、实践成效与政策构想 [J]. 改革 (3)：142-155.

高鸣，魏佳朔，2022. 促进农民农村共同富裕：历史方位和实现路径 [J]. 中国软科学 (8)：45-57.

高圆圆，陈哲，2022. 农业产业化经营组织模式演化逻辑、效益比较与未来发展取向 [J]. 贵州财经大学学报 (5)：102-111.

葛扬，丁涵浩，2024. 社会主义改造和改革：中国式现代化的基本经济制度逻辑 [J]. 社会科学战线 (2)：85-95.

国家统计局，2024. 第三次农业普查数据 [EB/OL]. https://www.stats.gov.cn/sj/pcsj/.

国家统计局，2024. 人民生活实现全面小康　稳步迈向共同富裕：新中国 75 年经济社会发展成就系列报告之十七 [EB/OL]. https://www.stats.gov.cn/sj/sjjd/202409/t20240920_1956592.html.

国家统计局国民经济综合统计司，2010. 新中国 60 年统计资料汇编 [M]. 北京：中国统计出版社.

国务院，2024. 国务院关于印发《深入实施以人为本的新型城镇化战略五年行动计划》的通知 [EB/OL]. https://www.gov.cn/zhengce/content/202407/content_6965542.htm.

韩道铉，田杨，2019. 韩国新村运动带动乡村振兴及经验启示 [J]. 南京农业大学学报 (社会科学版) (4)：20-27，156.

韩文龙，唐湘，2023. 在中国式现代化新征程中促进农民农村共同富裕 [J]. 兰州大学学报 (社会科学版) (1)：14-24.

何睦，何于一，任源钢，2023. 乡村治理中国式现代化：重要意义、现实困境及实践路径 [J]. 重庆社会科学 (6)：80-90.

何茜，2023. 中国乡村共同富裕指标体系构建：理论逻辑与实践审思 [J]. 西南大学学报 (社会科学版) (5)：29-41.

华兴顺，2006. 韩国的"新村运动"及其对中国新农村建设的启示 [J]. 当代世界与社会主义 (3)：17-21.

黄承伟，2021. 论乡村振兴与共同富裕的内在逻辑及理论议题 [J]. 南京农业大学学报 (社会科学版) (6)：1-9.

黄季焜，2022. 加快农村经济转型，促进农民增收和实现共同富裕 [J]. 农业经济问题 (7)：4-15.

黄骏，2003. 论"一肩挑"模式：兼论解决村"两委"关系的基本思路 [J]. 中共南京市委党校南京市行政学院学报 (5)：70-73.

黄志海，刘琼豪，2022. 制约农村共同富裕的短板问题及对策研究 [J]. 农业经济 (10)：68-70.

贾云赟，2024. 数字普惠金融、财政补贴与农民农村共同富裕 [J]. 统计与决策 (15)：16-21.

蒋永穆，叶紫，2022. 推动农民农村共同富裕：时代内涵、难点挑战与实践路径 [J]. 重庆理工大学学报 (社会科学) (10)：14-23.

金铂皓，马贤磊，2024. 生态资源禀赋型村庄何以实现富民治理：基于浙南R村的纵向案例剖析［J］. 农业经济问题（6）：87-104.

孔凡河，王潇洁，2006. 它山之石　可以为错：韩国“新村运动”对我国建设“社会主义新农村”的启示［J］. 北方经济（20）：176-178.

孔祥智，片知恩，2019. 新中国70年合作经济的发展［J］. 华南师范大学学报（社会科学版）（6）：28-37，191.

赖德胜，2023. 坚持在发展中保障和改善民生. 北京工商大学学报（社会科学版）（1）：18-26.

雷琼，2022. 乡村实现共同富裕的现实内涵、困境与制度创新：基于乡村治理视角［J］. 广东财经大学学报（4）：44-55.

李琳，庞国光，郭东，2024. 中国农民农村共同富裕：特征事实及障碍因素［J］. 湖南农业大学学报（社会科学版）（3）：30-42.

李强，姜爱林，任志儒，2006. 韩国新村运动的主要成效、基本经验及对我国的启示［J］. 农业现代化研究（6）：405-408.

李人庆，芦千文，2022. 农村集体经济促进农民共同富裕的实现机制：基于山东即墨鳌角石村案例研究［J］. 当代经济管理（11）：1-8.

李三辉，2021. 乡村治理现代化：基本内涵、发展困境与推进路径［J］. 中州学刊（3）：75-81.

李圣权，2003. 韩国乡村企业融资及租税支援制度的变化［J］. 东北亚论坛（6）：17-20.

李霞，张玉龙，2024. 数字经济、农村劳动力迁移与农民农村共同富裕［J］. 统计与决策（11）：5-10.

李艳，叶明确，罗唯，2022. 共同富裕视角下浙江省城乡融合发展水平测度与演化研究［J］. 兰州学刊（6）：113-127.

李玉双，邓彬，2018. 我国乡村产业发展面临的困境与对策［J］. 湖湘论坛（6）：159-165.

李正图，刘柯杰，2024. 新时代缩小城乡收入差距与迈向共同富裕［J］. 华东师范大学学报（哲学社会科学版）（2）：143-156，181-182.

廉如鉴，郭静安，徐燕茹，2009. 摆脱村“两委”职权划分中的二难困境：对青县模式的思考［J］. 理论视野（8）：58-61.

廖祖君，卢晨瑜，2024. 农民农村共同富裕：内涵特征、生成逻辑与实践路径［J］. 重庆社会科学（2）：6-16.

林毅夫，蔡昉，李周，1994. 中国的奇迹：发展战略与经济改革［M］. 上海：格致出版社.

刘培林，钱滔，黄先海，等，2021. 共同富裕的内涵、实现路径与测度方法［J］. 管理世界（8）：117-129.

刘艳，马贤磊，石晓平，2022. 农机服务对小农户土地流转“内卷化”的影响［J］. 华中农业大学学报（社会科学版）（2）：146-157.

陆铭，陈钊，2004. 城市化、城市倾向的经济政策与城乡收入差距［J］. 经济研究（6）：

50-58.
罗浩，2023. 促进农民农村共同富裕的若干思考［J］. 农业经济（11）：88-90.
罗建章，马黎，马荟，等，2024. 村体企用：迈向共同富裕的村企关系：基于陕西省袁家村的纵向案例分析［J］. 农业经济问题（3）：89-102.
罗明忠，魏滨辉，2023. 数字技术何以赋能农村共同富裕？——基于经济与生态效益的考察［J］. 云南财经大学学报（12）：82-95.
罗玉辉，2024. 新时代扎实推进农民农村共同富裕的逻辑建构［J］. 当代经济研究（1）：101-111.
吕德文，雒珊，2022. 促进农民农村共同富裕的政策体系及其实现路径［J］. 中州学刊（1）：83-91.
马平瑞，李祖佩，2023. 农村内生型集体经济发展的社会效应：基于鲁西南蔡庄村的个案研究［J］. 中国农村观察（4）：151-168.
马晓河，蓝海涛，黄汉权，2005. 工业反哺农业的国际经验及我国的政策调整思路［J］. 管理世界（7）：55-63.
马晓君，王梦宇，于渊博，等，2024. 我国农民农村共同富裕水平的区域差异和时空演进特征研究［J］. 农业经济问题（2）：35-51.
满小欧，李贺云，娄成武，2023. 外源驱动与内源发展：乡村振兴的实践路径与推进机制——基于全国 26 个典型案例的模糊集定性比较分析［J］. 东北大学学报（社会科学版）（4）：81-88.
毛泽东，1991. 毛泽东选集 . 第 3 卷［M］. 北京：人民出版社 .
毛泽东，1991. 毛泽东选集 . 第 5 卷［M］. 北京：人民出版社 .
茅锐，2022. 我国城乡融合的逻辑演变规律及对策建议：兼论国际经验与地方探索［J］. 国家治理（21）：21-26.
蒙慧，刘光旭，2024. “内生发展”：民族地区以乡村全面振兴迈向共同富裕的现实路径［J］. 广西民族大学学报（哲学社会科学版）（5）：111-120.
欧明容，2022. 马克思主义“三大差别”理论与实践研究［D］. 湘潭：湘潭大学 .
乔春华，2024. 数字普惠金融、财政补贴与农民农村共同富裕［J］. 会计之友（20）：50-56.
尚海洋，樊姣姣，2022. 农村社会组织提升社会资本及应对生计风险的作用研究［J］. 资源开发与市场（10）：1231-1237.
沈费伟，戴辰，2022. 农民农村共同富裕目标体系内涵与指标体系构建：以浙江省为例［J］. 改革与战略（3）：66-76.
沈永东，2021. 社会组织推动城乡区域协调的体制机制与政策支撑：基于浙江共同富裕示范区建设经验［J］. 探索与争鸣（11）：27-29，177.
沈永东，石天琼，毕荟蓉，2024. 价值共创：共同富裕背景下公共服务优质共享的实现逻辑［J］. 中国行政管理（10）：73-82.
宋程成，楚汉杰，张need文，2023. 从新型农村集体经济到乡村共同富裕：基于江苏省实践的探索性研究［J］. 福建论坛（人文社会科学版）（7）：119-133.

孙学涛，黄义，2024. 党支部领办合作社对共同富裕的影响研究：基于村集体经济发展和农民增收的中介作用［J］. 东岳论丛（5）：184-190.

谭燕芝，王超，陈铭仕，等，2022. 中国农民共同富裕水平测度及时空分异演变［J］. 经济地理（8）：11-21.

唐亮，杜婵，2022. 推动农民农村共同富裕：理论依据、现实挑战及实现路径［J］. 农村经济（7）：10-17.

仝志辉，杨润峰，罗建章，2023. 乡村特色产业的嵌入式内源发展路径：以四川省石棉县坪阳合作社黄果柑产业为例［J］. 农业经济问题（8）：31-43.

涂圣伟，2022. 产业融合促进农民共同富裕：作用机理与政策选择［J］. 南京农业大学学报（社会科学版）（1）：23-31.

万广华，江葳蕤，陈亚会，2022. 中国农村推进共同富裕的目标与路径［J］. 农业经济问题（11）：57-69.

王道勇，2023. 推动农民共同富裕的主要约束与对策思路［J］. 陕西师范大学学报（哲学社会科学版）（2）：92-102.

王惠林，张卫国，2023. 党建引领村集体经济组织赋能农民农村共同富裕的实践路径——基于山东省招远市D村的实证调查［J］. 求实（6）：92-106，110.

王进文，2023. 迈向内生发展：新阶段农民农村共同富裕的促进逻辑与路径选择［J］. 云南民族大学学报（哲学社会科学版）（1）：93-103.

王进文，2024. 新型农村集体经济如何影响乡村共同富裕：基于D村和S村的双案例研究［J］. 南京农业大学学报（社会科学版）（4）：39-51.

王立胜，2020. 以县为单位整体推进：乡村振兴战略的方法论［J］. 中国浦东干部学院学报（4）：119-126.

王立胜，张弛，2021. 新型农村集体经济：中国乡村的新变革［J］. 文化纵横（6）：41-53，158.

王琳，2022. 党建赋能农民农村共同富裕：核心要义、内生逻辑与实践策略［J］. 甘肃社会科学（5）：10-17.

王刘坤，祁春节，汤路昀，等，2023. 统一大市场背景下农产品流通效率评价与时空分析：基于现代流通理论“三维”视角. 农业经济问题（8）：127-143.

王瑞峰，逄锦超，2023. 农民共同富裕的内涵特征、推进逻辑、现实困境与实现路径［J］. 四川农业大学学报（3）：566-572.

王世泰，谈育明，2023. 农村集体经济发展与农民共同富裕：关键要义、逻辑分析及现实进路［J］. 现代经济探讨（3）：21-28.

王欣悦，王猛，2022. 社会组织助推乡村共同富裕的策略研究：基于石城县产业扶贫项目的个案分析［J］. 中共青岛市委党校. 青岛行政学院学报（3）：58-68.

王彦龙，徐康洲，2024. 高质量乡村振兴与共同富裕融合：理论关联、逻辑解构与路径探索［J］. 农村经济（6）：47-56.

王中伟，焦方义，2023. 数字乡村建设赋能农民农村共同富裕的实证检验［J］. 云南民族大学学报（哲学社会科学版）（3）：100-110.

魏后凯，杜志雄，2021. 中国农村发展报告 . 2021：面向 2035 年的农业农村现代化［C］. 北京：中国社会科学出版社 .

魏后凯，闫坤，2017. 中国农村发展报告 . 2017［M］. 北京：中国社会科学出版社 .

文丰安，2023. 中国式现代化进程中以高质量发展推进农村共同富裕：重要性、障碍及实现路径［J］. 四川大学学报（哲学社会科学版）（6）：42-48，188-189.

乌兰，刘银喜，陈丽丽，2023. 税收政策助推乡村振兴：逻辑关联、现实局限与优化路径［J］. 财政科学（4）：106-115.

吴卫丽，2024. 推动农民共同富裕的价值意蕴、现实阻碍与路径探赜［J］. 农业经济（7）：86-89.

习近平，2021. 扎实推动共同富裕［J］. 求是（2）：4-8.

习近平，2022. 习近平谈治国理政 . 第四卷［M］. 北京：外文出版社 .

项继权，周长友，2017. “新三农”问题的演变与政策选择［J］. 中国农村经济（10）：13-25.

肖华堂，王军，廖祖君，2022. 农民农村共同富裕：现实困境与推动路径［J］. 财经科学（3）：58-67.

新时代金融服务农民农村共同富裕研究课题组，林立，曾学文，等，2023. 农民农村共同富裕：内涵目标、指标体系与评价分析［J］. 农村金融研究（3）：3-12.

徐剑，齐佳音，于法稳，2023. 深化“两山论”助推共同富裕路径研究：浙江案例［J］. 生态经济（8）：210-218.

徐鹏杰，2023. 新型农村集体经济、产业融合发展与农民农村共同富裕［J］. 财经科学（12）：68-81.

徐鹏杰，张文康，曹圣洁，2023. 产业结构升级、构建现代产业体系与农民农村共同富裕［J］. 经济学家（5）：78-88.

徐世江，2021. 空心村发展的自强化机制及其破解路径：自生发展能力视角的解读［J］. 农业经济（3）：34-36.

徐世江，2022. 城乡二元结构转型与农村自生发展能力培育问题研究［M］. 北京：中国农业出版社 .

徐世江，梁姝娜，2024. 土地制度改革联动效应与城乡产业融合：作用机理、现实图景及优化路径［J］. 农村经济与科技（12）：1-4.

徐世江，周健，2022. 交互嵌入：农村新型集体经济与乡村治理体系的协同机理：山东省 D 村“三社”“三自”实践的理论解读［J］. 农业经济（2）：53-55.

徐雪，王永瑜，2022. 中国乡村振兴水平测度、区域差异分解及动态演进 . 数量经济技术经济研究（5）：64-83.

烟台市委组织部，2021. 支部领办干劲足　组织起来共富裕：烟台市推行党支部领办合作社的创新实践 [J]. 中国老区建设（5）：30-33.

严瑾，2021. 日本的六次产业发展及其对我国乡村振兴的启示 [J]. 华中农业大学学报（社会科学版）（5）：128-137，197-198.

杨俊，张梦玲，朱臻，2024. 生态振兴促进农民农村共同富裕的结构逻辑、实践模式与经验借鉴 [J]. 农林经济管理学报（1）：21-29.

杨沫，2023. 城乡差距视角下农民农村共同富裕的现实挑战与实现路径 [J]. 产业经济评论（6）：135-150.

杨晓婷，倪国华，2024. 党的组织力何以助推乡村共同富裕？——基于“情景-主体-策略-制度”的解释框架 [J]. 学习与实践（7）：39-49.

叶兴庆，2022. 以提高乡村振兴的包容性促进农民农村共同富裕 [J]. 中国农村经济（2）：2-14.

于涛，2020. 新时代农业合作化道路必定越走越宽广：烟台“党支部领办合作社”的探索和体会 [J]. 经济导刊（11）：26-31.

于涛，2020. 推行村党支部领办合作社　促进乡村全面振兴 [J]. 农村工作通讯（22）：14-15.

袁明宝，2024. 找回集体：内生型集体经济发展与村社集体治理能力提升 [J]. 求实（3）：83-95，112.

运迪，贾则琴，2023. 共同富裕目标下的城乡融合：内在关联、现实困境和推进逻辑 [J]. 新疆社会科学（6）：156-166.

张凤林，2022. 日本提高农民收入与促进城乡共同致富探析 [J]. 商业经济（9）：127-130.

张广辉，邓因，2024. 农民农村共同富裕水平测度、区域差异及空间收敛性研究 [J]. 农村经济（3）：1-15.

张桂文，徐世江，等，2018. 农业转移人口市民化与二元经济转型 [M]. 北京：经济科学出版社.

张桂文、周健，等，2021. 制度变迁视角下的中国二元经济转型 [M]. 北京：社会科学出版社.

张季风，2022. 乡村振兴视阈下的城乡融合发展：日本的实践与启示 [J]. 中国农村经济（12）：124-138.

张杰，2020. 城市偏向对收入差距的影响：劳动力流动的中介效应分析 [J]. 经济问题探索（4）：54-68.

张进财，2023. 以实现共同富裕为导向的农村集体经济发展困境及纾困对策 [J]. 农业经济（2）：64-65.

张菊梅，2021. 农村公共服务供给的模式与革新 [J]. 南昌大学学报（人文社会科学版）（1）：76-83.

张帅梁，2023. 共同富裕与农民发展权：理论探源、历史经纬与现实进路 [J]. 理论月刊（2）：32-41.

张思檬，吴东立，2024. 农村居民共同富裕水平测度及时空演变研究［J］. 统计与决策（9）：85-89.

张文彬，王赟，2021. 可行能力视角下中国福利水平区域差异、动态演进与结构分解 . 数量经济技术经济研究（12）：45-66.

张昕彬，2024. 科技创新赋能新质生产力发展的多维认知［J］. 时代报告（11）：31-33.

张新文，万栗江，2023. 数字赋能乡村共同富裕的实践类型、经验总结与创新路径：基于五个典型案例的考察［J］. 农村经济（10）：135-144.

张行发，徐虹，2023. 新内源发展：乡村旅游驱动贫困村迈向共同富裕的“郝峪模式”［J］. 西北农林科技大学学报（社会科学版）（6）：94-103.

张行发，徐虹，王彩彩，2022. 新发展阶段农民农村迈向共同富裕的困境、案例分析及实践启示［J］. 西南民族大学学报（人文社会科学版）（7）：233-240.

张音音，2024. 乡村振兴助推农村共同富裕的价值内核、道路羁绊与应然路径［J］. 农业经济（7）：41-44.

张远新，2022. 新时代促进农民共同富裕的逻辑、难题和路径［J］. 浙江工商大学学报（5）：123-131.

赵培，郭俊华，2022. 产业振兴促进农民农村共同富裕：时代挑战、内在机理与实现路径［J］. 经济问题探索（9）：1-11.

赵秋倩，2024. 新型农村集体经济与共同富裕协同发展：理论逻辑与实现路径［J］. 世界农业（3）：68-77.

郑淋议，钱文荣，2024. 农民农村共同富裕的制度供给研究［J］. 经济社会体制比较（1）：84-93.

中共中央马克思恩格斯列宁斯大林著作编译局，1972. 马克思恩格斯全集 . 第 23 卷 . 第一版［M］. 北京：人民出版社 .

中共中央马克思恩格斯列宁斯大林著作编译局，2009. 马克思恩格斯文集 . 第 1 卷［M］. 北京：人民出版社 .

中共中央马克思恩格斯列宁斯大林著作编译局，2009. 马克思恩格斯文集 . 第 3 卷［M］. 北京：人民出版社 .

中共中央马克思恩格斯列宁斯大林著作编译局，2009. 马克思恩格斯文集 . 第 5 卷［M］. 北京：人民出版社 .

中共中央马克思恩格斯列宁斯大林著作编译局，2009. 马克思恩格斯文集 . 第 9 卷［M］. 北京：人民出版社 .

中共中央马克思恩格斯列宁斯大林著作编译局，2012. 马克思恩格斯选集 . 第 1 卷［M］. 北京：人民出版社 .

中华人民共和国中央人民政府，2021. 中共中央、国务院关于支持浙江高质量发展建设共同富裕示范区的意见［EB/OL］. https://www.gov.cn/zhengce/2021-06/10/content_5616833.htm.

钟海，苏航，2023. 推动农民农村共同富裕：时代意义、现实阻碍与实践进路 [J]. 西安财经大学学报（4）：22-34.

周思宇，王国敏，2023. 新型农村集体经济推进农民共同富裕的作用机制、现实困境与推进路径 [J]. 西南民族大学学报（人文社会科学版）（10）：180-188.

朱肖蔓，2007. 韩国新村运动的发展与启示 [J]. 财贸研究（1）：147-148.

朱有志，等，2013. 中国农村新型集体经济研究 [M]. 长沙：湖南人民出版社.

祝建华，胡梦甜，2024. 共同富裕进程中“弱有众扶”的社会救助主体联动机制研究 [J]. 浙江工业大学学报（社会科学版）（1）：1-11.

自武力，2007. 1949—2006 年城乡关系演变的历史分析 [J]. 中国经济史研究（1）：23-31，76.

左孝凡，陆继霞，2023. 从脱贫攻坚到共同富裕：数字技术赋能贫困治理的路径研究：贵州省“大数据帮扶”例证 [J]. 现代经济探讨（8）：96-107，132.

ALBERT O，1958. Hirschman，The Strategy of Economic Development [M]. New Haven：Yale University Press.

DOUGLASS M，1998. A regional network strategy for reciprocal rural-urban linkages：an agenda for policy research with reference to Indonesia [J]. Third World Planning Review，20（1）：1-30.

EAST W R，LIPTON M，2000. Pro-poor Growth and Pro-growth Poverty Reduction：Meaning，Evidence，and Policy Implications [J]. Asian Development Review，18（2）：22-58.

LEWIS W A，1954. Economic development with unlimited supplies of labour [J]. The Manchester School，22（2）：139-191.

LIPTON M，1977. Why Poor People Stay Poor：A Study of Urban Bias in World Development [M]. Devonport：Temple Smith.

LYNCH K，2005. Rural-urban interaction in the developing world [M]. London：Routledge.

MAJUMDAR S.，MANI A，MUKAND S W，2004. Politics，Information and the Urban Bias [J]. Journal of Development Economics（75）：137-165.

MICHAEL P T，1969. A Model of Labor Migration and Urban Unemployment in Less Developed Countries [J]. The American Economic Review，59（1）：138-148.

NURKSE R，1953. Problems of capital formation in underdeveloped countries [M]. Oxford：Oxford University Press.

PAHL R E，1966. The rural-urban continuum [J]. Sociologia Ruralis，6（3）：299-329.

PAUL A D，Melvin W R，2014. Nations and Households in Economic Growth [M]. New York：Elsevier Inc.

RANIS G，FEI J，1954. A theory of economic development [J]. The American Economist，51（4）：533-558.

ROSENSTEIN-RODAN P N，1943. Problems of Industrialisation of Eastern and South-Eastern Europe [J]. The Economic Journal，Vol. 53，210/211（Jun.-Sep.）：202-211.

UNWIN T，1989. The geography of urban-rural interaction in developing countries [M]. London：Routledge.

WORLD BANK，2003. Rural Poverty Report [M]. Washington DC：World Bank.

YUAN D Y，1964. The rural-urban continuum：A Case study of Taiwan [M]. State College：Rural Sociology，29（3）：247-260.

图书在版编目（CIP）数据

农民农村共同富裕：多重逻辑与进路探索 / 徐世江，吕化霞著. -- 北京：中国农业出版社，2025. 6.
ISBN 978-7-109-33323-9

Ⅰ. F124. 7

中国国家版本馆 CIP 数据核字第 202558NV26 号

农民农村共同富裕：多重逻辑与进路探索

NONGMIN NONGCUN GONGTONG FUYU：DUOCHONG LUOJI YU JINLU TANSUO

中国农业出版社出版

地址：北京市朝阳区麦子店街 18 号楼

邮编：100125

责任编辑：姚　佳　王佳欣

版式设计：王　晨　　责任校对：吴丽婷

印刷：北京印刷集团有限责任公司

版次：2025 年 6 月第 1 版

印次：2025 年 6 月北京第 1 次印刷

发行：新华书店北京发行所

开本：700mm×1000mm　1/16

印张：13.75

字数：262 千字

定价：98.00 元
